SOUVERAINE

AUDREY
AKOUN

SOUVERAINE
SOUVERAINE
SOUVERAINE
SOUVERAINE
SOUVERAINE

BRISEZ LES SCHÉMAS TOXIQUES
RESTAUREZ L'AMOUR DE SOI
RÉINVENTEZ VOS RELATIONS

hachette

À Josy et Jacques, qui sont mes parents,
et en même temps qui ne sont que mes parents.
Je vous aime.

DISCLAIMER

Par respect pour mes lectrices dyslexiques, j'ai choisi de ne pas utiliser l'écriture inclusive. De la même manière, en tant que femme cisgenre hétérosexuelle, j'emploie souvent le masculin pour parler du partenaire pour m'éviter la lourdeur de la précision « il/elle », « lui/elle », « son/sa » à chaque phrase. Pour autant, ce livre s'adresse à toutes mes lectrices de la communauté LGBTQ+. Tout ce que j'aborde dans cet ouvrage est universel et concerne tous les êtres humains, quels que soient leur sexe, leur genre ou leur orientation sexuelle.

*

SOMMAIRE

Introduction

FÉVRIER 2009
Toucher le fond de la loose amoureuse

Une nuit sous un paillasson…

« Putain, Audrey ! C'est pas possible ! Regarde-toi ! » Émilie, ma meilleure amie, crie presque en chuchotant, comme pour ne pas rendre la situation encore plus pathétique qu'elle ne l'est déjà. Elle me secoue, tentant de me ramener à la réalité. Je me redresse d'un coup, des poils de paillasson collés à mes lèvres. Je tousse et cligne des yeux, les paupières en feu après avoir pleuré toute la nuit…

Pourquoi diable ai-je des poils de paillasson dans la bouche ? Mon cerveau, encore embrumé, tente de reconstituer les fragments épars de cette nuit tragique. Et là, ça me frappe : je suis littéralement allongée sous le paillasson de mon ex. La honte me déferle dessus comme une vague glaciale. Bienvenue dans le club de la dépendance affective, celui où tu es prête à tout, même à perdre ta dignité, pour récupérer un amour qui n'existe plus.

Si vous, chère lectrice, êtes familière de ce genre de scène ou de cette sensation d'être tombée si bas, croyez-moi, vous êtes au bon endroit. Vous êtes peut-être ici parce que, comme moi, vous avez expérimenté ce schéma destructeur de dépendance affective. Mais peut-être que votre histoire est différente. Peut-être que vos relations sont marquées par d'autres comportements délétères, voire carrément douloureux.

Ce que j'ai vécu sous ce paillasson n'était qu'un symptôme de blessures beaucoup plus profondes : des blessures d'enfance qui influencent nos choix, nos attentes et, surtout, nos relations. Peut-être que, pour vous, cette douleur ne prend pas la forme de la dépendance affective. Peut-être avez-vous plutôt tendance à fuir l'intimité, à ne jamais demander de l'aide, à toujours être dans l'hyperindépendance parce que vous avez peur d'être rejetée. Ou peut-être avez-vous du mal à faire confiance à cause de trahisons passées et ne laissez-vous personne vraiment entrer dans votre vie.

Quelle que soit la blessure qui se cache derrière vos difficultés relationnelles, ce livre est pour vous. Parce que nous partageons toutes un point commun : ces blessures invisibles dictent la manière dont nous sommes en relation avec l'autre, pour le meilleur et pour le pire. Et tant que nous ne les reconnaissons pas, tant que nous ne guérissons pas ces parts de nous-mêmes, nous resterons prisonnières de ces schémas destructeurs.

Comment ai-je pu en arriver là ?

Émilie me regarde avec un mélange d'exaspération et de pitié. *Comment ai-je pu tomber si bas ? Comment ai-je pu en arriver là ?* (Note pour vous, lectrice : si vous vous êtes déjà retrouvée dans une situation aussi lamentable pour un/une partenaire, ce livre est définitivement pour vous.) « Allez, viens, je te ramène chez toi », dit-elle avec une douceur teintée de fermeté, tout en me tirant par les aisselles jusqu'à sa voiture. Alors que nous déambulons dans les rues silencieuses de Paris, je jette un coup d'œil dans le rétroviseur, le maquillage dégoulinant façon panda sous acide et mon cœur en lambeaux. Et là, dans ce reflet pathétique, une prise de conscience surgit : je ne suis pas la seule. Combien de femmes, à travers le monde, se sont retrouvées, comme moi, à pleurer devant des portes fermées, à attendre un amour qui ne viendrait jamais, à accepter d'être négligées par un partenaire ? Ce n'est pas juste moi. C'est nous toutes.

Les souvenirs de la nuit me reviennent avec une lucidité cruelle. Ça m'avait pourtant semblé une excellente idée sur le coup… débarquer nue sous un trench-coat beige, prête à reconquérir le cœur de cet homme que j'étais certaine d'aimer.

Sauf que, contrairement aux films romantiques dont je m'abreuvais, il n'y avait ni musique dramatique, ni porte s'ouvrant soudainement, ni larmes d'émotion. Rien. Juste le silence assourdissant. Une porte close et l'indifférence écrasante de celui qui ne voulait plus de moi.

À quoi pensais-je, sérieusement ? J'avais commencé en douceur, murmurant de jolis mots à travers la porte. Puis les supplications sont venues, suivies de cris désespérés. « Ouvre, je t'aime ! Notre histoire est une évidence ! Notre enfant sera magnifique ! » J'ai frappé à cette porte comme une folle amoureuse… ou plutôt, une folle tout court.

La porte ne s'est jamais ouverte. Les heures se sont écoulées, mes larmes se sont taries, tout comme mes espoirs. Je me suis effondrée, vaincue, allongée sous le paillasson comme une héroïne déchue d'un mauvais téléfilm de l'après-midi.

Quand Émilie m'a retrouvée, plus basse que terre (et encore, le paillasson devait être plus digne que moi), je ne savais plus si je devais rire ou pleurer. Et c'est là que l'ironie du sort a frappé : c'est mon ex lui-même qui avait appelé Émilie pour venir me chercher. Le comble de la loose…

Ce n'est pas de l'amour...

Au feu rouge, Émilie lâche sa bombe : « Laisse-moi te dire une chose : c'est la dernière fois que je suis spectatrice de ce truc que je n'arrive même pas à qualifier ! Ce que je sais, c'est que ce n'est pas de l'amour. »
Je la regarde, abasourdie. « Mais je l'aime ! Je me bats pour notre relation, non ? Si ce n'est pas de l'amour, alors qu'est-ce que c'est ? »
Et là, elle m'achève : « Tu crois que c'est par amour que tu fais tout ça. Mais l'amour, le vrai, n'exige pas que tu te mettes plus bas que terre. Il n'exige pas que tu passes une nuit entière à gratter à la porte de quelqu'un qui ne veut plus de toi. Ça, ce n'est pas de l'amour. C'est de la dépendance. Tu te sacrifies, tu te maltraites pour l'idée d'une relation. »
J'essaie de me défendre, de justifier mes actions : « Oui, mais... il m'a parlé du grand amour ! Oui, mais... il me faisait des promesses ! Oui, mais... il disait qu'il voulait des enfants avec moi ! »
Émilie fulmine, elle est à bout. « C'est de la folie, Audrey ! Ce que tu fais, c'est flippant ! Il faut que tu arrêtes. Il faut que tu apprennes à t'aimer, bordel ! Remets ta putain de couronne et va soigner tes blessures ! »
Ses mots sont comme des coups de poignard. « Tu ne t'aimes pas à ce point pour perdre ta dignité ? Le mec ne veut pas de cette relation, c'est son problème, pas le tien ! Ça fait deux ans qu'il te souffle le chaud et le froid. Tu ne peux pas le forcer, tu ne peux pas le convaincre. Putain, Audrey ! C'est pas à toi que je vais l'apprendre. Tu aides des gens toute la journée à sortir de ce genre de merde. Je suis sûre que tu leur dis la même chose, à tes patients, et pourtant, toi, tu continues à te faire ça. Pourquoi ? »
Elle a raison. Ça ne parle pas de lui. Ça parle de moi. Lui, il m'a simplement fait comprendre pour la énième fois qu'il ne voulait pas s'engager avec moi. Et moi, je n'accepte pas cette réalité. J'essayais de le convaincre. Combien d'e-mails interminables pour lui prouver qu'il se trompait, que c'était moi, la femme de sa vie, celle qui pourrait le rendre parfaitement heureux ? Combien de messages WhatsApp alternant entre déclarations d'amour et reproches acides ?
Trop.
Et, soudain, la vérité m'a frappée de plein fouet. C'est toujours moi qui cours après quelque chose, après quelqu'un qui ne veut pas la même chose que moi. Que ce soit en amour ou en amitié.

Accepter sa part de dépendance pour mieux la dépasser

La transformation commence en vous

Je ne suis pas la seule à avoir traversé ça, n'est-ce pas ? Je vous vois, vous qui lisez ces lignes, et je parie que cette situation vous parle. Vous n'êtes pas seule. Comme vous, des milliers de femmes à travers le monde se sont accrochées à des relations insatisfaisantes, espérant qu'un jour les choses changeraient. Mais voilà : la transformation ne commence pas chez l'autre, elle commence en vous. Chaque femme qui choisit de se libérer de ses schémas participe à un mouvement plus vaste : celui d'une génération de pionnières qui reprennent leur pouvoir, réécrivent leurs histoires et redéfinissent l'amour et les relations. Ensemble, nous pouvons changer non seulement nos vies, mais aussi le regard que la société porte sur nous.

Si vous lisez ce livre, c'est peut-être parce que, vous aussi, vous avez gratté à des portes fermées. Et je vous le dis, avec toute l'expérience de ma douleur : ce n'est pas de l'amour. L'amour, le vrai, ne vous demande jamais de vous oublier. L'amour commence ici, avec vous. Chaque jour où vous choisissez quelqu'un d'autre avant de vous choisir, vous abandonnez un peu plus de votre pouvoir. Et, croyez-moi, récupérer ce pouvoir est le plus grand acte d'amour que vous puissiez avoir pour vous-même. Alors, demandez-vous : êtes-vous prête à vous choisir, non pas demain, mais aujourd'hui ?

Ce que j'ai vécu avec lui – et avec d'autres avant lui –, ce n'était pas de l'amour. Cette peur viscérale de l'abandon, ce besoin compulsif de validation, cette angoisse incessante de ne jamais être assez bien. Cette peur d'être trompée et ce besoin de contrôle. Ce n'était pas de l'amour. C'était un désamour de moi-même.

Peut-être que vous vous reconnaissez dans ces mots. Peut-être que vous vous dites encore que ce « combat » pour la relation prouve à quel point vous aimez l'autre. Peut-être que vous pensez que si vous en faisiez plus, si vous changiez assez, si vous étiez parfaite, on finirait par vous aimer comme vous l'espérez.

La dépendance affective dans les relations familiales et amicales

Bien sûr, la dépendance affective ne se manifeste pas uniquement dans les relations amoureuses toxiques. Certaines femmes peuvent vivre des dynamiques similaires dans des relations amicales ou familiales. Par exemple, il arrive que l'on ressente ce besoin compulsif de validation dans nos amitiés, lorsque l'on se retrouve à toujours donner plus pour ne pas perdre une relation, ou à accepter des comportements irrespectueux de la part d'un ami proche par peur de se retrouver seule.
Cela peut aussi se manifester dans nos relations familiales. Avez-vous déjà ressenti que votre rôle dans la famille consistait à tout gérer, à faire passer les besoins des autres avant les vôtres, par peur d'être rejetée ou critiquée ?
Pensez à une relation dans laquelle vous vous êtes sentie obligée de prouver constamment votre valeur. Était-ce une relation amoureuse, une amitié, ou même une relation professionnelle ? À quel moment avez-vous fait passer les besoins de l'autre avant les vôtres, en espérant recevoir de l'amour ou de l'approbation en retour ?

Et si vous étiez plutôt dans l'hyperindépendance ?

Certaines d'entre vous ne se reconnaîtront pas dans ces schémas de dépendance affective. Peut-être que vous vous identifiez plutôt à un mode d'hyperindépendance, où vous avez appris à ne compter que sur vous-même, à ne jamais demander d'aide, à toujours garder vos distances pour ne pas être blessée. Vous êtes peut-être de celles qui disent : « Je n'ai besoin de personne, j'ai déjà un chat et un sextoy », et qui ont construit des murs autour d'elles pour se protéger.
Cette hyperindépendance est une autre réponse aux blessures émotionnelles de l'enfance. Elle peut sembler être une force, mais, en réalité, c'est une facette d'un autre dysfonctionnement relationnel. Derrière cette façade d'autosuffisance se cachent souvent une peur immense de la vulnérabilité et un besoin de contrôle pour ne plus jamais ressentir la douleur du rejet ou de l'abandon.
Que vous soyez dans la dépendance affective ou dans l'hyperindépendance, l'objectif reste le même : reconnaître ces schémas, les déconstruire, et retrouver une relation plus équilibrée avec vous-même et avec les autres...

Je me suis torturée « par amour » dans toutes mes relations, cherchant désespérément à être aimée et valorisée. Des contorsions émotionnelles, des mensonges que j'ai avalés pour éviter la rupture, des artifices, des heures de sport pour être la plus désirable possible. Quand je repense à tout ce que j'ai fait « par amour », alors qu'en vérité c'était du désamour... de moi. Ce « par amour » aurait dû être remplacé par « dépendance affective », « faible estime de soi », « honte de moi-même ».

S'accrocher à une relation toxique par besoin d'être aimée, c'est comme boire du poison parce qu'on a soif.

Pour que l'histoire ne se répète pas

Et cette révélation a réveillé des souvenirs profondément enfouis, comme ma relation avec le père de mon fils aîné. Combien de choses ai-je tolérées à cause de ce désamour de moi-même ? Sortir avec cet homme bien trop vieux pour moi, qui s'est avéré être un véritable tortionnaire.

Si je suis honnête, dans cette union désastreuse, il n'y avait pas seulement un psychopathe qui m'a maltraitée, et moi, une victime sans défense. Une partie de moi avait accepté d'entrer dans cette relation, de rester avec cet homme violent, de garder l'enfant arrivé par accident, d'abandonner mes études et de m'éloigner de mes amis. J'ai toléré des violences verbales, puis physiques. Sans broncher. Sans porter plainte. Sans partir.

J'ai accepté, jusqu'à ce qu'une autre partie de moi se réveille et refuse de tolérer une nouvelle fois les coups de cet homme (j'allaitais alors notre bébé de huit jours). À cet instant, j'ai pris la décision de protéger ce petit être, pour que l'histoire des violences familiales ne se répète pas. Si la vie de notre enfant n'avait pas été en jeu, j'aurais probablement supporté encore longtemps ces montagnes russes émotionnelles et ces violences auxquelles j'étais déjà trop habituée. Parce que l'histoire se répète tant que l'on n'en comprend pas la leçon. Tant que nous ne choisissons pas de regarder nos blessures en face, elles se rejouent d'une façon ou d'une autre, créant un cycle de souffrance.

Personne ne peut nous donner la valeur que nous ne nous accordons pas nous-mêmes

J'ai trente-trois ans, trois enfants, et j'ai déjà divorcé deux fois. En 2007, j'avais rencontré Julien. Nous étions tombés follement amoureux. Mais dès que notre relation était devenue sérieuse, il avait commencé à se dérober. Il me cachait. Il n'assumait pas notre relation auprès de sa famille, pour qui une divorcée avec des enfants était impensable. Je me sentais rejetée. Inadéquate. Pendant deux ans, j'ai redoublé d'efforts pour le convaincre que notre amour valait la peine de s'affirmer face à ses parents. Deux ans de douche écossaise. À chaque crise, je réussissais à le rattraper, à le convaincre de revenir. C'est ainsi que l'idée de me présenter chez lui, nue sous un imper Burberry, m'avait semblé brillante.

Julien m'a offert une leçon cruciale : personne ne peut nous donner la valeur que nous ne nous accordons pas nous-mêmes. Le rejet que j'ai vécu avec lui m'a fait comprendre que, tant que je chercherais la validation de l'autre, je resterais prisonnière de cette dépendance. La relation amoureuse saine ne se cache pas. Elle ne vous impose pas une situation dans laquelle vous vous sentez obligée de vous justifier.

Le premier jour du reste de ma vie…

Je suis une thérapie depuis 1996. J'ai déjà beaucoup travaillé sur moi. Après le drame qui m'est arrivé à dix-neuf ans, je sais que, grâce à ce travail, je suis restée vivante et debout. Après les violences subies, cela m'a permis de me reconstruire, d'activer ma résilience, et de retrouver confiance en la vie, en l'amour et en la joie. Ce parcours thérapeutique m'a aidée à ne pas me définir comme une éternelle victime et à prendre la responsabilité de mon bien-être.

Mais il faut croire que le chantier était énorme et, à l'instant où j'écris ces mots, je ressens une profonde émotion et une immense compassion pour moi-même. Je suis une survivante. Je suis fière d'avoir réussi à construire une famille, imparfaite peut-être, mais une petite tribu que j'aime de tout mon cœur. Je suis fière d'avoir continué de croire en la vie, malgré tout.

Cependant, il reste des blessures invisibles, des facettes de moi-même qui demandent à être révélées et sublimées. Mes yeux se remplissent de larmes. Je regarde mon amie et lui dis : « Tu as raison. J'ai encore du boulot. Je vais prendre une triple ration de séances

de thérapie. Je veux sortir de ce cercle vicieux. Je sais, au fond de moi (très au fond de moi), que je mérite mieux. Que je mérite d'être une reine, comme tu dis. »
Je vois son visage se détendre. Elle me tapote doucement la cuisse et replace sa main sur le volant. À la radio, Étienne Daho murmure son célèbre « Le Premier Jour du reste de ta vie ». Cette chanson résonne en moi. Parce que chaque jour est vraiment le premier jour du reste de ma vie, et le vôtre aussi.
Ce qui est particulièrement difficile à accepter, à ce moment précis, c'est de réaliser que, toute psychothérapeute que je sois, j'ai encore un long chemin intérieur à parcourir. Un chantier aussi vaste que mes blessures. Cette prise de conscience est brutale, mais elle est nécessaire. Le véritable antidote à la loose amoureuse ne se trouve pas dans un partenaire providentiel. Il réside dans l'apprentissage de l'amour de soi. Et l'amour de soi, c'est un engagement envers soi-même qui exige du courage, de la constance et surtout de la sincérité.

Il est temps de mettre fin aux sacrifices inutiles

Je dois apprendre à distinguer la relation saine de la relation dysfonctionnelle. La relation saine enrichit, elle apporte de la joie. Elle soutient, elle élève, elle nourrit, sans jamais empiéter sur la liberté individuelle. Les relations malsaines ou l'isolement relationnel sont un gouffre qui absorbe toute notre lumière et notre énergie de vie. Il est temps pour moi de repenser entièrement la manière dont je vis mes relations. Je mérite une relation où l'autre est pleinement engagé, une relation où je me sens respectée et aimée pour qui je suis, et non pour tout ce que je fais par peur. Il est temps de mettre fin aux sacrifices inutiles, aux justifications constantes de comportements tordus, sous le prétexte fallacieux de l'amour. Parce que cela, ce n'est pas de l'amour.
Ironie du sort : cela fait un an que je conseille à mes patients de lire l'excellent ouvrage *Vaincre la dépendance affective* de Sylvie Tenenbaum[1], sans jamais m'être sentie concernée par cette problématique. Et là, j'ai envie de crier un énorme : « Ahahah ! » sarcastique. Notre inconscient ne nous révèle que ce que nous sommes

1. Sylvie Tenenbaum, *Vaincre la dépendance affective. Pour ne plus vivre uniquement par le regard des autres*, Albin Michel, 2010.

capables d'entendre et de digérer à un moment donné. Il faut croire que, jusqu'à présent, j'avais d'autres dossiers internes à traiter.
Émilie gare la voiture en bas de mon immeuble. « Tu veux que je monte avec toi ? », demande-t-elle, un peu inquiète.
« Non, c'est gentil, *don't worry*. Je ne vais pas me suicider, ni préparer un colis piégé pour Monsieur Je-te-laisse-gratter-à-ma-porte-toute-la-nuit. Je vais prendre un bain et dormir jusqu'à l'arrivée des enfants. Merci, et vraiment désolée. »
Elle sourit en chantant : « *That's what friends are for, baby !* » tout en mettant son clignotant.
Une fois chez moi, je fouille dans ma bibliothèque, qui souffre d'obésité livresque, pour mettre la main sur l'ouvrage de Tenenbaum. Je le retrouve rapidement, bien en évidence sur l'étagère centrale. Je m'immerge dans un bain chaud et commence à le relire avec un nouveau regard : celui de l'honnêteté radicale envers moi-même.

Reconnaître les symptômes de la dépendance affective

Sylvie Tenenbaum, dans son ouvrage, souligne l'importance de reconnaître les symptômes de la dépendance affective : la peur de l'abandon, le besoin de contrôle, les contorsions émotionnelles, l'abandon de ses propres désirs, le manque de limites saines et les relations fusionnelles qui étouffent l'épanouissement personnel. Je n'ai pas besoin d'aller au bout du livre pour reconnaître ces mécanismes, je les connais par cœur. C'est mon métier, après tout. C'est ce que je répète sans cesse à mes patientes. Pourtant, j'avais besoin de faire le lien et de mettre enfin un nom sur ma propre dynamique relationnelle.
Ma transformation a déjà commencé, tout doucement, sans que je ne m'en aperçoive. En acceptant cette partie de moi qui est dépendante. Comme si chaque rejet, chaque contorsion que j'ai vécue révélait une partie de mes blessures profondes. Des blessures qui continuent à saigner, en silence. La souffrance que j'ai ressentie quand Julien m'a rejetée était un message, une manifestation des croyances toxiques que je portais en moi depuis toujours, des croyances qui façonnent chacune de mes relations. Elles me murmuraient :
« Tu n'es pas assez. »
« Tu es trop : trop envahissante avec tes trois enfants, trop joyeuse, trop différente. »
« Tu es un peu folle, et pas convenable. »
« Tu n'es pas parfaite. Qui voudrait de toi ? »

Ces croyances m'ont suivie toute ma vie. Elles ont influencé mes relations et m'ont poussée à me plier en quatre pour satisfaire les autres, à éviter les conflits, à lisser les aspérités de ma personnalité pour être aimée et acceptée.
À présent, s'il en est de même pour vous, il est temps de vous mettre au travail.
Je vous invite à identifier toutes les phrases que vous vous dîtes à chaque relation et qui vous empoisonnent la vie. Listez toutes les croyances que vous portez en vous. Celles qui, consciemment ou inconsciemment, influencent vos relations et la manière dont vous vous percevez. Notez celles qui vous empêchent de vivre pleinement et librement. Par exemple :

Je ne suis pas assez bien.
Je dois toujours faire plaisir.
Je ne mérite pas mieux.
Je suis trop envahissante.
Je ne suis pas désirable.

Écrivez chaque croyance sans vous censurer. Une fois la liste terminée, prenez un moment pour réfléchir à l'origine de ces croyances. D'où viennent-elles ? Comment ont-elles façonné vos relations passées ? En quoi continuent-elles à influencer vos choix aujourd'hui ?

Fucking Cendrillon : comment la société et la religion nous dupent

Mythes, films, chansons… : tout glorifie l'amour impossible et destructeur

Cela fait tellement longtemps que je cherche à combler le vide à l'intérieur de moi à travers l'amour d'un autre. Des années à investir l'autre, à le charger du fardeau impossible de me compléter parfaitement. Et je ne suis pas la seule. La société et la religion y ont largement contribué avec leur pacte diabolique pour nous vendre l'idée que l'amour toxique est « romanesque ».

La religion nous martèle que l'homme et la femme ne sont complets que lorsqu'ils sont unis. Cela crée une pression incroyable : cette idée que, si vous êtes seule, vous n'êtes qu'un demi-verre, à moitié vide, attendant votre autre moitié providentielle.

Ajoutons à cela le mythe persistant du prince charmant, ce parfait gentleman qui, en réalité, se révèle souvent être un rouleur de pelles non consenties (Hello, La Belle au bois dormant !). Ce mythe est un outil subtil du patriarcat, utilisé pour nous inculquer que nous ne sommes rien sans un homme et que nous avons besoin d'être sauvées. Cette fable romantique, enseignée dès l'enfance, nous conditionne à croire que notre épanouissement personnel repose exclusivement sur l'amour que l'autre nous porte.

Les comédies romantiques, les tragédies déchirantes, les ballades lacrymales : tout glorifie cet amour impossible et destructeur. Des films comme *The Notebook*, *Roméo + Juliette*, ou des chansons poignantes comme « Without You », de Mariah Carey, ou « Ne me quitte pas », de Jacques Brel, nous vendent l'idée que l'amour est la panacée universelle. Qu'il est impossible de survivre sans l'autre. Des films comme *Jeux d'enfants* nous montrent un amour qui, loin d'être sain, glisse dans une obsession mutuelle destructrice, avec des scènes qui suggèrent que l'amour véritable implique des sacrifices démesurés, voire mortels. Dieu seul sait à quel point je suis fan de ce film ! Je le connais par cœur et il a nourri mes fantasmes romantiques les plus fous.

Même les chansons comme « Je l'aime à mourir », de Francis Cabrel, et des contes intemporels comme *La Belle et la Bête* renforcent cette idée que la vie sans amour ne vaut pas la peine d'être vécue. Ou encore des chansons comme « Je suis malade[2] » , qui nous vendent l'amour comme une drogue dont on ne peut se passer.

Dépendance affective et addictions

En parlant de drogue, je me rends compte, avec une petite grimace en me regardant dans le miroir embué ce matin, que la dépendance affective n'est que la pointe visible de l'iceberg. Oui, il semblerait que je flirte non seulement avec l'amour toxique, mais aussi avec d'autres addictions. Je suis accro au café, aux cigarettes, au shopping, au sexe, à l'amour, à Netflix, aux pistaches grillées, aux bonbons acidulés, à la course à pied et, depuis mon divorce et la découverte du clubbing, au rosé. Enfin, pas vraiment accro, disons plutôt que j'en ai découvert le pouvoir désinhibant et divertissant (au sens pascalien du terme[3]).
Comme je suis une mère de famille responsable et que j'ai quand même une très bonne conscience de moi et une peur saine des maladies et de la mort, je fais partie des AAPJ, les « Accros Anonymes Petites Joueuses ». Cela signifie que je garde le contrôle sur certaines choses, comme le rosé que je prends de temps en temps en soirée, et le shopping, car je refuse de mettre en péril mes finances ou ma famille. Je ne fais jamais rien qui m'empêcherait de fonctionner, de travailler et de m'occuper de mes enfants.

Comportement alimentaire et dépendance affective

Cependant, mon comportement alimentaire reste un problème majeur, et c'est celui qui est le plus lié à ma dépendance affective. Je suis au régime depuis l'enfance. Je souffre de dysmorphophobie, ce qui signifie que je me vois toujours grosse, même quand la balance indique un poids sain. J'ai associé la minceur au fait d'être désirable et donc aimée. Pour plaire, pour être acceptée. Cela fait des années que je travaille sur ce sujet en thérapie et j'ai fait d'énormes progrès. Aujourd'hui, je peux cohabiter avec mon reflet dans le miroir, mais je vis toujours dans la peur de regrossir. Alors je me restreins, je contrôle tout, transformant chaque repas en un calcul mental exhaustif de calories.

---

2. Magnifique chanson de Serge Lama, reprise entre autres par Dalida et Lara Fabian.
3. Dans ses *Pensées*, Blaise Pascal développe l'idée que les humains cherchent constamment des distractions pour éviter de faire face à la réalité de leur existence, notamment la misère de leur condition et l'inévitabilité de la mort.

Cela pourrait presque sembler être de la discipline si je ne finissais pas par « péter les plombs » régulièrement. Les fameuses crises de Michoko et de pistaches grillées... Ces moments où je dévore frénétiquement, comme si ma vie en dépendait, avant de me noyer dans un océan de culpabilité. Cela s'appelle de l'« hyperphagie boulimique », un des troubles des conduites alimentaires (TCA). Je suis sur le dossier.

Devenir un verre rempli par soi-même (et, si possible, une bouteille de Dom Pérignon)

J'ai déjà réglé beaucoup de choses...

J'ai bien l'intention de devenir un verre totalement rempli, sans avoir besoin de quelqu'un pour me sentir bien, pleine, ou complète et digne d'être aimée.

Je ne pars pas de zéro. Je sais que j'ai déjà réglé, guéri et transformé beaucoup de choses pour le meilleur. Par exemple, j'ai énormément gagné en confiance en moi et en affirmation de moi ces dernières années. J'ai fait le tri dans mes relations. Professionnellement, j'ai réussi ma reconversion et je m'en sors bien avec mon activité de psychothérapeute et de formatrice.

En revanche, je suis pleinement consciente qu'il reste des parties de moi encore abîmées. Je sais que je reproduis des schémas amoureux et relationnels foireux. Je prends conscience des limites de la psychothérapie classique, et encore plus de la psychanalyse. Trop de mental, trop d'ego. Cet ego qui veut tout contrôler, qui veut éviter l'inconfort et nous empêche parfois de ressentir. Trop comprendre, trop rationaliser étouffe les murmures de notre âme.

... mais si je prenais enfin le temps de m'en remettre à mon cœur ?

Et si je prenais enfin le temps de ressentir vraiment, de traverser et de laisser mes émotions me traverser à leur tour ? Plutôt que de chercher à les effacer le plus rapidement possible ? Et si j'arrêtais de vouloir tout contrôler avec mon mental, pour m'en remettre à mon cœur, à cette sagesse intérieure qui « sait » ce qui est juste pour moi à cet instant précis ? Qu'est-ce que je ressens aujourd'hui dans mon cœur, dans mon corps ? Et si je me tournais vers des approches qui permettent de ressentir pleinement les blessures et de les libérer par le corps ?

Je prends mon ordinateur et commence à chercher des retraites spécialisées. Je tombe sur une retraite spirituelle d'hypnose symbolique pour guérir les blessures émotionnelles. Il est précisé que l'essentiel du travail repose sur le corps et la libération émotionnelle. Avec un mélange d'appréhension et d'excitation, je remplis le formulaire d'inscription. Voilà, c'est fait. Une nouvelle aventure commence, dans laquelle je suis à la fois l'héroïne et le trésor à découvrir. *Cheers* à cette future nouvelle vie, où je serai pleinement, magnifiquement, résolument complète par moi-même.

FÉVRIER 2024
Quinze ans plus tard, une nouvelle réalité

Il s'en est passé des choses !

Je remercie la Audrey qui a touché le fond cette nuit de 2009. Grâce à sa prise de conscience, aujourd'hui je peux dire que je m'aime vraiment assez pour ne plus jamais être l'objet de quelqu'un ou d'une relation. J'ai vaincu la dépendance affective et mes autres dépendances depuis quelques années et, chaque jour, j'en ressens une profonde émotion. Pour être tout à fait honnête, en ce qui concerne le TCA, c'est encore *work in progress*. Mais je suis en paix avec ça.
Quand j'ai annoncé à mon entourage que j'allais écrire un livre sur les relations amoureuses, Laurent, mon deuxième ex-mari, avec qui je m'entends très bien, m'a répondu que c'était une idée géniale, et que j'aurais pu demander à Gloria Lasso[4] de le préfacer, si seulement elle était encore de ce monde. Il a toujours eu beaucoup d'humour. Ce n'est, à l'évidence, pas la raison de notre divorce.
Il est vrai que, vu mon parcours amoureux, vous seriez en droit de penser que je ne suis pas la mieux placée pour parler d'amour et de couples durables. Et pourtant, je pense être justement très légitime pour en parler, tant j'ai expérimenté cette voie d'expression et d'apprentissage qu'est la relation affective.

« J'ai testé pour vous » : le crash-test des relations amoureuses

Quand il s'agit de relations amoureuses, je suis un peu la rubrique vivante du : « J'ai testé pour vous. » Je m'appelle Audrey Akoun. J'ai quarante-sept ans. Je suis la maman de quatre enfants, nés de trois pères différents. J'ai été mariée quatre fois, et j'ai la joie de cogérer une famille recomposée de six enfants avec mon quatrième mari, Arnaud. Avant et entre (et peut-être même pendant, mais je ne m'en souviens plus) mes unions officielles, j'ai eu de nombreuses histoires. Il faut dire que j'ai commencé très tôt ma « carrière amoureuse ».
J'ai connu des relations qui m'ont meurtrie dans ma chair au sens propre, d'autres qui m'ont fait perdre pied et plonger dans la dépression.

4. Gloria Lasso : chanteuse mondialement connue pour ses tubes… et pour ses neuf maris.

Certaines ont été passionnées, mais se sont évaporées en un battement de cils.
À une époque, j'avais un talent particulier pour dénicher des partenaires géniaux, mais qui refusaient systématiquement de s'engager avec moi. Je me suis souvent retrouvée à être l'infirmière, la psy, la mère ou la maîtresse d'hommes émotionnellement indisponibles, même quand nous étions en couple.
J'ai fait des choses folles « par amour ». Certaines étaient drôles, dignes des plus grandes comédies romantiques. D'autres relevaient plus du syndrome de Stockholm, avec un comportement proche de celui de Glenn Close dans *Liaison fatale*... Vous l'aurez compris, cette histoire de paillasson n'était qu'un exemple parmi tant d'autres.
Hormis le décès d'un conjoint, je pense sincèrement avoir expérimenté à peu près tous les types de relations amoureuses hétérosexuelles cisgenres. J'ai longtemps cherché à comprendre ce qui clochait chez moi. Pourquoi j'avais été victime de violences conjugales à dix-neuf ans. Pourquoi, alors que j'avais tout pour être heureuse en apparence, j'ai tout envoyé valser à trente ans. Pourquoi j'ai couru après des hommes qui ne voulaient pas de moi, jusqu'à en devenir pathétique. Pourquoi j'ai décidé de faire un quatrième enfant avec un homme que je connaissais à peine. Pourquoi, pourquoi, pourquoi ?

Mon premier mariage

Mon premier mariage a été une expérience traumatique. J'avais dix-huit ans quand je suis tombée enceinte d'un ami de mon père, un homme de quarante ans. En écrivant cette phrase, je me demande encore ce qui est le plus choquant. Mes dix-huit ans ? Le fait que cet homme avait le double de mon âge ? Ou qu'il était l'ami de mon père ? Peut-être les trois à la fois.
J'aurai l'occasion de revenir en détail sur cette histoire plus tard dans ce livre. Pour l'instant, ce qu'il faut comprendre, c'est que cet épisode, si douloureux qu'il ait été, fut le point de départ du travail sur moi-même.
Quand je suis sortie du commissariat et de l'institut médico-légal, la première chose que j'ai faite a été de prendre rendez-vous avec un psychanalyste. L'instinct de survie, qui m'a poussée à fuir avec mon bébé d'une semaine sous le bras pour échapper au coup de

trop, m'a guidée vers un divan en velours rouge, recouvert d'un plaid poussiéreux.
C'était il y a vingt-huit ans. Si je fais le compte de ce que j'ai payé en psychothérapies et thérapies en tout genre, j'aurais pu m'offrir trois résidences secondaires. Mais cet investissement reste le meilleur que j'aie fait dans ma vie.
C'est ce drame qui m'a amenée à devenir psychothérapeute, thérapeute conjugale et familiale, et qui a dessiné ma mission de vie : l'émancipation des femmes, pour qu'elles se sentent libres, psychologiquement et financièrement, de choisir et de kiffer leur vie.

Ma vie « parfaite »

Pendant ma vingtaine, j'ai appris à mieux me connaître et à comprendre pourquoi je m'étais retrouvée dans cette malheureuse aventure. Je me suis reconstruite et j'ai offert à mon fils aîné un beau-père et des frères et sœurs. Après l'horreur que j'avais vécue, j'ai certainement cherché à entrer dans une certaine normalité.
Je continuais mon travail en thérapie, mais j'étais submergée par le quotidien. La vie avec de jeunes enfants, les études et le travail ont commencé à créer des tensions avec mon deuxième mari. Il n'y avait pas beaucoup d'espace pour travailler en profondeur sur les vrais sujets.

Pourtant, à vingt-cinq ans, j'avais coché toutes les cases du bingo de la vie :

- jeune diplômée notaire ;
- mariée ;
- trois enfants ;
- trésorière de l'association de parents d'élèves ;
- une belle maison en banlieue parisienne ;
- un Renault Espace ;
- toutes les vacances scolaires dans des lieux de rêve ;
- un beau diamant à l'annulaire ;
- un sac Dior ;
- un abonnement chez le coiffeur et l'esthéticienne ;
- un orgasme de temps en temps.

Tout mon entourage m'avait rebaptisée « Wonder Woman » parce que j'arrivais apparemment à tenir tous les fronts. Je faisais des dîners royaux, j'avais brillamment réussi mes études de droit tout en ayant

fait des bébés. Ma vie était tellement parfaite que même Bree Van de Kamp[5] aurait pu m'envier.
« Oh, mais Audrey, tu as d'la chance ! »
« Oh, mais toi, de toute façon, on ne s'inquiète pas pour toi, tu réussis toujours tout. »

Le grand burn-out : quand l'illusion s'effondre

Un matin, je me suis réveillée et mon corps refusait de bouger. Littéralement. Impossible de poser le pied par terre. Mon esprit, lui aussi, était figé. Je sentais comme un poids immense sur ma poitrine, m'empêchant de respirer. C'était une sensation étrange, un mélange d'impuissance et de terreur sourde. C'est comme si, tout à coup, mon corps et mon âme avaient crié « STOP » en même temps. Je ne pouvais plus avancer, ni physiquement ni mentalement. J'étais exténuée, au-delà de la fatigue. C'était un vide, un épuisement émotionnel total, comme si la vie elle-même m'avait désertée.
Je regardais autour de moi, la chambre, les rideaux tirés, la lumière pâle du matin qui filtrait à peine, j'entendais les enfants se chamailler dans le salon et je me suis dit : « C'est pas possible, pas moi. J'ai tout fait comme il faut, non ? » La question tournait en boucle dans ma tête, mais je n'avais pas de réponse. J'avais coché toutes les cases, suivi toutes les règles, joué le rôle de la mère parfaite, de la femme accomplie, et pourtant, là, je me retrouvais incapable de sortir de mon lit. Une partie de moi voulait juste disparaître, fermer les yeux et ne plus jamais les rouvrir, parce que tout semblait trop lourd, trop douloureux. L'épuisement était tellement profond qu'il ne s'agissait pas juste de sommeil ou de repos. Mon âme était à bout. Chaque fibre de mon être criait qu'elle n'en pouvait plus. Je ne savais pas quoi faire, ni comment m'en sortir. J'avais l'impression d'avoir totalement perdu le contrôle de ma vie.
Diagnostic : burn-out, dépression, kaput, *out of order* la Wonder Woman en carton.
À ce moment, j'aurais bien aimé que l'on s'inquiète pour moi. Mais les gens autour ne comprenaient pas ma réalité. « Mais, Audrey ! Tu as tout pour être heureuse. »
Sauf que les cinq ans de thérapie m'avaient quand même amenée à me poser des questions que je ne m'étais jamais posées. Je cherchais

5. Bree Van de Kamp : personnage de la série *Desperate Housewives*.

un sens à ma vie. Je me rendais compte que, depuis ma sortie de route quand j'avais dix-huit ans, j'avais été le bon petit soldat qui avait suivi les rails de la normalité.

J'étais en train de vivre une vie qui ne me ressemblait pas. Professionnellement, je ne faisais pas ce que j'aimais. Je ne me sentais pas utile à la société.

J'ai pris conscience que je m'étais suradaptée pour entrer dans le moule et répondre aux attentes de mon entourage. Peut-être aussi pour « réparer » le fiasco de mon premier mariage.

Et je me sentais tellement seule dans mon couple. Mon mari ne savait pas comment m'aider. Il ne savait déjà pas comment s'aider lui-même. Je pense qu'il n'arrivait pas à appréhender mon mal-être.

La vérité, c'est que j'avais choisi mon deuxième mari parce qu'il était l'opposé du premier. Et parce qu'il était intelligent et drôle. Mais le reste ne fonctionnait pas. Nous étions complètement immatures émotionnellement. J'avais des attentes fortes, nous étions dans un jeu de pouvoir et de comptabilité en permanence. Nous comptions les points : Qui a fait à manger ? Combien de temps l'un s'est occupé des enfants ? Combien de fois avons-nous fait l'amour ce mois-ci ? Qui va faire les courses ?

Devenir la vraie Audrey

Je n'en pouvais plus, mais je n'étais pas prête à briser ma famille, rongée par la culpabilité. Je pris alors une décision. J'ai aligné toute ma famille au milieu du salon et j'ai lancé : « J'arrête le notariat et c'est mon dernier mot Jean-Pierre ! » J'ai aussi arrêté les brushings, les verrines, et j'ai démissionné de l'association des parents d'élèves. Je sentais au plus profond de mes tripes que, pour être heureuse et épanouie, il fallait que je fasse quelque chose qui me passionne, qui m'apporte un sentiment de mission, qui me permette de me réaliser. Il fallait que j'ose me détacher des schémas familiaux et sociétaux. Que je m'émancipe et que je devienne la vraie Audrey. Celle qui réalise son plein potentiel avec son style atypique.

J'ai entamé une reconversion professionnelle et je me suis tournée, tout naturellement, vers la psychothérapie et l'accompagnement. Professionnellement, je me suis enfin trouvée à ma place. Cependant, plus je m'épanouissais dans mon travail, plus je souffrais dans mon couple. Pendant les six ans qui ont suivi cette

reconversion, je rêvais d'ailleurs. Je savais qu'une vie de couple, ça ne pouvait pas être juste ça. J'exprimais ma frustration, mais rien ne changeait.
C'est alors que je me suis formée à la thérapie conjugale et à la systémie familiale pour comprendre les mécanismes du couple. Pendant des années, je me suis entendu prodiguer de super bons conseils. J'ai aidé des couples à changer leur dynamique relationnelle, des femmes à briser leur muraille protectrice pour laisser une chance à un partenaire, d'autres à sortir de relations toxiques, certaines à s'émanciper de leur famille, etc. Un jour, l'une d'entre elles est venue me voir, toute fière : « Ça y est, je l'ai quitté ! Merci, c'est grâce à vous ! Je m'aime enfin assez pour ne plus accepter de vivre à moitié. » Deux mois après, je divorçais.

La fin de mon deuxième mariage

J'avais trente ans. Je venais de briser mon mariage et d'infliger une blessure immense à mes enfants. Et j'étais célibataire pour la première fois depuis mes dix-huit ans. J'aimerais vous dire que cela a été génial. Que je me suis éclatée, enchaînant les mojitos sur les dancefloors à Ibiza et à Saint-Tropez ! Mais la réalité était toute autre.
Quand j'ai pris la décision de divorcer, c'était comme si tout en moi s'écroulait. Je me tenais face à Laurent, le père de mes enfants, l'homme avec qui j'avais partagé tant d'années. Il y avait tellement de non-dits entre nous, tellement de frustrations accumulées, mais ce que je ressentais à ce moment précis, c'était surtout une profonde solitude. Il était là, physiquement, mais nous étions devenus des étrangers. L'amour qui nous avait unis s'était dissipé quelque part entre les disputes, les couches, les silences et les compromis que j'avais faits pour maintenir l'apparence d'une vie parfaite.
J'avais si peur de laisser les mots franchir mes lèvres : « Je veux divorcer. » Quand ils sont sortis, c'était comme si une vague de soulagement, mêlée à une tristesse infinie, m'avait submergée. Je le regardais, et je voyais la douleur dans ses yeux. La culpabilité me dévorait. Je me sentais comme une traîtresse, un monstre qui détruisait tout. Et, en même temps, je savais que je n'avais plus le choix. Mon âme étouffait dans cette relation. J'avais sacrifié trop de moi-même pour essayer de la sauver.
Après qu'il a été parti ce jour-là, je me suis assise sur le sol de notre chambre, les jambes repliées contre ma poitrine, et j'ai pleuré. Des

sanglots incontrôlables qui libéraient des renoncements trop longtemps enfermés. Ce n'était pas seulement la fin d'un mariage que je pleurais. C'était la fin d'une version de moi-même, celle qui avait toujours essayé de faire les choses « bien », de ne pas faire de vagues, de rester dans le cadre.

Je pleurais la femme que j'avais été, celle qui avait dépensé tant d'énergie pour être vue, reconnue, entendue, acceptée et aimée. Cette image se brisait en mille morceaux et j'avais peur de ne jamais pouvoir la reconstruire. Je me demandais si j'avais fait le bon choix, si je pouvais être capable d'aimer à nouveau, si je méritais même l'amour. J'avais peur de me retrouver seule avec trois enfants, jugée et mise au ban d'une société qui n'aime pas vraiment les femmes trop émancipées. Chaos...

L'errance amoureuse

Les années qui ont suivi ont été très challengeantes. Elles m'ont tant appris. Quatre années d'errance amoureuse qui ont été le poison et l'antidote de l'amour de moi. Chaque rejet m'a terrassée pendant des mois, jusqu'à me faire toucher le fond de mon lit et de ma vie. Et c'est toujours au moment où je me suis retrouvée au bout du rouleau que j'ai trouvé le sursaut de vie pour me redresser et avancer. Mais voilà : avancer peut aussi être une stratégie pour ne pas s'arrêter et regarder le chantier.

C'est ainsi que je me suis retrouvée à faire un bébé avec le premier homme venu pour réparer ma blessure de rejet. Il m'acceptait avec mes trois enfants, à la condition de « lui » en faire un.

Ma vie aujourd'hui : entre amour et partage

Aujourd'hui, ma vie a tellement changé. Je me suis apaisée. J'ai fini par faire le GROS travail de guérison dont mon cœur et mon corps avaient besoin. Me voilà remariée (pour la quatrième fois) avec Arnaud. Je ne dis pas que j'ai tout compris ni que ma relation est parfaite. Je ne sais pas si nous brosserons nos dentiers ensemble en sifflotant dans notre salle de bains à « ieuvland[6] ». Mais je remercie la

6. « Ieuvland », du verlan *ieuv* qui signifie « vieux » : c'est l'endroit que nous avons décidé de créer avec mes amis pour vieillir ensemble en mutualisant tous les services. Tout, mais pas l'Ehpad.

vie de m'avoir donné la force de changer pour faire entrer dans mon histoire l'homme le plus merveilleux pour moi.
Chaque minute dans cette relation est une bénédiction.

- Parce qu'elle est saine.
- Parce que nous communiquons en respectant des modèles qui fonctionnent.
- Parce que nous ne sommes pas en concurrence et que chacun respecte ses besoins et fixe ses limites pour pouvoir encore mieux accueillir ceux de l'autre.
- Parce que j'aime toutes les attentions quotidiennes que nous avons et notre complicité.
- Parce que notre évolution professionnelle est incroyable, car nous nous soutenons mutuellement.

Aujourd'hui, je me rends compte que mon propre chemin de guérison ne concernait pas seulement ma vie personnelle. Au fur et à mesure que je guérissais mes blessures, que je reprenais le contrôle de ma vie et que j'apprenais à m'aimer pleinement, j'ai senti en moi grandir un désir plus fort : celui de partager ce chemin avec d'autres femmes. Celles qui, comme moi, s'étaient retrouvées piégées dans des relations foireuses, des schémas répétitifs de souffrance, des croyances limitantes qui les empêchaient de s'aimer et de se libérer.
Je me suis alors rendu compte que mon histoire pouvait devenir une clé pour d'autres et que ma mission n'était plus simplement de me guérir, mais d'accompagner des femmes vers leur propre émancipation. Chaque jour, dans mes consultations, mes programmes de coaching, mes retraites thérapeutiques, je vois ces visages de femmes, marqués par des années de luttes silencieuses, des années passées à sacrifier leurs désirs, leurs besoins, pour être aimées, pour correspondre à ce que la société attend d'elles.
Je me rappelle une patiente, Clarisse, qui est arrivée dans mon cabinet, effondrée après une rupture. Elle avait consacré toute son énergie à une relation dans laquelle elle s'était perdue. Tout, dans sa posture, ses mots, trahissait ces mécanismes que je connaissais trop bien.
Pendant des mois, nous avons travaillé ensemble. Elle a appris à poser des limites, à reconnaître sa valeur, à s'aimer sans attendre la validation de l'autre. Le jour où elle est entrée dans mon bureau, rayonnante, et m'a annoncé qu'elle avait quitté une autre relation toxique,

non pas par désespoir, mais par amour de soi, j'ai su que ma mission allait bien au-delà de ma propre guérison.

L'histoire de Clarisse, et de tant d'autres comme elle, est devenue la force motrice de mon engagement. Je veux que chaque femme qui ouvre ce livre comprenne que son parcours de vie, si douloureux soit-il, peut être transformé en une source de puissance. Il ne s'agit pas seulement de se relever après une chute, mais de se relever avec une couronne sur la tête, consciente de sa valeur et de sa force.

J'ai aussi compris que ma mission allait bien au-delà des « relations amoureuses ». Ma mission, c'est l'émancipation des femmes dans la société et dans tous les domaines de leur vie.

L'OBJECTIF DE MON LIVRE

Ce livre n'est pas un manuel pour « réussir » vos relations amoureuses. Ce n'est pas un guide de séduction, ni un kit pour attirer l'âme sœur. Il ne vous proposera pas des techniques pour être « plus aimable » ou plus « alignée en couple ». Ce livre est un appel. Un acte de rébellion douce. Une thérapie à ciel ouvert.
C'est un appel à revenir à vous. Un appel à remettre votre couronne. Un appel à faire de votre vie un royaume, et non un champ de bataille.
Il ne s'adresse pas uniquement à celles qui ont traversé des relations toxiques. Il s'adresse à toutes celles qui ont appris à briller pour les autres, à se contorsionner pour être choisies, à se faire petites pour être aimées.
Si moi, **Audrey**, femme divorcée plusieurs fois, mère de quatre enfants, avec mes cicatrices, mes doutes, mes nuits sans sommeil et mes prises de conscience douloureuses, j'ai pu me relever, m'aimer et choisir de vivre en souveraine...

Alors vous le pouvez aussi.

Parce que cette puissance ne m'est pas réservée.

Elle est en vous. Prête à éclore dès que vous décidez de la réclamer.

Ce livre est né d'un besoin viscéral, planté en moi depuis quinze ans. Il a grandi dans mes cellules, nourri par mes blessures et mes renaissances. J'ai mis du temps à pouvoir l'écrire. Il fallait que je traverse, que je tombe, que je me relève. Il fallait que je sorte du rôle de la survivante pour devenir une femme libre. Une femme debout. Une femme souveraine.
Il est le fruit de vingt ans d'accompagnement de femmes, de milliers d'histoires écoutées, d'ombres traversées, de transformations puissantes. Il est le fruit d'une vie de femme qui a aimé trop fort, trop vite, trop mal, qui a survécu à la violence, à la précarité, à la honte, aux silences.
Je l'ai écrit pour qu'on arrête de vous faire croire que c'est normal d'accepter moins. Moins d'amour. Moins de respect. Moins de reconnaissance.

Ce n'est pas normal. Ce n'est pas acceptable.
Ce n'est pas inévitable.

Je vous y parle de la vraie souveraineté : celle qui commence par l'intérieur.
Elle ne dépend d'aucune circonstance extérieure. Elle n'a pas besoin de validation.
Elle naît au moment exact où vous cessez d'attendre qu'on vous choisisse, et où vous vous choisissez, vous.
Ce livre est un miroir. Un miroir sans filtre, sans fard. Vous y verrez peut-être la fatigue, la honte, la solitude, mais aussi votre force. Celle qui vous anime, celle qui a toujours été là. Il est une invitation à revenir à l'essentiel : vous.
J'y parle de ce qui est familier. De ces relations où vous vous êtes mise en sourdine. De ces croyances sur votre corps, sur votre place, sur votre droit à être aimée et reconnue. Il parle des héritages invisibles, des blessures transgénérationnelles, de ces loyautés familiales qui vous tiennent encore. Il parle de la honte, de la fatigue, des burn-outs qui sont autant de cris du corps pour qu'enfin, on vous entende.

Mais surtout, ce livre parle de guérison. De réparation. D'expansion. Il ne vend pas de recette magique. Il vous propose un chemin. Un travail parfois inconfortable, mais nécessaire, pour restaurer votre puissance. Celle qui vient quand on arrête de se diminuer. Quand on se traite en « Première classe ». Quand on pose ses non négociables et qu'on les tient.
Ce livre n'est pas une fin. C'est un début. Celui d'une vie où vous cessez de croire que votre douleur est trop petite pour être entendue. Celui d'une vie où vous sortez du schéma sacrificiel, où vous refusez d'être une warrior inconnue morte d'épuisement. Celui d'une vie où vous devenez souveraine de vos choix, de vos limites, de votre abondance, de votre plaisir.

Ceci n'est pas seulement une histoire personnelle, c'est un guide

Ce livre est pour toutes celles qui veulent se libérer des chaînes invisibles de la dépendance affective, des croyances patriarcales qui nous persuadent que nous devons être parfaites pour être aimées. Mon parcours est la preuve que la transformation est possible, et j'ai vu cette transformation se reproduire chez tant de femmes que j'ai eu le privilège d'accompagner.

L'objectif est simple : vous rappeler que vous êtes bien plus puissante que ce que l'on vous a fait croire

Si moi, Audrey, femme divorcée plusieurs fois, mère de quatre enfants, avec mes cicatrices et mes échecs, j'ai pu retrouver ma couronne et m'aimer, alors vous aussi, vous le pouvez. Parce que cette puissance, elle réside en chacune de nous, prête à éclore dès que nous décidons de la revendiquer.
De nombreuses femmes aspirent à connaître la relation amoureuse qui dure joyeusement dans le temps. Celle qui élève, nourrit et réjouit. Beaucoup pensent que trouver l'amour et être heureuse en couple tient du miracle et de la chance. Pourtant, il n'y a pas de complot contre nous, tout comme il n'existe pas un seul prince charmant sur Terre (et pas de chance si nous ne l'avons pas encore trouvé).
Notre difficulté à trouver et à nous épanouir dans une relation amoureuse et dans nos relations intimes de façon plus générale tient à une méconnaissance de notre propre fonctionnement, à des croyances négatives et erronées sur nous-mêmes, ainsi qu'à des schémas répétitifs inconscients, reflets de nos blessures émotionnelles et de nos blocages intérieurs.

Ce livre n'est pas un kit de survie pour trouver l'âme sœur !

Il ne contient ni astuces ni stratagèmes de séduction. Loin des promesses faites par certains *love coach*s qui pullulent sur TikTok et Insta, méconnaissant souvent la racine de nos difficultés affectives ou, pire encore, jouant les illusionnistes avec notre cœur, ce livre plonge dans le vrai travail : celui de guérir ces blessures affectives qui sapent l'estime de soi et minent notre capacité à aimer sainement.

Ce livre n'embellit pas la réalité pour vous vendre un conte de fées

Non, il vous prend dans ses bras et ensuite vous botte les fesses : le grand amour de votre vie, c'est vous. Et ce n'est pas seulement une belle phrase pour vous faire sourire devant le miroir. C'est la base d'un amour sain avec quelqu'un d'autre.
Il s'agit de reconstruire ce qui a été abîmé : votre propre regard sur vous-même. Car rien ne cloche chez vous. Il s'agit de vous libérer de cette quête éperdue de validation externe qui vous fait courir après

des illusions d'amour. C'est un travail de fond, parfois douloureux mais toujours libérateur, qui vous permettra de reprendre les rênes de votre vie affective.

À travers les pages de ce livre, je vous invite à un voyage de transformation

Ce voyage vers l'amour de soi n'est pas seulement un chemin individuel, il s'inscrit dans un mouvement plus vaste. Celui de femmes, comme vous, qui, chaque jour, choisissent de se libérer des schémas dysfonctionnels et des croyances limitantes qui les maintiennent dans des relations insatisfaisantes ou dans l'absence de relation. Ensemble, nous réécrivons ce que signifie être aimée, valorisée et complète.
Ce voyage est semé de défis, de réflexions profondes et de révélations parfois bouleversantes. Mais chaque étape, chaque prise de conscience vous rapproche d'une vie où vous êtes pleinement alignée avec vous-même, où vos relations reflètent votre propre intégrité et votre amour-propre. Ce travail est à la fois individuel et collectif : en vous libérant, vous participez à un changement plus large, celui de femmes partout dans le monde qui reprennent le contrôle de leur vie affective et s'émancipent du patriarcat sans pour autant attaquer les hommes. J'ai d'ailleurs choisi de m'adresser aux femmes dans cet ouvrage, car ce sont elles qui font le plus souvent le choix d'entamer ce chemin de compréhension et d'évolution. Les femmes sont les initiatrices et les briseuses de cycle de souffrance. Néanmoins, si vous êtes un homme et que ce livre vous a fait de l'œil, vous êtes tout à fait bienvenu à bord. Je suis sûre que vous saurez comprendre la portée de mes mots en passant outre leur féminisation.

Le plus beau voyage de votre vie...

Imaginez une existence où, chaque matin, vous vous levez avec la certitude d'être votre propre source de bonheur et de force. Imaginez des relations où vous n'êtes plus en quête perpétuelle d'approbation, mais où vous offrez et recevez de l'amour de manière équilibrée et joyeuse. C'est cela, le véritable amour : pas une quête désespérée, mais une célébration quotidienne de soi qui déborde et enrichit tous ceux qui vous entourent.
Alors, prenez ce livre comme le billet pour le plus beau voyage de votre vie, celui qui mène à votre cœur. Le chemin peut être exigeant,

mais je vous promets que la destination – une vie où vous vous aimez avec tant de force que cet amour se reflète dans chaque aspect de votre existence – vaut plus que toutes les « perles de pluie venues de pays où il ne pleut pas[7] ».

Soyez courageuse. Soyez sincère. Soyez souveraine.

Le premier jour du reste de votre vie commence maintenant. Embrassez-le avec cœur et laissez chaque page de ce livre vous guider vers la personne que vous avez toujours été destinée à être : vous-même, libre et épanouie. Une reine.

---

7. Jacques Brel, « Ne me quitte pas. »

PARTIE 1

Prendre conscience des racines de la *loose*

CHAPITRE 1

Le *shift*[8] : prises de conscience et révélations

La Parisienne en pleine forêt : jugements, peurs et premières impressions

Deux semaines après ma mésaventure paillassonesque, je franchis le seuil - sans paillasson -, du lieu de retraite « spéciale blessures affectives », un havre niché au cœur de la forêt dans le Morvan. Je ne sais pas encore que je vais tomber amoureuse... de l'hypnose symbolique et un peu plus de moi-même. Avouez que vous y avez cru une fraction de seconde ? Genre, la meuf vient à peine de se faire jeter qu'elle retombe direct *in love*.

Je pose mes affaires dans une jolie chambre, mais, à vrai dire, rien ne me semble vraiment joli. Un poids me tombe dans l'estomac. Je regarde par la fenêtre, la rivière scintille au loin. Malgré la sérénité du lieu, un doute me ronge. Est-ce que cette retraite va vraiment m'aider ? Est-ce que je suis prête à affronter ce qui va remonter à la surface ? Une partie de moi veut déjà fuir, rentrer chez moi, retrouver le confort inconfortable de ma vie chaotique. Pourtant, une autre partie de moi sait que je suis là parce que je n'ai plus le choix. Ce combat intérieur gronde alors que je rejoins la grande salle.

Les participantes sont déjà assises en cercle autour d'un centre fleuri orné de bougies. Apparemment, je suis la dernière à m'installer. Elles sont sept. Sept femmes trentenaires et quarantenaires, je dirais. Elles me sourient et je leur rends un sourire poli. Nous attendons l'arrivée de la thérapeute.

Pendant ce temps, j'observe, je scrute, je jauge. Et je juge... *Oh my god!* C'est un repaire de « saroual et shamballa » altermondialistes, j'en suis sûre. Non mais comment je vais tenir pendant cinq jours ? Je devrais avoir honte d'écrire ça et me demander ce que vous allez penser de moi en lisant ces lignes. Mais je n'ai pas honte. Je n'ai plus honte. Car j'ai appris, il y a longtemps, à raisonner en « sous-parties » de moi. Je ne suis pas un trait de caractère en totalité, je ne me définis pas par une souffrance, un trauma ou une maladie. Certaines de mes pensées

---

8. Le « *shift* » désigne un changement profond de perspective ou d'état d'esprit, souvent déclenché par une prise de conscience ou une expérience transformatrice.

et de mes comportements ne sont pas représentatifs de l'intégralité de qui je suis. Eh oui, j'ai en moi une partie « connasse parisienne » qui juge et qui n'aime pas trop l'état d'esprit zadiste, Larzac, pompes en chanvre, cheveux gras ornés de dreadlocks, poils aux aisselles. C'est comme ça. « J'aime pas », comme le dit Virginie Hocq[9] dans un sketch qui me fait hurler de rire. Cette partie « connasse parisienne » aime boire des *matcha latte* au lait d'avoine hors de prix, se plaint de la lenteur de la 4G en pleine forêt et frémit à l'idée de partager un dortoir sans prise électrique pour son lisseur boucleur Dyson. Elle juge silencieusement les sandales en carton recyclé et rêve de suites avec jacuzzi. C'est à ce moment du récit que je perds les lectrices saroual et shamballa. Et ce serait bien dommage, car ce jugement est un réflexe humain, je le sais bien. Je juge pour me protéger, pour garder une distance. Comme si ce jugement me permettait d'affirmer que je n'ai rien à voir avec elles, que je suis différente. Mais est-ce que je le suis vraiment ? Au fond, j'ai peur. Peur d'être confrontée à mes propres ombres, de m'effondrer devant ces femmes que je ne connais même pas.

J'ai aussi une partie en moi qui aime tout le monde, profondément, zadistes compris, parce qu'elle arrive à voir en chacun le petit bébé vulnérable qu'il a été au début, parce qu'elle est connectée à l'amour universel et qu'elle ressent dans son âme que nous sommes tous des êtres avec des ego fragiles et que nous faisons de notre mieux pour survivre dans ce monde merveilleux et chaotique. J'ai une proposition pour vous. Je vous invite à faire preuve d'honnêteté radicale (je développerai ce concept un peu plus loin) et reconnaître qu'il y a en vous au moins une partie qui, elle aussi, juge ce qui n'est pas comme elle. Et qui n'aime pas les « connasses parisiennes », les trouvant superficielles, égocentrées et matérialistes. *Because we are only humans!* Oui ! Il y a également une partie en moi qui se croit américaine et qui *switch* en anglais dès que ça lui chante. Je l'ai nommée ma partie « Jean-Claude Van Damme ».

L'entrée en scène de nos thérapeutes

Dans ce tourbillon de premières impressions, ils entrent en scène. Elle, une élégante femme de soixante ans vêtue d'un blanc immaculé qui semble émaner de son être tout entier. Avec des cheveux

9. Virginie Hocq, *Le Speed Dating* (rôle de Karine).

argentés tombant en cascade sur ses épaules, ses yeux pénétrants reflétant une âme qui a vu et compris. Elle pourrait être la sœur spirituelle de Perla Servan-Schreiber, avec cette grâce tranquille qui ne parle que lorsqu'il est nécessaire, sa présence seule suffisant à poser le cadre protecteur. Cela me rappelle, au passage, qu'il est possible d'être à la fois profondément spirituelle et incroyablement chic. Ce qui pour moi est une première révélation. Ma partie « psychanalyste germanopratine » a toujours porté un jugement très sévère sur les guides spirituels. Elle est toujours prête à saisir la Miviludes[10] dès qu'une pratique sort de son petit pré carré. Elle prend d'ailleurs souvent le thé au Flore avec ma partie « connasse parisienne » qui trouve que l'univers de la spiritualité manque de classe. Leur petit manège peine beaucoup la partie « chaman » qui n'ose plus s'exprimer depuis longtemps de peur d'être critiquée par les deux autres pimbêches.
À ses côtés, un homme d'une trentaine d'années, tout de noir vêtu. Il fait penser à un jeune Tom Cruise, pour son sourire carnassier irrésistible et pour cette vibration charismatique et électrisante. Ses mouvements sont fluides, chaque geste et chaque regard semblant calculés pour captiver et charmer. Ses yeux pétillent de malice et d'intelligence et son t-shirt moulant laisse apparaître des abdos sculptés, que mon œil de « connasse parisienne » n'a pu s'empêcher de noter malgré le contexte. L'univers est vraiment un farceur, me mettant à l'épreuve dès les premiers instants. Je me surprends déjà à minauder, à essayer d'attirer son regard. Ça, c'est ma partie « séductrice qui a besoin de se rassurer dans le pouvoir qu'elle exerce sur la gent masculine ». La bonne nouvelle, c'est que j'en ai conscience, tout de suite. Remarquons le progrès. Cette fois-ci, ça ne passera pas. *No pasarán*. Ça, c'est ma partie Dolores Ibárruri Gómez[11]. J'arrête de minauder et je me concentre.
Le duo se présente avec une assurance tranquille. Elle, d'une voix douce et ferme, nous invite à lâcher nos bagages – émotionnels autant que physiques – et nous présente le fonctionnement des cercles de parole. Lui, avec un enthousiasme contagieux, explique comment il va nous guider avec l'hypnose pour que nous allions guérir nos blessures intimes et cheminer vers notre propre lumière intérieure. Yin et Yang, comme je les surnomme, me plaisent déjà beaucoup. Mais oui ! C'est très bien, ça ! Guidez-moi vers ma lumière.

---

10. Mission interministérielle de vigilance et de lutte contre les dérives sectaires.
11. Surnommée « la Pasionaria », Dolores Ibárruri Gómez est une femme politique basque espagnole qui a soutenu les troupes antifranquistes pendant la guerre civile.

À la pause, je me jette sur mon téléphone portable, histoire de me dire que je ne suis pas en prison.
SMS d'Émilie :

Alors ? Premières impressions ?

Moi *:*

Entre : « Ah ouais quand même c'est très perché ! » « Oh la la, je sens que ça va me saouler ces trucs folkloriques » et : « Vas-y meuf, c'est de ça dont t'as besoin » ou encore « Comment je vais rester assise en tailleur toute la journée avec mon dos qui me fait mal ? »

Honnêteté radicale et guérison : l'exercice qui a tout bousculé

À la reprise, nous sommes invitées à poser des questions sur le déroulement de la retraite. Tout en écoutant Ying et Yang répondre, je me demande quelle est la nature de leur lien. Sont-ils mère et fils ? Collègues ? Mentore et disciple ? Amants ? Mon cerveau fait encore diversion. En effet, une partie de moi reste sur la défensive. Chaque mot qu'ils prononcent semble résonner, mais je sens aussi la résistance en moi, comme un barrage prêt à céder mais qui tient encore bon. Je suis arrivée à un point où je ne peux plus reculer. Pourtant, une petite voix continue de me susurrer que je pourrais tout arrêter, quitter cet endroit avant que ça ne devienne trop difficile, rappeler Julien ou *dater* le premier beau gosse matché sur une app de rencontres.
C'est alors que, pendant un exercice d'introduction, une phrase de Yin me frappe de plein fouet : « Vous êtes ici pour vous rencontrer, vraiment. » Je ne l'avais jamais formulé ainsi, mais c'est exactement ce que je redoute le plus : me rencontrer. Pas la version embellie de moi-même que je montre au monde, pas le roman que je raconte à mon psy toutes les semaines, mais celle que je cache, y compris à moi-même. C'est à ce moment-là que je comprends que cette retraite ne sera pas facile. Mais nécessaire.
Les cinq jours sont passés à la vitesse de la lumière. Le travail s'articulait autour de trois axes : les cercles de parole, l'écriture thérapeutique et introspective, et les séances d'hypnose symbolique. Je ne pouvais pas encore imaginer à quel point ces cinq jours allaient me bousculer, me transformer et me renverser. Mais une chose était

claire : quelque chose en moi devait changer. Je ne pouvais plus continuer à me cacher derrière mes jugements, mon humour sarcastique et mon petit doigt.
De cette retraite, je retiens un exercice extraordinaire que Yin nous a demandé de faire lors d'un atelier d'écriture. Il m'a fait l'effet d'un uppercut. Il est très puissant pour prendre conscience des mensonges que nous nous racontons dans une dynamique relationnelle nocive (voire toxique). Je le partage avec joie avec vous ici :

> Prenez une feuille de papier et divisez-la en deux colonnes. Dans la première, écrivez toutes les fois où vous avez justifié des comportements ou des actions inacceptables « par amour ».
> Exemples :
> *Par amour, je lui pardonne même s'il me parle mal.*
> *Parce que je l'aime, je supporte qu'il annule nos plans à la dernière minute.*
> *Par amour, j'accepte d'être sa maîtresse et j'attends qu'il quitte sa femme.*
> Dans la seconde colonne, réécrivez chaque phrase en changeant « par amour » par ce qui se cache réellement derrière cette action.
> Exemples :
> *Par peur de l'abandon, je lui pardonne même s'il me parle mal.*
> *Par faible estime de moi, je supporte qu'il annule nos plans à la dernière minute.*
> *Par peur de l'engagement (peur du rejet), j'accepte d'être sa maîtresse et j'attends qu'il quitte sa femme.*
> Lisez ensuite chaque phrase à voix haute. Prenez conscience de l'impact émotionnel qu'ont ces nouvelles phrases sur vous. Qu'est-ce que vous ressentez ? Où ces émotions se manifestent-elles dans votre corps ?
> Pour finir, choisissez une de ces phrases et écrivez comment vous pourriez agir différemment, en commençant par :
> *Par amour de moi…*
> *Par respect de moi-même…*

Cette réflexion encourage à faire preuve d'honnêteté radicale avec soi-même, en remplaçant les justifications « officielles » par des phrases qui révèlent la vérité sous-jacente de ce qui motive nos actes. Reconnaître ces schémas peut être un premier pas puissant vers le changement, en mettant l'accent sur l'importance de se respecter et de se valoriser.

Bien sûr, cela ne se manifeste pas uniquement dans les relations amoureuses. Certaines femmes peuvent vivre des dynamiques similaires dans des relations amicales ou familiales. Par exemple, il arrive que l'on ressente ce besoin compulsif de validation dans nos amitiés, lorsque l'on se retrouve toujours à donner plus pour ne pas perdre une relation ou à accepter des comportements irrespectueux de la part d'un ami proche par peur de se retrouver seule.

Cela peut aussi se manifester dans nos relations familiales. Avez-vous déjà ressenti que votre rôle dans la famille consistait à tout gérer, à faire passer les besoins des autres avant les vôtres, par peur d'être rejetée ou de ne pas être « assez » ? Ce schéma dysfonctionnel n'est pas réservé aux relations amoureuses, il peut se déployer dans toutes les relations où nous avons appris à échanger notre valeur contre l'acceptation et l'amour des autres.

Nos blessures intimes peuvent influencer chaque domaine de nos vies. L'objectif est toujours le même : reconnaître où nous nous accrochons à des dynamiques qui ne nous nourrissent pas (voire nous détruisent).

Rien ni personne ne justifie
que tu bousilles ta santé physique et mentale.

C'est le mantra qui m'accompagne depuis quinze ans et que je partage avec toutes les personnes que j'accompagne.

Et puis, il y a eu le travail en hypnose... Le charisme de l'hypnothérapeute, avec son approche à la fois douce et percutante, a certainement joué un rôle dans cette rencontre coup de foudre avec cette pratique. Blague à part, après quinze années de psychanalyse et de psychothérapie traditionnelle, suivre mon instinct vers une méthode plus intuitive ne pouvait pas mieux tomber.

La psychothérapie m'avait déjà beaucoup apporté. Elle m'a aidée à classer de nombreux « dossiers », à mieux me connaître et à prendre des décisions cruciales pour concrétiser mon désir, comme celles de me reconvertir professionnellement ou de divorcer pour me rapprocher de la vraie Audrey.

Mais je sentais que mon cœur avait besoin d'autre chose pour guérir. Je ressentais la nécessité de m'orienter vers un travail plus corporel, plus énergétique. J'avais déjà été impressionnée, quelques années auparavant, par l'approche d'un médecin généraliste peu conventionnel. C'est le moins que l'on puisse dire. J'aime beaucoup raconter cette expérience à mes amis les plus cartésiens pour les déstabiliser un peu, j'avoue, et peut-être pour ouvrir une fenêtre avec vue sur le champ des possibles. Lisez ce livre jusqu'au bout et vous aurez le fin mot de cette histoire qui vaut vraiment le détour (teasing de ouf !).

CHAPITRE 2
Quand Maître Yoda rencontre Jung et l'hypnose symbolique

La retraite avec Yin et Yang offrait une pause bienvenue pour mon mental et mon ego, souvent trop présents, me permettant de m'ouvrir à un travail plus intangible et de me reconnecter à la partie de moi sage et spirituelle, celle que j'appelle « Maître Yoda ».

Plonger dans l'ombre : une exploration de l'inconscient guidée par Jung

Tous les jours, Yang animait des sessions de « *shadow work* hypnotique », ou travail de l'ombre sous hypnose. Ce travail, c'est un peu comme nettoyer le grenier de votre maison. Vous savez, cet endroit où vous jetez toutes les peurs, les souvenirs douloureux, les émotions refoulées, croyant qu'ils disparaîtront si vous ne les regardez pas. Mais comme Jung et maintenant Yang me l'ont appris, ces ombres que nous cachons finissent par nous contrôler si nous ne les affrontons pas.

Pendant cette retraite, j'ai découvert une manière totalement nouvelle de travailler avec l'inconscient : l'hypnose symbolique.

Si je connaissais déjà bien le *shadow work*, puisque j'étais déjà fan absolue des travaux et de la pensée de Jung, inventeur de cette approche, j'ai découvert une façon complètement innovante de travailler avec l'inconscient à travers l'hypnose symbolique. Et j'ai trouvé ça fantastique ! J'éprouve encore une vive émotion quand je repense à l'intensité de ce que j'ai ressenti la première fois que je me suis retrouvée en transe hypnotique. J'avais l'impression d'être Marco Polo et d'avoir découvert une terre inconnue et pleine de possibilités.

Carl Jung, psychiatre suisse, a révolutionné notre compréhension de la psyché humaine. Il voyait plus loin que les théories de son temps. Fondateur de la psychologie analytique, Jung a introduit des concepts tels que les archétypes, l'inconscient collectif et, bien sûr, l'ombre. Il avait compris quelque chose de crucial : notre ombre est une part intégrante de notre identité, le côté *backstage* de notre personnalité. Elle inclut tout ce que nous préférons cacher au monde et à nous-mêmes : nos défauts, nos faiblesses, mais aussi nos peurs et nos désirs refoulés. Jung croyait que ces aspects sombres, bien qu'ils puissent paraître négatifs, sont aussi ce qui nous forge en profondeur. L'ombre comprend nos insécurités, nos peurs, nos désirs, nos traumatismes, nos comportements indésirables et nos émotions non résolues. Pour lui, embrasser son ombre est essentiel pour atteindre une compréhension et une acceptation complète de soi-même[12].

C'est aussi ce que prônent certaines traditions spirituelles orientales, comme le bouddhisme. La guérison de l'âme passe par l'acceptation de soi et l'interdépendance. Comme le dit Pema Chödrön[13] : « Rien ne disparaît jamais tant qu'il ne nous a pas appris ce que nous devons savoir. » Cette phrase me parle profondément, car elle me rappelle que chaque douleur, chaque blessure a un rôle à jouer dans notre évolution. Plonger dans son ombre, c'est comme fouiller dans les parties les plus secrètes de soi pour faire remonter à la conscience tout ce qui se trouve dans nos angles morts. C'est explorer ce moi caché, là où résident les émotions et les pensées que l'on juge trop sombres. Ces zones d'ombre, enfouies parce qu'elles réveillent la honte ou rappellent des souvenirs douloureux, sont souvent ignorées. Mais c'est là, dans ce côté obscur, que nous pouvons vraiment nous découvrir et laisser entrer la lumière.

L'hypnose symbolique : pour une guérison profonde

Ma première séance d'hypnose symbolique a été une épiphanie. Nous étions toutes assises en cercle écoutant la voix de Yang nous guider vers l'état de transe hypnotique. L'intention de la séance était d'aller rencontrer notre enfant intérieure blessée, cette partie de nous qui cristallise toutes nos blessures émotionnelles. Le chemin vers cette rencontre était plutôt très agréable. Je flottais un peu comme entre sommeil et veille. Jusqu'à la rencontre de la petite fille blessée.

Je vois une fillette, qui n'est pas vraiment moi. Elle est cachée dans un coin de la cour de récréation, terrifiée à l'idée d'affronter ses camarades après qu'ils se sont moqués d'elle. Lorsque je vis cette scène sous hypnose, une partie de moi voudrait fuir. Elle voudrait rester à la surface, avec cet humour qui me protège, qui me permet de dire « c'est pas si grave ». Mais l'autre partie, celle qui s'accroche à cette petite fille, sait que je dois plonger. C'est douloureux, et je sens cette

12. Pour aller plus loin sur les théories de Jung, lire Frédéric Lenoir, *Jung. Un voyage vers soi*, Albin Michel, 2021.

13. Pema Chödrön est une nonne bouddhiste tibétaine, auteure et enseignante de la lignée Shambhala fondée par Chögyam Trungpa Rinpoché. Ses livres sont d'un grand réconfort.

douleur dans chaque fibre de mon corps. C'est une honte que j'ai portée pendant tant d'années, mais, à ce moment-là, je comprends que l'humour ne suffira plus pour me protéger de cette vérité. Alors je la laisse m'envahir. Yang nous propose, en imagination, de nous connecter à l'enfant et de lui apporter ce dont elle a besoin pour se sentir mieux. Il nous propose de la rassurer, de reconnaître ce qu'elle ressent et de lui envoyer tous les messages de guérison qu'elle a besoin d'entendre.
« Ce que les autres pensent de toi ne te définit pas. »
« Tu es hors normes et certains ne te comprendront pas. Ça n'enlève rien à ta valeur. »
« Tu as le droit de ne pas penser comme tout le monde et tu as même le droit de ne pas être populaire. »
« Un jour, tu trouveras au moins une personne qui t'accepte comme tu es et ce sera génial. »
« Tu n'as pas besoin d'être parfaite pour être aimée. »
« Tu as le droit de montrer que tu es triste. »
C'est là, dans cet espace de vulnérabilité totale, que la guérison a commencé. En sortant de cette séance, j'ai eu l'impression d'avoir pris le TGV de la guérison. Ce qu'il s'est passé dans mon corps et dans mon esprit en une heure d'hypnose m'a fait avancer cent fois plus vite que des années de psychothérapie classique.
Lors de la deuxième séance, j'ai senti que quelque chose d'important se passait. Allongée, guidée par la voix calme de Yang, je suis entrée dans un état de transe léger, où le monde extérieur s'efface doucement pour laisser place à un autre paysage. Là, dans cet espace flou entre rêve et réalité, des images ont commencé à émerger. J'ai imaginé une maison en ruine, solitaire au milieu d'un champ dévasté. Cette maison, je le savais au fond de moi, représentait mon état émotionnel après des années de traumas non résolus.
C'est là que l'hypnose symbolique prend tout son sens. Elle permet d'accéder à ces symboles enfouis dans notre inconscient et de les transformer. Yang nous a invitées à remodeler cette maison, à la reconstruire selon nos besoins. C'est là que j'ai compris que je pouvais, au sens propre et figuré, réparer les dommages internes et retrouver un sentiment de sécurité. Chaque fois que je réparais un mur, je créais pour moi une nouvelle réalité sur laquelle m'appuyer.
Les traumas et les blessures affectives sont souvent enfouis profondément dans notre inconscient. Ils peuvent se manifester sous forme de comportements autodestructeurs, de peurs irrationnelles ou de blocages

émotionnels. L'hypnose symbolique offre une voie d'accès directe à ces blessures cachées, permettant une guérison à un niveau profond[14].

Ma troisième séance d'hypnose

Je me rappelle encore intensément ma troisième séance d'hypnose lors de cette retraite. Bien que je commence à me familiariser avec l'expérience, je sens que cette séance est différente, plus profonde. Yang nous guide toujours avec la même bienveillance au cœur du réacteur. Les premières images et sensations apparaissent rapidement : je me vois, enfant, encore toute petite, pas plus de cinq ou six ans. Cette fois, ce n'est pas moi au centre de la scène. Je suis spectatrice. Je suis dans une cuisine, celle de mon enfance. Ma mère est là, debout face à mon père qui, dans ma mémoire, semble grand, imposant, presque écrasant. Ils sont en train de se disputer. Une dispute qui, pour moi, enfant, prend des proportions gigantesques. Les voix s'élèvent, et ma mère... Je la vois se ratatiner sous le poids des mots de mon père. Il la critique, la rabaisse, et elle... elle ne dit rien. Elle reste là, immobile, les yeux baissés, le visage rougi par la honte. Je vois ses joues devenir écarlates, ses mains trembler légèrement alors qu'elle essaie de garder contenance. Elle se mord les lèvres pour retenir des larmes qui, je le sens, ne demandent qu'à couler.

Je suis figée dans un coin de la pièce, impuissante, observant cette scène avec des yeux d'enfant, ne comprenant pas complètement ce qui se passe, mais ressentant profondément cette honte qui emplit l'air. Je ressens tout, comme si j'étais de nouveau cette petite fille, témoin silencieux de la détresse de sa mère. Le poids de l'humiliation, même s'il ne me concerne pas directement, s'imprègne dans ma chair. C'est comme si, en voyant ma mère rougir de honte, j'avais appris à associer l'amour avec la honte et l'humiliation.

La graine était plantée. Voir ma mère accepter l'humiliation m'a appris, de manière silencieuse mais profonde, que l'amour pouvait s'accompagner de honte et de sacrifice. Cela a créé un schéma que j'ai reproduit plus tard, en m'accrochant à des relations où je n'étais jamais assez respectée. L'influence des blessures d'enfance sur nos relations adultes est immense. Nous aurons l'occasion d'entrer pleinement dans le sujet au chapitre 6.

---

14. K. E. Valentine, L. S. Milling, L. J. Clark, C. L. Moriarty, « The Efficacy of Hypnosis as a Treatment for Anxiety: A Meta-Analysis », *International Journal of Clinical and Experimental Hypnosis*, 2019, 67(3), 336-363.

Ce que nous observons et vivons en tant qu'enfant forge notre idée de l'amour et des relations. Si, comme moi, vous avez grandi dans un environnement où l'amour semblait indissociable de la douleur ou de l'humiliation, il est possible que vous ayez adopté des comportements similaires dans vos propres relations. Mais il est essentiel de comprendre que vous n'êtes pas prisonnière de ces schémas. Une prise de conscience permet de les briser et de réapprendre ce qu'est un amour sain.
Yang continue de nous guider à travers ces émotions, me permettant de rester avec cette douleur, de la regarder en face sans fuir. Je ressens de la tristesse pour la petite fille que j'étais, mais aussi pour ma mère. Elle aussi avait sa propre blessure d'humiliation, une blessure qu'elle portait en elle depuis bien plus longtemps que moi. Et, sans le savoir, elle me l'avait transmise, héritage silencieux. Un héritage que je n'avais jamais questionné puisque, en apparence, je dégageais une certaine assurance.
Alors, je m'approche de cette petite fille, comme je l'avais fait lors de la première séance. Mais, cette fois, je ne suis pas seulement là pour moi. Je suis aussi là pour elle, pour ma mère, pour cette lignée de femmes qui, comme tant d'autres, ont appris à supporter l'inacceptable « par amour ». Je prends la main de la petite fille et je lui dis : « Tu n'as pas à accepter cela. Ce n'est pas ça, l'amour. Tu n'as pas besoin de vivre ce que ta mère a vécu. Tu es digne d'être aimée, respectée, sans avoir à te sentir humiliée. »

L'enfant me regarde, confuse, mais j'insiste. Et, doucement, je vois son visage se détendre. Au fur et à mesure que je lui parle, je ressens une libération profonde. Comme si je venais de couper un lien invisible, mais puissant, qui m'avait fait porter un fardeau qui n'était pas le mien. Il avait été transmis de génération en génération, et je pouvais m'en libérer.

Prise de conscience mentale et libération par le corps

Ce qui rendait l'expérience si puissante, c'était que tout passait par mon corps. Ce n'était pas qu'une prise de conscience mentale. Mon corps devenait le canal par lequel ces émotions refoulées se transformaient et se libéraient. Je pouvais ressentir chaque onde d'émotion dans mes muscles, mes organes, comme si chaque cellule gardait en elle une trace de mon histoire. L'énergie stagnante de ces souvenirs retrouvait enfin un chemin vers la sortie. Il y avait des tremblements, parfois des sensations de chaleur intense ou de froid glacial. Mon corps tout entier participait à ce processus de libération.

À la sortie de ces expériences puissantes, je me sentais souvent épuisée, vidée, mais étrangement plus légère. Ce n'était pas seulement un nettoyage mental, c'était une transformation à un niveau que je n'avais jamais exploré. Peu à peu, je commençais à comprendre que ces parties de moi que je découvrais étaient autant de fragments que j'avais refusé d'éprouver pendant des années. Mais plus je les reconnaissais, plus je sentais une force intérieure grandir en moi.

C'est lors de l'une de ces séances d'hypnose que j'ai vécu une expérience particulièrement marquante. Une séance de régression en hypnose m'a ramenée à mes tout premiers souvenirs, à un moment que je n'avais jamais consciemment mémorisé. Je me suis vue bébé, un an et demi tout au plus, assise dans une chaise haute, seule au milieu de la salle à manger. Ce n'était pas moi sous une forme humaine comme je l'aurais imaginé, mais une sorte de petit monstre en *slime* jaune qui s'agite, qui crie. Je ressentais une faim terrible, un manque qui semblait infini, et, malgré mes cris, personne ne venait. Je me débattais, prisonnière de ce corps immobile, hurlante mais impuissante. Personne pour répondre à mes appels désespérés.

Cette vision de moi-même en *slime*, seule et désespérée, était la matérialisation de ce que j'avais ressenti tout au long de ma vie sans même m'en rendre compte : cette peur viscérale de ne pas être aimée, d'être livrée à moi-même, sans soutien ni secours. Toute ma vie, j'avais eu cette tendance à me jeter corps et âme dans des relations où je demandais, suppliant intérieurement, d'être aimée en retour, d'être vue, d'être entendue. Ce besoin constant d'attention, d'affection, découlait directement de ce sentiment primal de rejet et d'abandon, qu'il soit réel ou ressenti. Et ce bébé gluant, ce monstre jaune qui s'agitait sans réponse, c'était moi, à chaque fois que je me suis retrouvée à courir après quelqu'un qui ne voulait pas de moi. C'était moi, chaque fois que j'acceptais des comportements inacceptables, juste pour éviter la solitude ou l'abandon.

Cette retraite a été le point de départ d'un chemin de guérison en profondeur. Dans le mois qui a suivi, je me suis inscrite à une formation professionnelle d'hypnothérapeute avec une spécialisation en hypnose symbolique et archétypale. Quinze ans après, avec le recul que j'ai et nourrie de toutes ces étapes, je vais partager avec vous ce voyage intérieur et les leviers qui, à mon sens, permettent cette guérison.

CHAPITRE 3
Les blessures affectives et du lien d'attachement

Mon enfance, mon histoire

Je suis arrivée sur terre dans une famille d'hypersensibles, neuroatypiques, bien dysfonctionnelle. Montagnes russes émotionnelles et insécurité. C'est ainsi que je pourrais résumer mon enfance et mon adolescence. Mon père était à la fois hyperaimant, tendre, drôle, généreux, mais aussi capable de se mettre dans la colère la plus noire, nous plongeant, ma mère, mon frère et moi dans l'effroi. Ma mère, quant à elle, était tendre, douce, mais effacée, sous l'emprise de son mari. Abandonnée par elle-même bien avant de l'être par les circonstances.

Je me souviens de la violence qui régnait à la maison, des crises de mon père, puis de la porte qui claque. Ma mère me disait alors : « T'inquiète... Il revient toujours. » Comment pouvait-elle en être si sûre ?

Mon père était brillant, séduisant, charismatique, admiré, tout-puissant, adulé par sa femme, prête à accepter la maltraitance plutôt que l'indifférence. Lui oscillait entre la vénération de sa femme, le mépris et le dénigrement de ce qu'elle était. Et ma mère continuait d'accepter cette vie conjugale chaotique et « passionnelle ». Une mère en souffrance masquée, mais en souffrance quand même. Il m'a fallu longtemps pour comprendre que toutes ses maladies, ses multiples opérations, ses allergies, n'étaient que sa façon à elle de somatiser son mal-être, son enfermement, son incapacité à se réaliser en tant que femme. Cette femme si belle, intelligente, sensible, cultivée, qui avait accepté le projet d'être mère au foyer. Cette femme, mannequin haute couture et chanteuse lyrique professionnelle, qui avait arrêté de parcourir le monde pour satisfaire la possessivité de son mari.

Néanmoins, il y avait beaucoup de tendresse et de joie dans ce foyer. J'ai de merveilleux souvenirs avec mes parents. Nous avions un quotidien hors du commun, intense, coloré, festif, stimulant et chaleureux.

Je suis l'aînée de deux enfants. Mes parents m'ont raconté qu'ils avaient mis sept ans avant de m'avoir. Je suis née en pleine tempête de neige la veille de Noël et mon père a amené un festin de réveillon à tout le service maternité pour fêter ma naissance. Il a fait le tour des commerçants de la ville pour leur annoncer mon arrivée dans le monde. Apparemment, j'étais attendue comme le Messie.

Mon frère est arrivé seize mois plus tard et les choses se sont compliquées. Dix jours après sa naissance, mes parents l'ont retrouvé bleu et atone. Direction les urgences. Verdict : « On l'a récupéré de peu mais il est allergique aux protéines de lait. »

Notre vie a basculé à partir de cet instant. Mon frère est resté en soins intensifs pendant des mois, branché de partout. Mes parents se sont relayés jour et nuit à son chevet. Les connaissant, j'imagine qu'ils ont tout fait pour que je ne me sente pas abandonnée. Il y avait un soutien familial et des grands-parents. Je pense sincèrement que mes parents ont pris sur eux, sur leur sommeil et leur énergie pour se démultiplier et me donner de l'attention et de l'amour pendant cette période. J'imagine leur inquiétude, leur détresse, leur espoir, un jour après l'autre. Et je pense aussi que la petite fille, enfin le bébé (car, avant deux ans, on est encore un bébé), a ressenti toute cette peur et l'abandon, malgré la meilleure volonté de mes parents. Je pense à la grande sœur qui a dû avoir tellement peur pour son petit frère.

Pendant des années, j'ai cherché à comprendre pourquoi je ne me sentais jamais en sécurité dans mes relations. Ce n'est que bien plus tard que j'ai compris que je recréais inconsciemment le chaos émotionnel de mon enfance. Ce que j'avais appris, c'est que l'amour pouvait être instable, imprévisible, voire cruel. C'est ce modèle toxique que je rejouais, encore et encore, jusqu'à ce que je prenne enfin conscience qu'aucun amour ne mérite de sacrifier sa santé mentale. Grandir dans l'insécurité affective, dans la peur de l'abandon et de la destruction et être témoin de la relation toxique de mes parents a créé chez moi une familiarité avec le dysfonctionnel et les relations affectives toxiques. Je suis entrée dans mes relations amoureuses « pas bien câblée » pour repérer les signaux de danger. Dès l'adolescence, j'ai goûté aux relations amoureuses et amicales malsaines qui n'étaient que le miroir du chaos de ma construction psychique et émotionnelle. Je me suis mise à chercher l'amour à tout prix, à m'accrocher à des partenaires ou à des amis qui ne voulaient pas de moi. J'ai vécu pendant des années dans la peur d'être trompée ou quittée.

Nous reproduisons ce que nous avons vu et ressenti durant l'enfance

Mon histoire, c'est aussi l'histoire de tant de personnes que j'ai accompagnées en thérapie. Un père absent ou colérique, une mère présente mais impuissante... Ces figures d'attachement, qui sont censées nous offrir amour et sécurité, laissent parfois des blessures profondes. Ces blessures façonnent nos comportements adultes, surtout dans nos relations amoureuses. Et, sans même nous en rendre compte, nous reproduisons ce que nous avons vu et ressenti durant l'enfance.

Cette version de moi fait partie de mon histoire pour toujours, mais ce n'est plus elle qui est à la tête des opérations. J'ai appris à laisser place à une version de moi-même qui sait qu'« aucun amour ne justifie que l'on se bousille la santé physique et mentale » (*remember* mon mantra préféré ?). Aujourd'hui, j'écoute cette voix intérieure avec compassion, mais je ne la laisse plus diriger ma vie.

Si cette blessure d'abandon s'est exprimée de cette manière chez moi, dans ma pratique de thérapeute, j'ai pu observer qu'elle pouvait se manifester aussi par une peur accrue de l'engagement, par une incapacité à rester plus de quelques mois dans une relation ou par une fuite ou du sabotage de relations sérieuses. Une blessure, plusieurs formes d'expression. À vous de reconnaître le mode d'expression des blessures d'enfance que vous rejouez jusqu'à présent.

Les cinq blessures fondamentales

Lise Bourbeau, dans son ouvrage *Les 5 blessures qui empêchent d'être soi-même*[15], identifie ces blessures fondamentales : le rejet, l'abandon, l'humiliation, la trahison et l'injustice. Souvent enracinées dans l'enfance, elles influencent notre comportement et nos schémas relationnels adultes. Ces blessures émotionnelles non résolues créent des dynamiques répétitives dans nos relations, car elles modèlent inconsciemment nos attentes, nos peurs et notre manière d'interagir avec les autres.

Rejet

Cette blessure se forme généralement dès les premiers instants de vie, souvent avant même la naissance ou dans les premières années

15. Lise Bourbeau, *Les 5 blessures qui empêchent d'être soi-même*, Pocket, 2013.

de développement. Elle survient lorsqu'un enfant ne se sent pas accepté pour ce qu'il est. Plus tard, cette blessure de rejet pousse la personne à se sentir constamment « de trop » ou « pas assez », à douter de sa légitimité et à se couper des relations profondes de peur de ne pas être acceptée.

Abandon

Cette blessure est liée au sentiment de ne pas être soutenu ou de manquer d'attention et d'amour. L'enfant se sent délaissé, qu'il s'agisse d'un abandon physique ou émotionnel. À l'âge adulte, cette blessure se manifeste souvent par un besoin constant de validation, une peur viscérale d'être quitté ou de ne pas être assez pour l'autre. Ceux qui en souffrent s'accrochent souvent à des relations dysfonctionnelles, dans l'espoir d'éviter cette sensation d'abandon. D'autres ont du mal à s'engager ou à maintenir une relation dans le temps. Ils abandonnent à leur tour.

Humiliation

Celle-ci naît lorsque l'enfant se sent rabaissé, honteux ou dévalorisé par ses parents ou figures d'attachement. À l'âge adulte, cette blessure entraîne des comportements où la personne se cache, se rabaisse ou accepte d'être maltraitée, souvent pour éviter une nouvelle humiliation. Elle évite de s'affirmer et d'être vue, par crainte d'exposer ses « failles » au regard des autres.

Trahison

La blessure de trahison survient lorsque l'enfant se sent trahi par une personne en qui il avait confiance, souvent un parent qui ne tient pas ses promesses. Plus tard, cela se manifeste par une grande méfiance dans les relations amoureuses, un besoin de contrôler l'autre, et une difficulté à faire confiance.

Injustice

Cette blessure prend racine dans un sentiment de ne pas être traité équitablement, souvent par un parent trop exigeant ou perfectionniste. À l'âge adulte, cela se traduit par un besoin d'équité à tout prix, une hypersensibilité aux injustices et une difficulté à lâcher prise.

Les quatre styles d'attachement

Montrez-moi comment vous aimez,
et je vous dirai comment vous avez été aimée.

Cette phrase résume tout. Nos styles d'attachement, façonnés dans l'enfance, déterminent comment nous nous comportons dans nos relations amoureuses.

De nombreux auteurs et chercheurs ont apporté[16], au fil des ans, des éclairages précieux sur la manière dont les blessures émotionnelles de l'enfance influencent le style d'attachement, l'estime de soi, et, par conséquent, le comportement relationnel amoureux à l'âge adulte.

John Bowlby[17] et Mary Ainsworth, à travers leur théorie de l'attachement, ont mis en lumière comment les relations avec nos premières figures d'attachement - souvent nos parents - influencent durablement nos comportements amoureux et relationnels à l'âge adulte.

Attachement sécurisé

Si vos parents étaient présents et réactifs à vos besoins émotionnels, vous avez probablement développé un attachement sécurisé. Cela signifie que vous vous sentez à l'aise dans l'intimité, capable de faire confiance, de donner et de recevoir de l'affection, et que vous n'avez pas peur de l'engagement. Vous êtes capable de gérer les conflits sans vous sentir menacée et avez une bonne estime de vous-même.

---

16. N. L. Collins & S. J. Read, "Adult attachment, working models, and relationship quality in dating couples", *Journal of Personality and Social Psychology*, 58(4), 644-663, 1990.
M. Mikulincer & P. R. Shaver, "Attachment in adulthood: Structure, dynamics, and change", *Guilford Press*, 1990.
J. A. Simpson, "Influence of attachment styles on romantic relationships", *Journal of Personality and Social Psychology*, 59(5), 971-980, 1990.
C. Hazan & P. Shaver, "Romantic love conceptualized as an attachment process", *Journal of Personality and Social Psychology*, 52(3), 511-524, 1987.

17. John Bowlby, *Attachement et perte. L'Attachement*, vol. 1, trad. de l'anglais par J. Kalmanovitch, Paris, PUF, 2002 (1re éd. 1969).
Id., *Attachement et perte. La Séparation. Angoisse et colère*, vol. 2, trad. de l'anglais par Bruno de Panafieu, Paris, PUF 2007 (1re éd. 1973).
Id., *Attachement et perte. La Perte. Tristesse et dépression*, vol. 3, trad. de l'anglais par Didier Weil, Paris, PUF, 2002 (1re éd. 1984).

Attachement anxieux

Si l'attention de vos parents était imprévisible ou conditionnelle, vous avez peut-être développé un attachement anxieux. Vous recherchez constamment la validation de l'autre et avez peur d'être abandonnée. Les personnes ayant ce style d'attachement ont tendance à être hyper vigilantes dans leurs relations, à s'inquiéter facilement du désintérêt de l'autre et à avoir du mal à poser des limites.

- *Exemple :* vous avez besoin d'être constamment rassurée sur l'amour que l'autre vous porte, vous êtes hypersensible à tout signe de distance émotionnelle et vous avez peur que l'autre vous quitte dès le moindre conflit.

Attachement évitant

Si vos parents n'ont pas répondu adéquatement à vos besoins émotionnels, vous avez peut-être développé un attachement évitant. Vous avez appris à ne pas compter sur les autres et à éviter l'intimité pour vous protéger. Vous valorisez l'indépendance à tout prix et fuyez les relations trop profondes ou émotionnelles, de peur d'être blessée.

- *Exemple :* vous évitez les conversations intimes ou les discussions émotionnelles, et vous préférez garder vos distances dans une relation pour ne pas être vulnérable. Vous donnez l'impression d'être détachée, même si vous ressentez de l'attachement, car cela vous protège d'un potentiel rejet ou abandon.

Attachement désorganisé (moins courant)

Ce style d'attachement se développe souvent dans des environnements où l'enfant a été exposé à de la violence ou des comportements chaotiques. Il oscille entre l'anxiété et l'évitement, et les personnes ayant un attachement désorganisé peuvent à la fois chercher la proximité émotionnelle et en avoir peur.

C'est exactement ce que Claire vivait quand elle est venue me consulter. Elle ne parvenait jamais à rester dans une relation plus de quelques mois. Elle disait toujours : « J'ai besoin de mon espace, je suis trop indépendante. » Mais, en creusant un peu, nous avons découvert que son « besoin d'indépendance » n'était qu'une façade pour ne pas laisser quelqu'un s'approcher trop près, par peur d'être blessée, comme elle l'avait été enfant par une mère très exigeante, rabaissante et humiliante.

Et c'est ce qui est souvent le plus difficile à voir : comment ces blessures d'enfance, que nous avons peut-être refoulées ou minimisées, continuent de guider nos vies, de saboter nos relations, de nous maintenir dans un état de vigilance émotionnelle permanente. Elles influencent tout, parfois sans même que nous en soyons conscients.

Pour découvrir ce qu'il se cache derrière vos comportements amoureux, voici quelques questions à vous poser.
Quels moments de votre enfance reviennent avec force lorsque vous pensez à vos relations aujourd'hui ?
Avez-vous déjà eu l'impression de rejouer les mêmes scénarios, les mêmes douleurs, encore et encore ?
Quelles croyances limitantes sur l'amour portez-vous toujours en vous ?
Ne cherchez pas à embellir la vérité. C'est dans cette reconnaissance brute que commence la guérison.

Il y a quelques années, j'ai moi-même commencé ce travail de reconnexion. Ce fut douloureux, car cela voulait dire accepter que mes parents, malgré tout l'amour qu'ils m'avaient donné, avaient été à l'origine de certaines de mes blessures et schémas affectifs les plus douloureux. C'était un mélange de tristesse, de colère et de culpabilité. Mais j'ai appris, au fil du temps, que guérir ne signifie pas blâmer nos parents ou nos figures d'attachement. Cela signifie se libérer du passé, pour ne plus être prisonnière de ces vieux schémas.

Je choisis de ne plus laisser mon passé contrôler mes relations.
Je mérite un amour sain, basé sur le respect et la confiance.

Comment identifier vos propres blessures et vos styles d'attachement

Pour comprendre quelles blessures et quels styles d'attachement influencent vos relations actuelles, posez-vous ces questions :

- **Blessure de rejet** : vous sentez-vous souvent « de trop » ou « pas assez » dans vos relations ? Avez-vous peur de vous ouvrir par crainte d'être rejetée ?
- **Blessure d'abandon** : avez-vous du mal à être seule et avez-vous tendance à vous accrocher aux relations, même lorsque celles-ci sont toxiques ?

- **Blessure d'humiliation** : vous arrive-t-il de vous cacher ou d'éviter de prendre des risques, par peur d'être rabaissée ou jugée ?
- **Blessure de trahison** : avez-vous du mal à faire confiance aux autres et ressentez-vous souvent le besoin de contrôler vos relations pour éviter d'être blessée ?
- **Blessure d'injustice** : êtes-vous hypersensible aux injustices et avez-vous besoin de rétablir un équilibre parfait dans vos relations, au point d'être constamment frustrée et en colère ?

Pour les styles d'attachement, observez :

- Êtes-vous à l'aise dans l'intimité et capable de gérer les conflits sereinement (**attachement sécurisé**) ?
- Ressentez-vous souvent de l'anxiété, avez-vous peur que l'autre vous abandonne (**attachement anxieux**) ?
- Préférez-vous garder une certaine distance émotionnelle dans vos relations, même quand vous aimez l'autre (**attachement évitant**) ?

Quand j'ai eu connaissance de ces classifications, j'ai compris pourquoi j'étais complètement « *fucked up*[18] » dans mes relations amoureuses. Je cochais toutes les cases de l'attachement anxieux et mes blessures d'abandon, d'humiliation, de trahison et de rejet étaient très inflammatoires.

Quand on a grandi dans une famille aussi instable émotionnellement, quand la peur de la critique côtoie la culpabilité et la honte de n'être pas parfaite pour être digne d'être aimée, la relation d'amour devient conditionnée et atteint l'amour que l'on se porte à soi-même. Et si je n'étais pas assez bien pour que l'on m'aime, que l'on me reconnaisse et m'accepte ?

Lors de l'une des retraites de guérison que je guide, j'ai rencontré Irène, une femme brillante et hypersensible, qui portait en elle une blessure profondément enracinée : la blessure de rejet. Dès notre premier échange, j'ai perçu cette peur omniprésente de ne jamais être « assez », cette angoisse de ne pas correspondre aux attentes des autres.

Irène venait d'un milieu familial stable en apparence, mais dominé par la critique et la recherche de perfection. Son père, perfectionniste,

18. *Fucked up* : expression anglaise qui pourrait se traduire par « bousillée, abîmée, défectueuse ».

ne reconnaissait jamais ses efforts. Peu importe ses réussites à l'école ou ailleurs, il trouvait toujours une faille à corriger. Quant à sa mère, elle restait en retrait, n'intervenant jamais pour protéger sa fille. Cette dynamique laissait chez Irène un sentiment persistant d'être « de trop » ou « pas assez », marquant profondément son estime de soi.
Pendant les séances de travail, Irène a partagé comment, dès l'enfance, elle s'efforçait d'être parfaite pour attirer l'amour de ses parents. Pourtant, chaque critique renforçait cette idée qu'elle n'était jamais à la hauteur. Ce schéma toxique s'était enraciné, la poussant à se suradapter constamment pour plaire aux autres, au détriment de ses propres besoins.

Le cas des personnes neuroatypiques

Pour les hypersensibles et neuroatypiques, ces dynamiques peuvent être amplifiées. Leur sensibilité accrue aux signaux sociaux les expose davantage aux risques de malentendus et d'incompréhensions. Pourtant, c'est aussi cette sensibilité qui, lorsqu'elle est reconnue et acceptée, peut devenir leur plus grande force relationnelle.

Cette blessure, je la connais bien. J'ai aussi dû faire face à ce rejet, et c'est cette blessure qui m'a guidée sur mon propre chemin de guérison et de transformation. Je suis hypersensible. Je suis diagnostiquée avec un TDAH et un HPI. Je suis, comme on dit souvent, « hors normes ». Et, pendant longtemps, cela a été une source immense de douleur et de rejet. Quand on ne rentre pas dans le moule, le regard des autres peut devenir écrasant, et chaque différence est perçue comme une faiblesse ou un défaut. On finit par croire qu'il faut se cacher, se taire, ou, pire, se transformer pour correspondre à ce que l'on attend de nous.
Ce sentiment d'être « de trop » ou « pas assez », je l'ai ressenti à chaque étape de ma vie, que ce soit dans mes études, mes relations sociales, amoureuses et professionnelles. Mais c'est en devenant maman que cette blessure a pris une autre tournure. Mes enfants sont neuroatypiques, tout comme moi, et c'est en les voyant grandir, en les observant lutter pour être eux-mêmes, que j'ai réalisé à quel point il était essentiel de ne pas chercher à entrer dans un moule trop étriqué. Mes enfants ont été mes plus grands enseignants. Ils m'ont montré qu'accepter l'atypisme, c'est accepter notre authenticité, notre singularité, sans compromis. C'est grâce à eux que j'ai pris conscience de l'impact de cette blessure de rejet. C'est pour eux que j'ai choisi

de ne plus me soucier du regard des autres, de ne plus chercher à me conformer et de les encourager à s'épanouir tels qu'ils sont. Mon objectif est de leur offrir une acceptation inconditionnelle, de leur enseigner à ne jamais se limiter à cause des attentes des autres.
Cette blessure de rejet, qui m'a longtemps fait souffrir, est devenue mon moteur. Elle m'a poussée à m'élever personnellement, mais aussi à développer mon expertise professionnelle. C'est cette blessure qui a inspiré mes deux best-sellers : *Apprendre autrement avec la pédagogie positive*[19] et *Vive les zatypiques*[20]. J'ai ressenti une profonde nécessité chez les enfants et les parents brisés par un système qui n'accepte pas les atypiques, qui les marginalise. À travers ces ouvrages, j'ai pu offrir des solutions pour qu'ils retrouvent leur place, celle qu'ils méritent, dans le respect de leur singularité.
Et ce cheminement m'a aussi permis d'aller encore plus loin. J'ai décidé de me spécialiser dans l'accompagnement des neuroatypiques et de former des professionnels pour qu'ils puissent, eux aussi, prendre en charge ces personnes avec bienveillance, respect et efficacité. J'ai la joie, aujourd'hui, d'avoir formé des centaines de personnes, et de voir les résultats extraordinaires que cette acceptation inconditionnelle produit chez ceux qui, comme moi, ne rentrent pas dans les cases.
Ce qui me semblait, autrefois, une malédiction est aujourd'hui ma force, ma mission. J'ai compris que cette blessure n'avait pas à définir ma valeur ou celle de mes enfants, mais qu'elle pouvait être sublimée, transformée en une énergie créatrice et constructive, tant pour moi que pour tous ceux que j'accompagne.

Le dialogue intérieur, l'hypnose, les constellations familiales systémiques et la danse médecine

Dans les retraites que j'anime, nous effectuons un travail profond de guérison à travers le dialogue intérieur, l'hypnose symbolique, les constellations familiales systémiques, la danse médecine et les techniques de respiration.
En systémie, nous travaillons avec les systèmes familiaux et relationnels. Mais il existe un autre système, tout aussi puissant, qui mérite notre attention : celui de nos parts intérieures. La femme sauvage, la

19. Audrey Akoun et Isabelle Pailleau, *Apprendre autrement avec la pédagogie positive*, Eyrolles, 2013.
20. *Id.*, *Vive les zatypiques*, Leduc, 2017.

guerrière, la juge intérieure, la petite fille blessée... Toutes cohabitent, se disputent, et parfois se sabotent.

J'ai découvert le dialogue intérieur, pendant mes études, avec l'approche de Sidra et Hal Stone[21]. Selon celle-ci, notre psyché est composée de multiples « parts » ou sous-personnalités, chacune ayant un rôle spécifique : certaines nous protègent, d'autres expriment nos blessures, et d'autres encore nous permettent de grandir. Ce dialogue interne peut être harmonieux – ou totalement chaotique, selon la manière dont nous interagissons avec ces différentes parts.

Le dialogue intérieur, c'est cette conversation invisible qui se joue en nous en permanence. Parfois encourageante : « Tu es capable ! », mais trop souvent critique : « Tu n'y arriveras jamais... » Ces voix intérieures ne sont pas forcément « mauvaises ». La critique intérieure, par exemple, peut provenir d'une part protectrice, qui cherche maladroitement à nous éviter des échecs ou des rejets. L'objectif n'est pas de faire taire ces voix, mais de les entendre, de comprendre leur intention et de répondre avec compassion.

Une constellation intérieure, c'est donc apprendre à dialoguer avec ces parts pour qu'elles puissent coexister en paix. Quand votre juge vous critique : « Tu n'es pas assez... », peut-être que cette voix, en réalité, essaie juste de vous protéger de la peur de l'échec. Entamer un dialogue intérieur, c'est comme convoquer un G8 avec toutes ces parts de vous, pour les écouter et leur répondre.

Pour commencer ce travail, il est essentiel de reconnaître et de nommer ces parts. Qui est à la manœuvre dans votre esprit ? Une part blessée, qui ressasse un traumatisme du passé ? Une part perfectionniste, qui exige l'impossible en quête de validation de sa valeur ? Ou une part sage, qui vous rappelle que tout ira bien ? Les identifier, c'est déjà une forme d'apaisement.

Quelques principes fondamentaux du dialogue intérieur :

- **Reconnaissance** : chaque part a une fonction et une histoire. Reconnaissez son existence et son rôle sans jugement.
- **Distanciation** : vous n'êtes pas vos parts. Par exemple, vous n'êtes pas *la juge intérieure*, mais vous avez une part en vous qui joue ce rôle. Cette distinction est cruciale pour ne pas vous identifier entièrement à vos pensées.

21. Hal Stone, Sidra Stone, *Le Dialogue intérieur*, Souffle d'Or, 1997.

- **Curiosité bienveillante :** posez-vous des questions : « Que veut cette voix ? De quoi essaie-t-elle de me protéger ? » Écoutez sans chercher à la faire taire.
- **Réponse intentionnelle** : répondez à cette voix avec une posture d'adulte bienveillant : « Merci pour ton souci, mais je choisis une autre voie. »
- **Harmonie** : comme dans une famille, l'objectif est d'instaurer un équilibre entre toutes les parts pour que la cacophonie devienne un orchestre.

C'est là que la magie opère : lorsque ces voix, au lieu de vous dominer ou de se battre, travaillent ensemble pour soutenir votre épanouissement. En réalité, chacune d'elles détient une part de votre sagesse. En intégrant le dialogue intérieur à votre quotidien, vous devenez l'orchestratrice de votre univers intérieur, capable de transformer vos conflits internes en une symphonie. C'est un voyage puissant vers l'alignement et l'amour de soi.

Avec Irène, nous avons utilisé ces outils pour explorer ses schémas et faire émerger les blessures liées au rejet. Nous avons travaillé ensemble pour l'aider à reprogrammer son dialogue intérieur. Elle a appris à reconnaître cette voix critique qui lui répétait qu'elle n'était jamais « assez bien » et à la remplacer par une voix plus douce, bienveillante, qui l'encourageait à s'accepter.

Un moment clé fut lors d'une séance de constellations familiales (thérapie familiale transgénérationnelle développée dans les années 1990 par Bert Hellinger), où elle a compris que ce n'était pas à elle de porter les attentes irréalistes de ses parents. Elle a pris conscience qu'elle n'avait pas à se conformer aux désirs des autres pour être digne d'amour. Cette prise de conscience, soutenue par des exercices d'hypnose et de danse médecine, lui a permis de libérer une part de la pression qu'elle s'infligeait depuis des années.

Le chemin de guérison de la blessure de rejet n'est pas linéaire, mais, au terme de la retraite, Irène avait fait d'énormes progrès. Elle avait commencé à poser des limites et à accepter qu'elle était suffisante telle qu'elle est. Son histoire témoigne du pouvoir transformateur de la guérison intérieure, et du fait que, même face à une blessure aussi profonde que celle du rejet, il est possible de se libérer et de réapprendre à s'aimer.

CHAPITRE 4
L'amour ne suffit pas...

Le rejet, l'humiliation et la peur de l'abandon sont souvent des outils de contrôle dans les familles dysfonctionnelles. Peut-être avez-vous grandi dans une famille qui utilisait ces peurs pour vous garder sous contrôle, pour que vous rentriez dans le moule : « Sois une gentille fille » « Ne fais pas de vagues. »
Adulte, vous continuez à vivre sous l'emprise de ces peurs. Vous vous inquiétez de ce que les autres pensent, vous êtes terrifiée à l'idée d'échouer, vous stressez en permanence à l'idée que quelque chose tourne mal. Ces peurs, vous les ressentez au travail, dans vos relations, même dans les moments où tout va bien, vous êtes incapable de vous détendre.

Les parents toxiques souvent malgré eux

Alors, oui, vos parents vous aimaient peut-être, sûrement même. Mais s'ils utilisaient la honte pour vous faire obéir, s'ils vous faisaient sentir que vous deviez être parfaite pour être digne de leur amour, ils vous ont aussi transmis des blessures que vous traînez encore aujourd'hui. Ça ne signifie pas qu'ils ne vous aimaient pas. Ça veut juste dire qu'ils vous ont peut-être aimée en projetant sur vous leurs propres peurs et insécurités.
Il y a bien évidemment des cas de parents qui n'aiment pas leurs enfants. Il y a des parents qui ne les désirent pas. Il y a des parents bourreaux. Certes. Mais, comme je le dis souvent à mes clientes, je ne connais pas beaucoup de parents qui se réveillent le matin en se disant : « Je déteste cet enfant. Qu'est-ce que je vais bien pouvoir faire pour le bousiller ? »
Je n'ai jamais eu aucun doute quant à l'amour de mes parents et je sais aujourd'hui que cet amour est une fondation solide qui m'a certainement empêchée de basculer ou de sombrer dans le néant à plusieurs reprises. Mais ça ne veut pas dire qu'ils m'ont offert tout ce dont j'avais besoin pour grandir harmonieusement. Parce qu'un amour, si puissant soit-il, n'efface pas les dysfonctionnements. Et les blessures que vous traînez aujourd'hui viennent en partie de là, de ce petit quelque chose qui n'allait pas chez eux, même s'ils vous aimaient de toutes leurs forces.

Je sais, c'est dur à entendre, surtout quand on vous a toujours dit que l'amour, c'était la clé de tout. Vous avez peut-être grandi dans une maison où l'amour était là, oui, mais la stabilité émotionnelle ? Hmm... un peu moins. Parce que si, chez vous, c'était le chaos émotionnel - vos parents étaient imprévisibles, stressés, ou incapables de gérer leurs propres émotions -, alors peu importe à quel point ils vous aimaient, vous avez grandi avec cette épée de Damoclès au-dessus de la tête. Et ça, ça crée des blessures, même si vous n'avez pas conscience de tout ce que ça a fait.
Votre père vous a peut-être transmis sa passion pour la musique, votre mère préparé des cakes au chocolat pour votre goûter, mais si vous ne saviez jamais comment ils allaient réagir, si vous deviez constamment marcher sur des œufs pour éviter les explosions ou les silences lourds, vous n'avez pas grandi dans un espace sécurisé. Et l'amour ne compense pas cette instabilité émotionnelle. Ce n'est pas parce qu'ils vous aimaient que vous vous sentiez en sécurité. Ça n'efface pas le sentiment que tout pouvait basculer d'un moment à l'autre. C'est ce que j'ai vécu toute mon enfance.
En 2009, je parlais avec une amie dont la mère était dépressive chronique et elle m'expliqua comment elle avait compris, grâce à un livre, que l'état de sa mère avait créé des traumas chez elle et étaient, en partie, à l'origine de son incapacité à se mettre en couple. Elle m'a dit : « Tu devrais le lire ! Avec les parents que tu as, ça pourrait expliquer ton instabilité dans la vie. » Sur le moment, je ne l'ai pas super bien pris. À l'époque, je ne me sentais pas trop concernée, car j'étais encore convaincue que j'avais été très aimée et que mes problèmes ne pouvaient pas venir de là. Je pensais que c'était plutôt moi qui en avais fait voir de toutes les couleurs à mes parents et qu'ils étaient plutôt bien indulgents face à l'« instabilité » que mon amie m'avait fait remarquer.
Lorsque j'ai lu *Parents toxiques* de Susan Forward[22], cela a été un véritable choc. J'avais toujours cru que l'amour suffisait à justifier les comportements de mes parents, mais ce livre m'a ouvert les yeux sur une réalité plus complexe : l'amour, même sincère, ne protège pas des blessures profondes que certains parents peuvent infliger. Forward met en lumière des comportements toxiques, parfois subtils, comme la culpabilisation, le contrôle émotionnel ou les attentes irréalistes, qui laissent des marques indélébiles. Ce que j'avais vécu sans

22. Susan Forward, *Parents toxiques. Comment échapper à leur emprise*, Pocket, 2002.

pouvoir le nommer, ce livre me l'a révélé. Il m'a permis de comprendre que, même si mes parents n'étaient pas des monstres, loin de là, ils avaient malgré tout contribué à mes blessures, souvent inconsciemment, en étant eux-mêmes pris dans des schémas dysfonctionnels. Voici un aperçu des différentes catégories de parents toxiques selon Susan Forward, et pourquoi il est parfois si difficile de déceler leur dysfonctionnement.

Les parents contrôlants

Ces parents cherchent à régenter tous les aspects de la vie de leur enfant, que ce soit ses choix de carrière, ses relations, ou même ses pensées. Ils imposent leurs attentes et leur vision du monde, souvent en usant de la manipulation émotionnelle pour obtenir ce qu'ils veulent. Ils peuvent se servir de la culpabilité (« Avec tout ce que j'ai fait pour toi... ») ou de la peur (« Si tu fais ça, tu vas échouer »). Le problème avec ces parents, c'est qu'ils semblent agir pour le bien de leur enfant, en prétendant qu'ils savent mieux que lui ce qui est bon pour lui. Cela fait qu'il est difficile pour l'enfant de reconnaître la toxicité, puisqu'elle se cache derrière une façade de « je fais ça pour toi ».

Les parents passifs

Contrairement aux parents contrôlants, les parents passifs sont souvent absents émotionnellement ou physiquement, même s'ils sont présents dans la maison. Ils ne prennent pas de décisions, ne fixent pas de limites et ne protègent pas leurs enfants des abus ou des comportements destructeurs de l'autre parent ou d'autres membres de la famille. Cette passivité peut être tout aussi toxique, car elle laisse l'enfant sans structure ni soutien. Le dysfonctionnement est difficile à détecter, car ces parents peuvent sembler gentils ou non-confrontationnels, mais, en réalité, leur manque d'implication émotionnelle et de soutien rend l'enfant vulnérable et livré à lui-même.

Les parents narcissiques

Ces parents utilisent leurs enfants pour combler leurs propres besoins d'admiration, d'attention ou de valorisation. Ils ne voient pas leur enfant comme un individu à part entière, mais comme une extension de leur propre ego. Leurs attentes sont souvent irréalistes, et toute déviation par rapport à ces attentes est perçue comme un rejet personnel. Ce qui rend leur toxicité difficile à détecter, c'est que, de l'extérieur, ils peuvent sembler très investis dans la vie de leur enfant, voire fiers de lui. Mais, en réalité, leur amour est conditionné par la conformité de l'enfant à leurs exigences et à l'image qu'ils veulent projeter au monde.

Les parents alcooliques ou dépendants

Les parents qui souffrent d'une dépendance (alcool, drogue, jeu, etc.) créent un environnement instable et imprévisible. Leur comportement fluctue en fonction de leur addiction, passant de périodes d'amour et d'attention à des moments de négligence, de violence ou d'agressivité. Ce qui rend leur toxicité difficile à reconnaître, c'est que l'enfant peut se dire que ce n'est « pas de leur faute », que c'est « la faute de l'alcool » ou de la drogue. L'enfant peut passer sa vie à espérer les moments de répit, les instants où le parent « redevient lui-même », tout en niant l'impact que cette instabilité a sur sa propre vie.

Les parents perfectionnistes

Ces parents attendent de leurs enfants qu'ils soient parfaits en tout, que ce soit à l'école, dans leurs activités ou dans leur comportement. Ils imposent des standards irréalistes et réagissent mal à toute imperfection ou échec. Souvent, ils ne tolèrent pas les erreurs, car ils les voient comme des reflets de leur propre échec. Leur critique constante et leur incapacité à offrir un soutien émotionnel inconditionnel font des ravages. Cependant, leur toxicité est difficile à reconnaître, car ils semblent motivés par le désir que leur enfant réussisse et atteigne son « plein potentiel ». Pourtant, cette pression constante mine l'estime de soi et peut entraîner des troubles comme l'anxiété ou la dépression chez l'enfant.

Les parents violents et abusifs

Ce type de parent est plus évident dans sa toxicité, mais, même ici, la dynamique peut être compliquée. Les abus physiques ou émotionnels sont souvent minimisés par l'enfant ou justifiés par le parent. L'enfant peut entendre des phrases comme : « Je fais ça pour ton bien » « C'est toi qui m'as provoqué » ou « C'est parce que je t'aime que je suis si dur avec toi. » Ce type de justification rend difficile pour l'enfant de comprendre qu'il est victime de violence. L'enfant internalise alors la faute, pensant qu'il mérite ces punitions.

Les parents culpabilisants

Les parents qui utilisent la culpabilité comme arme pour obtenir ce qu'ils veulent peuvent paraître affectueux et attentionnés, mais leur comportement est profondément destructeur. Ils manipulent leurs enfants en leur faisant sentir qu'ils leur doivent quelque chose, que tout ce qu'ils font n'est jamais assez. « Si tu m'aimais vraiment, tu ferais ça pour moi » « Avec tout ce que j'ai sacrifié pour toi... » Ce comportement pousse l'enfant à ressentir une pression énorme pour plaire à ses parents, au point de nier ses propres besoins et désirs.

Ce qui rend ces comportements toxiques difficiles à reconnaître, c'est qu'ils ne ressemblent pas toujours à ce que l'on imagine. Les parents toxiques ne sont pas toujours des monstres évidents. Ils peuvent être aimants, donner l'impression qu'ils se soucient de vous, vous couvrir de cadeaux ou de compliments. Ils peuvent même vous convaincre que leurs actions sont pour votre bien. L'enfant, en particulier, est programmé pour voir ses parents comme des figures d'autorité, et il est donc plus enclin à les excuser ou à minimiser leur comportement. De plus, certaines formes de toxicité, comme le contrôle par la honte, la culpabilisation ou la peur de l'abandon, sont souvent invisibles. Elles se cachent dans les petites remarques, les attentes non dites, les regards de déception. L'enfant grandit avec ce poids, mais ne réalise que bien plus tard que ce n'était pas normal.

Reconnaître le dysfonctionnement : la claque nécessaire

Maintenant, voici la partie sympa (ou pas) : il va falloir reconnaître que oui, votre famille était dysfonctionnelle. Et ça fait mal. Parce que vous les aimez, vos parents. Et eux aussi. Mais ça n'empêche pas qu'ils vous ont refilé des schémas qui aujourd'hui vous pourrissent la vie. Ce n'est pas facile à identifier et encore moins à admettre. Vous allez passer par toutes les émotions possibles : colère, tristesse, culpabilité, et même un petit déni bien corsé.

Toutes les histoires ne commencent pas par des violences ou des abus physiques graves. Souvent, la manipulation émotionnelle ou la dépendance affective s'insinue de manière subtile, presque imperceptible, jusqu'à ce qu'elle devienne un schéma ancré dans la relation. Bien que mon expérience personnelle soit marquée par des moments extrêmes, je souhaite également m'adresser à celles qui vivent une forme plus silencieuse de douleur. Parce que ce ne sont pas toujours des cris, des coups ou des insultes qui signalent la toxicité d'une relation. Parfois, c'est l'accumulation de petites blessures invisibles. C'est ce sentiment que vos besoins émotionnels ne sont jamais tout à fait pris en compte. Que vous vous retrouvez constamment en train de plaire, de vous adapter, de faire des concessions que l'autre ne semble jamais remarquer. Vous finissez par marcher sur des œufs, parce que vous craignez que si vous exprimez vos désirs ou vos frustrations, vous serez soit ignorée, soit considérée comme « trop exigeante » ou « ingrate ».

En reconnaissant ces formes d'abus, vous commencez à reprendre le contrôle sur votre propre réalité. Il est essentiel de comprendre que même si la violence n'est pas physique, elle est tout aussi dangereuse lorsqu'elle érode votre confiance, votre liberté et votre estime de vous-même. Il est temps d'arrêter de douter de ce que vous ressentez et de vous réapproprier votre droit à une relation où vous êtes vue, entendue et respectée.

Il est impossible de changer ce qu'on ne voit pas. Et tant que vous ne reconnaissez pas les dysfonctionnements dans lesquels vous avez baigné, vous ne pourrez pas comprendre pourquoi vous répétez certains schémas aujourd'hui.

Tout le monde ne va pas comprendre votre démarche. Quand vous commencez à creuser dans les trucs moches du passé, il y a toujours quelqu'un pour vous dire que « vous exagérez », que « c'est pas si grave », que « vous devriez être reconnaissante ». Et le pire, c'est que ça peut venir de votre propre famille. Parce que tout le monde n'est pas prêt à affronter la réalité. Ils préféreront peut-être rester dans le déni plutôt que d'admettre qu'ils ont participé, souvent inconsciemment, à ce qui vous a blessée. J'ai été confrontée, pendant des années, au déni de mon entourage. Ma position était d'autant moins facile que j'étais psychothérapeute spécialiste en systémie familiale. Donc, forcément, quand j'essayais d'expliquer à ma famille les dysfonctionnements, ils me renvoyaient toujours au visage : « Arrête avec tes trucs de psy. » J'ai dépensé beaucoup d'énergie, de larmes, de cris et d'encre (enfin d'e-mails et de SMS) à vouloir les convaincre. Peine perdue. Non seulement ils étaient dans le déni, mais je passais pour la méchante qui fout le bordel dans la famille.

Et c'est là que vous devez comprendre une chose essentielle : vous n'avez pas besoin de leur approbation pour guérir. Vous ne faites pas ce chemin pour eux, vous le faites pour vous. Oui, ça pique, mais c'est comme ça. S'ils ne veulent pas être de la partie, trouvez du soutien ailleurs. On aimerait tous que notre famille comprenne, mais, parfois, ce n'est pas le cas, et c'est OK.

La guérison, ce n'est pas un sprint. Vous n'allez pas régler vos blessures en deux semaines avec un bon psy et trois livres de développement personnel (même si celui que vous êtes en train de lire est génial). C'est un marathon, avec des hauts et des bas, des moments où vous aurez l'impression de régresser et d'autres où vous sentirez que vous avancez.

Et c'est normal. On apprend à chaque étape, même quand on a l'impression de retomber dans les mêmes travers. Soyez indulgente avec vous-même. Guérir est un long processus.

Si je ne peux pas changer les événements du passé,
je peux choisir de changer mon futur.

Fort heureusement, il n'y a pas de fatalité. Les recherches en neurobiologie de l'attachement de Ruth Feldman[23], entre autres, mettent en évidence que les modèles d'attachement ne sont pas figés et peuvent changer au fil du temps en réponse à des expériences relationnelles positives.

Et ça, c'est une p*tain de bonne nouvelle !

Nous pouvons modifier notre perception des événements vécus comme traumatiques. Et nous pouvons créer de nouveaux chemins neuronaux dans notre cerveau et modifier notre comportement émotionnel et relationnel pour restaurer notre estime de nous-mêmes et aller vers des relations saines et épanouissantes.

23. R. Feldman, « The Neurobiology of Human Attachments », *Trends in Cognitive Sciences*, 21(2), 80-99, 2017.

CHAPITRE 5

« Miroir, mon beau miroir... » : la projection

Vous est-il déjà arrivé de vivre une situation où les comportements de votre partenaire vous semblent incompréhensibles, voire blessants, sans que vous puissiez expliquer pourquoi cela vous touche autant ? Un sourire qu'il esquisse vaguement, une réponse trop rapide ou un regard qui file ; et voilà, vous ressentez un pincement étrange, un sentiment de malaise que vous n'arrivez pas à expliquer. Ou bien, avez-vous déjà remarqué que vous interprétez parfois les actions de l'autre comme des attaques personnelles, même lorsque leurs intentions semblent être tout autres ?

Ce phénomène porte le nom de projection. C'est ce moment où nous nous mettons inconsciemment à attribuer nos propres peurs, blessures et insécurités à l'autre, comme si notre partenaire devenait soudain l'écran géant de notre cinéma intérieur, projetant nos scénarios de drame bien ficelés. Et c'est exactement là que nos schémas se rejouent. Bien souvent, ce que nous croyons percevoir n'a pas grand-chose à voir avec la réalité de l'autre, mais tout avec notre propre passé non digéré. La projection, c'est un peu comme porter des lunettes avec des verres déformants. Et c'est souvent dans l'espace du couple qu'elles prennent leur forme la plus extravagante. C'est un mécanisme de défense subtil, car il est bien plus facile de voir en l'autre ce que l'on n'aime pas en soi que d'aller fouiller directement dans nos propres recoins sombres, dans nos ombres (*remember* Jung ?).

L'enquête désastreuse sur le passé de mon mec

Un soir où Laurent, mon deuxième ex-mari, est sorti pour sa soirée poker, j'ai décidé de me « détendre ». Enfin, ça, c'était le plan initial. Mais à peine suis-je seule que l'Inspecteur Gadget en moi fait son entrée en scène.

« Et si on fouillait un peu son passé, comme ça, pour voir ? Des lettres d'amour ? Des photos ? Des trucs planqués ? Allez, juste un petit coup d'œil. On ne sait jamais, c'est pour ma "tranquillité" d'esprit. »

Et là, je me suis retrouvée, comme possédée, à attraper l'ordinateur de Laurent. Je me suis juré que ce serait « juste pour jeter un œil ». Une petite enquête de routine, rien de dramatique.

« Fais ça bien, Gadget. Pas de traces », murmuré-je, toute fière de ma stratégie.
Je tapote le mot de passe, que j'avais mémorisé, bien entendu, avec la précision d'un espion. Et je me lance dans la fouille numérique : photos, dossiers... tout y passe. Et là, bingo ! Un dossier nommé « Archives ».
Je sens l'Inspecteur Gadget en moi frétiller d'excitation.
Je clique. Et voilà. Des photos. Et parmi elles... Elle. L'Ex. L'intruse dans ma tête qui me regarde d'un air de défi depuis l'écran. Belle, souriante, insupportablement parfaite. « Bien sûr qu'elle est parfaite », ronchonne l'Inspecteur Gadget en moi.
Et puis, la cerise sur le gâteau : une lettre d'amour. L'Ex en mode lyrique. Elle lui écrit combien elle l'aime, combien il lui manque. Des trucs dégoulinants de sentiments, comme dans un mauvais film romantique, sauf que là, c'était destiné à mon Laurent.
Ma partie *drama queen* prend instantanément le relais, s'assied en moi, roule des yeux et commence à faire chauffer le terrain. « C'est bon, t'as vu ? Elle était mieux que toi. Elle l'aimait plus que toi. Il n'oubliera jamais cette femme. » Et là, c'est parti pour la spirale infernale.

Je commence à imaginer tout un scénario où Laurent pense à elle pendant qu'il est avec moi.
Quelques heures plus tard, Laurent rentre. Il m'aperçoit sur son ordi.
« Qu'est-ce que tu fais ? » me demande-t-il, soupçonneux.
Et là, c'est l'apothéose. Drama Queen entre en scène, prête pour une performance digne des Oscars. Les larmes montent, la voix tremble.
« C'était mieux avec elle, hein ? Avoue ! Tu ne l'as jamais oubliée ! »
Il reste là, bouche bée.
« De quoi tu parles ? »
Mais Drama Queen n'a pas l'intention de lâcher l'affaire si facilement.
« Ne fais pas l'innocent ! Elle était parfaite, et tu regrettes sûrement ! »
Laurent se rapproche, visiblement perdu.
« Tu as fouillé mon ordi ? »
« Oui, et j'ai vu les photos et la lettre... »
Drama Queen laisse échapper une petite larme, juste pour l'effet dramatique. Il soupire profondément.
« Écoute, ce sont des souvenirs. Elle fait partie de mon passé. Toi, tu es mon présent. Pourquoi tu te fais ça ? »
Inspecteur Gadget grogne en arrière-plan, pas convaincu. Drama Queen essuie une larme de plus.

« Mais elle était parfaite. Comment pourrais-je être à la hauteur ? »
Il se passe la main sur le visage, épuisé, mais calme. Il s'approche, me prend dans ses bras et murmure :
« C'était une autre époque. Ce n'est pas comparable. Toi, c'est toi. Et c'est toi que j'aime. »
À ce moment-là, Drama Queen se calme un peu, mais pas sans un dernier soupir dramatique, juste pour souligner l'intensité de la scène.

J'ai une confession à vous faire...
Pendant des années, j'ai ressenti beaucoup de jalousie en amour. J'étais jalouse du passé de mon partenaire. L'idée qu'il ait pu aimer quelqu'un d'autre avant moi m'était insupportable. C'était complètement irrationnel et paradoxal, car moi aussi j'avais aimé avant. Je me faisais des nœuds au cerveau et au cœur. Je finissais même par lui en vouloir. J'avais besoin d'entendre que j'étais mieux. Allô weirdo ! Jusqu'à ce que je comprenne que ça venait de mon schéma et de mes blessures. Mes parents m'ont toujours admirée et encensée. Je me suis construite avec l'idée que, pour être aimée, je devais être parfaite ! Sauf que je sais que je ne suis pas parfaite, personne ne l'est. Je craignais aussi toujours d'être trompée ou d'être larguée. J'étais en insécurité permanente. Et pour prouver ma valeur afin de gagner l'amour de mes partenaires, je faisais des contorsions : physiques, sexuelles (oui, je suis souple) et surtout affectives (accepter des comportements non acceptables, être trop gentille, trop collante, trop généreuse, pas assez exigeante... la liste est longue). De ce fait, je plaçais énormément d'enjeu dans la relation et donc beaucoup de pression sur mes partenaires qui me renvoyaient ce que je redoutais le plus : ne pas être aimée, être trahie, être abandonnée, ne pas s'engager.
J'ai finalement compris que j'avais de grosses blessures d'abandon, de trahison et de rejet qui s'expliquent par mon enfance et mon système familial.
En fouillant dans ce passé, je renforçais cette peur irrationnelle : celle de ne jamais être assez bien pour l'autre. En fin de compte, c'est mon propre manque de confiance qui me poussait à déclencher cette petite tempête dans un verre d'eau.

Ce qui s'est passé avec l'Inspecteur Gadget illustre à merveille ce qu'est la projection. Ce ne sont pas les photos ou la lettre qui me blessent, mais cette vieille peur, enfouie en moi, de ne pas être à la hauteur, de ne pas être « assez » pour Laurent. Dans ce moment, mes insécurités personnelles viennent brouiller ma perception de lui et me poussent à lui prêter des intentions, des sentiments, qui ne sont que le reflet de mes propres blessures.

C'est lorsque je me suis formée en thérapie systémique familiale et conjugale que j'ai mesuré l'impact profond des projections sur les relations et l'opportunité de guérison personnelle qu'elles peuvent offrir dans le cadre du couple. J'ai alors découvert l'approche Imago, développée par Harville Hendrix et Helen LaKelly Hunt[24], couple à la ville comme à la scène. Inspiré de Carl Jung, la thérapie Imago part du principe que chaque individu porte en lui une « image de l'amour » (l'imago) issue des relations avec ses figures parentales et que cette image colore notre perception de l'autre dans le couple. Nous cherchons inconsciemment des partenaires qui nous rappellent ces figures, même si elles étaient sources de blessures, car nous avons l'espoir inconscient de résoudre ces conflits non résolus dans la relation actuelle.

Dans le couple, les projections sont comme un « miroir ». Nos attentes, nos peurs et nos exigences projetées sur l'autre sont en réalité des aspects de nous-mêmes que nous ne voulons pas affronter. Par exemple, une personne qui craint l'abandon en raison d'une absence parentale projettera cette peur sur son partenaire, lui prêtant des intentions de distance ou de désintérêt qui ne sont en réalité qu'un écho de cette insécurité personnelle. Ainsi, le couple devient souvent un terrain où nos blessures les plus profondes se rejouent à l'occasion des actions ou intentions présumées du partenaire.

Lorsque les projections prennent le dessus, elles mènent à des malentendus et à une lutte de pouvoir. Plutôt que de voir notre partenaire pour ce qu'il est, nous lui attribuons des qualités ou des défauts issus de nos propres blessures. Cela crée des tensions, chacun essayant de changer l'autre pour mieux satisfaire ses propres besoins. La lutte de pouvoir qui en résulte est souvent interprétée comme une tentative de chacun de guérir ses propres blessures en « contrôlant » ou en « corrigeant » l'autre, au lieu de travailler sur lui-même.

Ces projections peuvent mener à des réactions disproportionnées, telles que des accusations, du désintérêt ou des crises de jalousie, alors que la réalité est bien différente. Ce n'est pas le comportement de votre partenaire qui est en cause, mais la manière dont il réactive une blessure encore ouverte en vous.

24. Harville Hendrix, Helen LaKelly Hunt, *Le Couple : mode d'emploi*, Imago, 2022.

L'histoire de ma patiente Élodie illustre comment nos blessures d'enfance non résolues peuvent s'immiscer dans nos relations adultes et nous conduire à projeter nos peurs sur l'autre.

Quand je rencontre Élodie, elle a trente-huit ans et est en couple avec Thomas depuis trois ans. Leur relation semble stable et saine, mais Élodie ne peut s'empêcher de ressentir une anxiété profonde chaque fois que Thomas s'absente pour une soirée entre amis ou tarde à répondre à ses messages. Elle se surprend à passer des heures à imaginer des scénarios où Thomas la quitte sans prévenir. Souvent, elle lui envoie plusieurs messages d'affilée lorsqu'il ne répond pas tout de suite, ce qui entraîne des disputes.

Cette peur de l'abandon remonte à son enfance. Élodie a grandi avec un père souvent absent et une mère qui ne lui offrait pas le soutien émotionnel dont elle avait besoin. Depuis, elle a développé une crainte irrationnelle que les personnes qu'elle aime finissent toujours par l'abandonner. Sans s'en rendre compte, elle projetait cette peur sur Thomas, interprétant ses silences ou ses moments de distance comme des signes qu'il allait la quitter.

Un soir, après une nouvelle dispute où elle l'accusait de ne pas se soucier assez d'elle, Thomas lui a dit calmement : « Élodie, je t'aime, mais je ne peux pas répondre à cette peur que tu as d'être abandonnée. Ce n'est pas moi qui te laisse tomber. C'est toi qui te fais souffrir toute seule. »

Ces mots ont fait mouche. Élodie a compris que ce n'était pas Thomas qui la faisait souffrir, mais sa propre insécurité. Elle a décidé de me consulter pour travailler sur sa peur de l'abandon, et, peu à peu, elle a appris à reconnaître ses projections.

Aujourd'hui, elle raconte : « Il m'a fallu du temps pour comprendre que la distance de Thomas ne signifiait pas qu'il allait me quitter. C'était ma peur d'enfant qui parlait. Travailler sur cette blessure m'a permis de mieux appréhender mes émotions et de cesser d'accuser Thomas de choses qui n'existaient que dans ma tête. Cela a changé notre relation. »

La projection du perfectionnisme

Si vous avez grandi en croyant que vous deviez être parfaite pour mériter l'amour, vous pouvez projeter cette même exigence sur votre partenaire. Vous attendez inconsciemment de lui qu'il soit irréprochable, qu'il réponde à tous vos besoins, sans quoi vous ressentez de la déception, voire de la frustration. Cette projection est souvent le reflet de vos propres exigences envers vous-même. Plus vous luttez pour être parfaite, plus vous avez tendance à attendre cette perfection de l'autre.

Ce mécanisme crée une dynamique relationnelle épuisante dans laquelle aucune des deux parties ne peut réellement se détendre ou être vulnérable. Si votre partenaire commet la moindre erreur, cela peut vous affecter de manière disproportionnée, car vous interprétez ses imperfections comme une menace à l'amour que vous méritez. Cette projection peut saboter la relation, car elle place l'autre dans une position où il doit constamment prouver sa valeur.

La projection de la trahison

La blessure de trahison se manifeste souvent dans des comportements de contrôle ou de jalousie. Si vous avez été trahie dans le passé, que ce soit par un parent qui a menti ou un partenaire qui vous a trompée, cette peur de la trahison peut vous amener à projeter de la méfiance sur votre partenaire actuel. Vous pouvez interpréter des actions anodines – un appel manqué, une sortie avec des amis – comme des signes de tromperie.
Encore une fois, ce n'est pas le comportement de votre partenaire qui est problématique, mais la manière dont il réveille votre blessure. Vous projetez sur lui votre peur d'être à nouveau trahie, ce qui peut créer des tensions inutiles dans la relation. La personne en face de vous devient alors un miroir de votre propre insécurité, plutôt que d'être vue pour qui elle est réellement.

Comment arrêter de projeter ?

La projection est un mécanisme naturel. Nous projetons tous à un moment ou à un autre, surtout dans des situations émotionnellement intenses. Mais, pour construire une relation saine, il est nécessaire d'en prendre conscience et de faire un travail pour s'en détacher. Voici quelques pistes pour vous aider à désamorcer ces projections et à voir votre partenaire sous un jour plus authentique.

Prendre conscience de vos propres blessures

Le premier pas est de reconnaître que les blessures que nous portons influencent notre manière d'aimer et d'être aimée. Nous devons explorer notre passé, identifier nos peurs et reconnaître quand elles se manifestent dans le présent. Une réflexion personnelle ou un travail thérapeutique peuvent aider à éclairer ces schémas inconscients et à les transformer.

Prendre du recul dans les moments de crise

Lorsque vous vous sentez bouleversée par un comportement de votre partenaire, faites une pause. Avant de réagir, demandez-vous : « Est-ce vraiment son comportement qui me blesse ou est-ce quelque chose de plus profond en moi qui réagit ? » Ce simple recul peut vous aider à voir la situation plus objectivement et à éviter de projeter vos blessures sur l'autre.

Prenez un moment pour réfléchir à une situation où vous avez été contrariée par votre partenaire. Notez ce qu'il s'est passé, comment vous vous êtes sentie et quelles croyances ou peurs profondes cela aurait-il pu activer en vous. Ensuite, essayez d'identifier s'il y a eu projection de vos propres blessures. Comment pouvez-vous reformuler votre perception de la situation avec plus d'objectivité et de compassion ?

Communiquer avec vulnérabilité

Il est crucial d'apprendre à exprimer vos émotions sans accuser l'autre. Par exemple, au lieu de dire « Tu m'ignores tout le temps », vous pourriez dire : « Quand tu ne me réponds pas rapidement, j'ai tendance à me sentir anxieuse, comme si je n'étais pas assez importante. » En exprimant vos sentiments plutôt que vos reproches, vous ouvrez un espace de dialogue plus sain et évitez de projeter vos insécurités sur l'autre. À ce titre, le dialogue Imago est une technique thérapeutique très puissante pour ouvrir cet espace de guérison et de déconnexion au sein du couple.

Cultiver l'autocompassion et l'acceptation

Lorsque nous apprenons à être bienveillantes envers nous-mêmes et à accepter nos imperfections, nous devenons plus tolérantes envers celles des autres. La projection découle souvent d'un manque d'acceptation de nos propres faiblesses. Plus nous nous acceptons telles que nous sommes, plus nous pouvons accepter l'autre sans le juger à travers nos propres filtres ou le critiquer.

Nos relations sont des miroirs puissants qui révèlent souvent nos blessures les plus profondes. Plutôt que de fuir cette vérité ou d'accuser l'autre de nos ressentiments, nous avons la possibilité de nous en servir comme d'un levier pour grandir. En prenant conscience de nos projections, nous pouvons commencer à aimer de manière plus authentique et à construire des relations basées sur la réalité, et non sur nos peurs.

Vous avez le pouvoir de changer cette dynamique. Oui, la projection est humaine, mais la prise de conscience est votre superpouvoir. Chaque fois que vous choisissez de prendre du recul, vous vous rapprochez d'une relation plus saine et, surtout, d'un amour plus authentique.

Imaginez une relation dans laquelle vos blessures ne dictent plus vos réactions. Dans laquelle vous pouvez voir l'autre pour ce qu'il est, sans le fardeau des fantômes du passé. Ce chemin vers l'amour véritable commence avec une seule décision : celle de regarder en vous-même, avec bienveillance et courage.

PARTIE 2

La guérison commence ici : se libérer des chaînes du passé

CHAPITRE 6
Sortir du statut de victime et reprendre sa responsabilité

Briser le cycle de l'abus : de victime à souveraine

Un jour, j'animais un cercle de femmes et je me suis aperçue que toutes venaient pour parler des abus (sexuels ou non) dont elles avaient été victimes. J'ai écouté chaque histoire avec toute l'attention et le respect qu'elles méritaient. Je les ai regardées, vraiment vues, et, à chacune, j'ai envoyé les messages qu'elles avaient besoin d'entendre :

- « Je te crois. »
- « Je te vois. »
- « Je t'entends. »
- « Je te reconnais, ainsi que ta souffrance. »
- « Ce qui t'est arrivé est terrible. »
- « Personne ne devrait avoir à vivre cela. »

J'avais moi-même traversé cette phase indispensable : raconter, crier ma douleur et ma frustration. J'avais quitté le statut de victime pour embrasser celui de survivante active, de femme reconstruite, debout. J'avais envie de leur dire qu'au-delà de la souffrance et de la honte il y avait une vie belle et riche qui les attendait. Que le chemin de la guérison était à la fois exigeant et libérateur, et surtout possible. Mais ce n'était pas vraiment le moment pour le faire. Elles avaient besoin qu'il y ait de « vrais » témoins de leur expérience.

C'est le point de départ de tout chemin de guérison et d'émancipation. Si, au moment où vous lisez ce livre, vous vous sentez victime de relations affectives trop douloureuses ou toxiques, la première étape de votre voyage est de trouver quelqu'un de confiance qui pourra être le témoin de votre expérience. Quelqu'un qui pourra reconnaître votre souffrance.

C'est la chance que j'ai eue lorsque je suis allée porter plainte pour coups et blessures contre le père de mon fils aîné, lorsqu'il m'a battue pour la énième fois alors que j'allaitais notre fils de huit jours. J'ai eu la chance de rencontrer un lieutenant de police qui m'a accueillie dans

toute l'expression du calvaire que je venais de vivre depuis trois jours. Je lui ai expliqué comment il m'avait frappée, comment sa sœur et son beau-frère avaient entendu les coups à l'étage et étaient partis en catimini. Ils diront plus tard dans un témoignage qu'ils étaient gênés de se retrouver au milieu d'une dispute entre époux et avaient préféré nous laisser tranquilles. J'ai raconté à ce policier les neuf mois d'angoisse que je venais de traverser. Les intimidations, les menaces, l'isolement, les gifles, les brûlures de cigarette. Je lui ai raconté comment, alors que j'étais enceinte de sept mois, il m'avait poussée du haut de l'escalier de notre duplex et comment j'avais rampé jusqu'au téléphone pour appeler le SAMU. Comment j'ai dit aux urgentistes que j'étais tombée et que j'étais seule à la maison. Comment il a joué au mari parfait devant le personnel soignant, pendant tout le mois où j'étais hospitalisée pour risque d'accouchement prématuré.
Le flic m'a regardée droit dans les yeux, a attrapé ma main et m'a dit : « C'est terrible ce que vous avez vécu. Personne ne devrait vivre cela. Et encore moins une femme enceinte. » Il a appelé l'institut médico-légal pour qu'ils me prennent en charge et constatent mes blessures.
La suite est beaucoup moins joyeuse. J'ai pu goûter l'inhumanité et l'injustice de la justice française. Nous étions en 1996 et, à l'époque, le juge, vieux croûton, archétype d'un patriarcat rance et fier de lui, a jugé qu'il s'agissait d'une querelle entre époux aux fortes personnalités. Il est même indiqué dans la décision du tribunal (qui a relaxé avec un avertissement mon ex-époux...) que la fougue liée à mon jeune âge et mon caractère difficile pouvaient expliquer l'escalade de la violence au sein du couple.
Cette non-reconnaissance aurait pu m'anéantir. Et pourtant, cela n'a pas été le cas. J'ai toujours gardé au creux de mon cœur les mots et le regard du premier policier qui avait reconnu que j'étais victime de violences conjugales et que je ne le méritais pas. Pendant les cinq années qui ont suivi le procès, je ressassais dans les cabinets de psy que j'avais été abusée sexuellement quand j'étais ado, puis que j'avais été victime de violences conjugales pendant que j'étais enceinte de mon premier enfant. Je racontais comment j'avais été battue, comment j'avais vécu dans la terreur, ne sachant pas ce qui allait me tomber dessus en passant la porte du domicile conjugal. Puis j'ai raconté comment j'avais été sous emprise de pervers narcissiques en amitié et au travail, ou bien comment j'avais été escroquée par une personne en qui j'avais confiance.

Nos mots créent notre réalité

Jusqu'au jour où une thérapeute m'a dit : « Et si tu essayais de dire : "Je me suis laissé abuser". »
Sur le moment, j'ai tiqué. Je ne peux pas être coupable d'un baby-sitter de dix-huit ans qui met sa main dans la culotte d'une ado. Je ne peux pas être coupable d'un mari violent et sociopathe qui me pousse du haut des escaliers alors que je suis enceinte de sept mois, ou me roue de coups pendant que j'allaite notre fils nouveau-né. C'est évident que non ! Je ne l'avais pas mérité. En revanche, j'ai ressenti cette phrase « je me suis laissé abuser », ou plutôt j'ai ressenti qu'une part de moi s'était laissé abuser, car l'abus était familier pour elle depuis qu'elle était petite.
Quand peut-on dire que c'est familier ? Quand l'emprise est là depuis l'enfance, nichée au cœur d'un système familial dysfonctionnel. La violence est familière, la peur est familière et même si je n'ai jamais été abusée sexuellement par des membres de ma famille, une part de moi s'est laissé abuser psychologiquement depuis l'enfance. Cette phrase m'a libérée, car si une part de moi s'est laissé abuser pendant toutes ces années, d'autres parts sont intactes, fortes, courageuses, leaders, résilientes et libres.
Cette tournure de phrase m'a sortie du statut de victime qui me fragilisait et m'empêchait d'accéder à ma puissance personnelle en me rendant la responsabilité de ma vie. Rien de ce qui m'est arrivé n'est de ma faute, mais j'ai le pouvoir de choisir l'histoire que j'ai envie d'écrire à partir de cette expérience d'abus. Reprendre les rênes et devenir souveraine. Ne plus être l'objet de personne. Devenir une humaine libre.
J'éprouve beaucoup de gratitude, car écouter ces femmes qui étaient encore bloquées dans leur posture de victime m'a montré tout le chemin parcouru. C'est ce chemin que je propose depuis plus de quinze ans aux clientes que j'accompagne dans mes différents espaces de transformation. Il est fréquent que, dans les retraites que je guide, des femmes se retrouvent corps à corps avec des histoires d'abus et de traumas qui rejaillissent lors d'une constellation ou d'une hypnose symbolique. Tout l'enjeu pour moi est de les accompagner à se laisser traverser émotionnellement pour transformer cette histoire d'abus. Pour les aider à métamorphoser la merde en or. Sortir du statut de victime ne signifie pas que vous êtes coupable de ce qui vous est arrivé. Cela signifie simplement que vous reprenez le pouvoir sur

votre vie. Vous reconnaissez que vous avez le droit de choisir une autre voie, que vous avez la capacité de guérir et de créer une nouvelle histoire, sans pour autant effacer la souffrance passée.
L'une de mes phrases clé est une question : « Quelle histoire as-tu envie de te raconter à partir de maintenant ? Quel est le premier mouvement, même infime, que ton corps puisse initier pour ouvrir un nouveau chemin ? » Il pourrait se résumer ainsi : reconnaître que l'on a été victime à plusieurs endroits... Reconnaître les blessures infligées à l'estime de soi. Accepter que certaines parts de nous se sont laissé abuser, abîmer, négliger, rabaisser, museler, étouffer... S'extirper de la honte qui a permis que ces parties de nous se laissent maltraiter, ne se fassent pas respecter. Comprendre pourquoi nous cherchons et répétons des schémas relationnels dégradants, dépendants, limitants... Restaurer l'amour de soi et le sacré en soi... Faire la différence entre attentes irréalistes et standards de relation. Relever son plancher et fixer des limites saines... S'accorder à la sagesse de notre corps qui sait toujours ce qui est juste pour nous...

CHAPITRE 7
Les obstacles invisibles à l'amour de soi

Avez-vous déjà entendu cette petite voix dans votre tête qui vous critique sans cesse ? Avez-vous parfois l'impression de porter le poids d'une honte silencieuse, même sans savoir exactement pourquoi ? Ou bien vous retrouvez-vous à chercher la perfection dans chaque aspect de votre vie, seulement pour finir épuisée et déçue ? Si oui, sachez que vous n'êtes pas seule. C'est un combat partagé par beaucoup d'entre nous. Ce que vous allez lire ici pourrait bien être la clé pour comprendre ce qui vous retient encore d'aimer pleinement qui vous êtes.

Au fil de mes années d'apprentissage et d'accompagnement, j'ai compris ce qui empêche les êtres humains, et particulièrement les femmes, de s'aimer. Trois principaux obstacles se dressent sur leur chemin : la honte (et l'autocritique), le perfectionnisme et la comparaison.

Les femmes, en particulier celles qui sont très sensibles, ressentent souvent qu'elles ne sont jamais « assez » : assez bonnes, assez belles, assez intelligentes. Quand elles voient leurs défauts ou commettent une erreur, elles se critiquent sévèrement, pensant que cela les aidera à s'améliorer. Cependant, l'autoflagellation est contre-productive. Elle ne fait que renforcer un sentiment de laideur, de bêtise et d'inutilité. Les recherches montrent que la honte ne favorise pas l'apprentissage de nouveaux comportements plus vertueux. Au contraire, elle paralyse les centres du cerveau responsables de l'apprentissage et du développement.

La honte (et l'autocritique)

Elle est souvent liée à une voix intérieure négative, développée dès l'enfance, qui critique et juge continuellement nos actions et notre être. Cette voix peut être le reflet des attentes démesurées ou des critiques constantes que nous avons reçues de nos parents, enseignants ou pairs. La honte qui en résulte est une émotion paralysante qui diminue notre capacité à nous engager dans des comportements positifs et à apprendre de nos erreurs.

Beaucoup d'entre nous cachent leur vraie nature depuis l'enfance pour être acceptées. Mais quand on est acceptée en étant quelqu'un d'autre, cela crée la honte d'être qui on est vraiment, comme si ce moi profond était nul et honteux. À chaque fois que vous n'êtes pas vous-même, vous envoyez le message à votre cerveau et à votre âme que vous avez honte de qui vous êtes. Cela crée la croyance inconsciente que si on se montre telle que l'on est, on sera rejetée, pas aimée, et en insécurité permanente.

La honte est une émotion intense qui survient lorsque l'on pense être fondamentalement mauvaise ou défectueuse. Elle crée un sentiment d'indignité et d'isolement, souvent lié à des attentes sociales, des traumatismes ou des croyances intériorisées. Pour s'en libérer, il faut de l'autocompassion et la reconnaissance de sa valeur intrinsèque, comme l'explique Brené Brown[25], qui la décrit comme l'expérience douloureuse de se croire indigne d'amour.

La honte peut affecter le corps (tension, posture fermée), l'esprit (pensées autodestructrices) et les émotions (tristesse, colère, frustration). Elle peut mener à des comportements compulsifs (TOC), addictions, ou troubles alimentaires. Ses racines remontent souvent à l'enfance, où des critiques ou attentes parentales irréalistes peuvent implanter ce sentiment. Alice Miller[26] souligne que la critique incessante et les attentes démesurées des parents amènent l'enfant à se sentir inadéquat et à intégrer cette croyance.

Les dynamiques familiales transmettent parfois cette honte de génération en génération. Les parents non guéris peuvent inconsciemment perpétuer les mêmes schémas, projetant leurs attentes non réalisées sur leurs enfants. Pour briser ce cycle, il est crucial de reconnaître les origines de la honte, souvent dissimulée sous une quête de perfection, un piège qui renforce le sentiment d'être défectueux.

Le perfectionnisme

Croire au mythe de la perfection est une illusion destructrice. Pour transformer nos vies, nous devons nous concentrer sur le chemin, pas sur la destination. La perfection n'existe pas. Posez-vous ces questions : pouvez-vous rester parfaitement calme dans un embouteillage ?

---

25. Brené Brown est une de mes autrices préférées. Je vous conseille vivement la lecture de son livre *Le Pouvoir de la vulnérabilité*, Guy Trédaniel, 2014.
26. Alice Miller, théoricienne de la « pédagogie noire » et autrice de best-sellers, dont notamment *Le Drame de l'enfant doué*, PUF, coll. « Quadrige », 2013.

Pouvez-vous voir vos amis voyager dans des lieux paradisiaques sans ressentir une pointe de jalousie ? Pouvez-vous aimer tout le monde de façon inconditionnelle ? Si vous répondez « oui » à toutes ces questions, il est probable que vous soyez une huître ! Si vous répondez « non », vous êtes juste humaine. Et si vous êtes humaine, vous ne serez jamais parfaite.

Le perfectionnisme s'immisce profondément dans les relations amoureuses, façonnant la manière dont les personnes perçoivent leur valeur et leur légitimité à être aimées. De nombreuses femmes peuvent intérioriser la croyance qu'elles doivent être parfaites pour mériter l'amour et l'attention de leur partenaire. Cette croyance découle souvent de messages culturels et familiaux qui dénigrent l'imperfection.

Le « syndrome Bree Van de Kamp »

J'ai été cette femme-là. Rappelez-vous, au tout début de ce livre, je vous racontais comment tout mon entourage m'avait rebaptisée « Wonder Woman ». En réalité, je souffrais de ce que j'ai appelé le « syndrome Bree Van de Kamp ». Bree est connue pour son perfectionnisme extrême, son besoin de contrôle et son obsession pour maintenir une façade impeccable, tant sur le plan personnel que familial. Ce syndrome symbolise les comportements et les traits de personnalité associés à un perfectionnisme maladif et à une quête incessante de l'approbation sociale.

Je cherchais le perfectionnisme dans tous les aspects de ma vie. Chaque interaction sociale était un théâtre. Avec mes amis, mes collègues, mes enfants même, je me sentais obligée de maintenir cette image. Cette façade de la mère accomplie, de la femme qui gère tout avec aisance. Je souriais, je donnais des conseils, je participais aux réunions de parents d'élèves, j'organisais des dîners où tout semblait parfait. Mais ce que les autres ne voyaient pas, c'était la pression qui me broyait de l'intérieur. Parce que je savais que, malgré tous mes efforts, je n'arriverais jamais à être « assez ».

J'ai aussi souvent sacrifié mes propres besoins et désirs pour répondre à cette image de partenaire et de femme parfaite, au détriment de ma santé physique et mentale. Mon besoin de maintenir les apparences et de contrôler mon environnement ont créé des tensions dans mes relations personnelles. Notamment pendant mon mariage avec Laurent, le père de Ben et Hannah. Mon degré d'attentes était si élevé que je nageais dans un état d'insatisfaction chronique, que

je ne manquais pas de reprocher à mon mari et à mes enfants. Mais surtout que je retournais contre moi.
Le perfectionnisme était pour moi une réponse à mes traumas et à mes blessures de rejet et d'abandon. Il m'a amenée jusqu'à dissimuler mes problèmes personnels et familiaux pour préserver une image de perfection. J'ai caché mon mal-être et ma vulnérabilité pour éviter toute forme de honte ou de critique.

Un besoin constant de réassurance et de contrôle

Les perfectionnistes redoutent l'abandon et le rejet, et cette peur les pousse à maintenir des standards irréalistes dans leurs relations. Elles croient que toute imperfection, qu'il s'agisse de défauts physiques, de faiblesses émotionnelles ou d'erreurs de comportement, rendra leur partenaire moins disposé à les aimer et à rester avec elles. Cette peur est exacerbée par la honte sous-jacente et le sentiment de ne pas être suffisamment méritantes.
Dans une relation amoureuse, les perfectionnistes peuvent se sentir obligées de prouver constamment leur valeur. Elles essaient d'être l'amante parfaite, la partenaire idéale, celle qui ne fait jamais d'erreurs et qui satisfait tous les besoins et les désirs de l'autre. Cette dynamique crée une pression énorme et peut conduire à une autocritique incessante. Le perfectionnisme est souvent alimenté par une quête de validation extérieure. Cette validation est perçue comme essentielle pour leur estime de soi et leur sentiment de sécurité dans la relation. Cette nécessité de prouver sa valeur rend l'estime de soi des perfectionnistes extrêmement fragile et dépendante des perceptions de leur partenaire. Cette instabilité émotionnelle peut créer un cycle de dépendance et de besoin constant de réassurance, et surtout peut conduire à un épuisement.

Les effets du perfectionnisme sur ma personne

Ce perfectionnisme extrême et le besoin permanent de contrôle ont entraîné chez moi des niveaux élevés de stress et d'anxiété. J'ai eu de grosses douleurs lombaires pendant des années, tant j'étais tendue. La vérité, c'est que je n'étais plus capable de sentir quoi que ce soit d'autre que cette pression. J'étais devenue une machine à rendre les autres heureux, à cocher toutes les cases de ce que la société attendait d'une femme « accomplie ». Mais moi, je ne savais même plus ce qui me rendait heureuse. Tout dans ma vie était réglé comme

du papier à musique, chaque détail calculé pour correspondre à ce que je pensais devoir être. Pourtant, au fond de moi, je savais que tout allait s'effondrer. La question n'était pas « si », mais « quand ».
Et ce « quand » est arrivé un matin banal de 2008, où mon corps a tout simplement refusé de bouger. Je n'ai pas pu me lever. Verdict : burn-out. Pendant six mois, j'ai été comme une loque au fond de mon lit. Je peux vous dire que Bree s'est pris une mégagifle. Je ne servais plus à grand-chose. Je n'arrivais même pas à m'occuper de mes enfants. J'ai complètement décompensé. Mon corps m'envoyait un ultimatum : « Si tu veux que je fonctionne à nouveau, il va falloir arrêter tes conneries. Il va falloir arrêter de vouloir être Wonder Woman, Bree Van de Kamp et Samantha (dans *Ma sorcière bien-aimée*). Il va falloir commencer à te détendre et à te lâcher un peu, beaucoup, la grappe. »

Brené Brown : comprendre comment la quête de la perfection est implacable

Au début de mon burn-out, ce qui m'a vraiment aidée à sortir la tête de l'eau, c'est la lecture du livre *I Thought It Was Just Me: Women Reclaiming Power and Courage in a Culture of Shame* (non traduit en français) de Brené Brown[27]. Ce livre explore comment la quête de la perfection est épuisante et implacable. Nous passons trop de temps à gérer notre image et à créer des versions soigneusement éditées de nous-mêmes pour les montrer au monde. Malgré tous nos efforts, nous n'arrivons pas à faire taire les voix dans nos têtes qui nous disent : « Jamais assez bien ! » et « Que vont penser les gens ? » Pourquoi ? Qu'est-ce qui alimente ce besoin inatteignable de paraître toujours parfaite ? À première vue, on pourrait penser que c'est parce que nous admirons la perfection, mais ce n'est pas le cas.
Il y a un bombardement constant d'attentes sociales qui nous enseignent que l'imperfection est synonyme d'inadéquation. Partout où nous allons, il y a des messages qui nous disent qui, quoi et comment nous sommes censées être. Ainsi, nous apprenons à cacher nos difficultés et nos luttes et à nous protéger de la honte, du jugement, de la critique et du blâme en cherchant la sécurité dans l'apparence et la perfection.

27. Brené Brown, *I Thought It Was Just Me: Women Reclaiming Power and Courage in a Culture of Shame*, Gotham Books, 2007 (édition américaine).

Et pourtant, nos imperfections sont ce qui nous connecte les uns aux autres et à notre humanité. Nos vulnérabilités ne sont pas des faiblesses ; elles sont de puissants rappels de garder nos cœurs et nos esprits ouverts à la réalité que nous sommes tous dans le même bateau. Comme l'écrit Brené : « Nous avons besoin de retrouver nos vies. Il est temps de reprendre les cadeaux de l'imperfection – le courage d'être vrai, la compassion nécessaire pour nous aimer nous-même et les autres, et la connexion qui donne un véritable sens à la vie. Ce sont les cadeaux qui apportent l'amour, le rire, la gratitude, l'empathie et la joie dans nos vies[28]. »

Nous sommes surtout attirées par les personnes que nous considérons comme authentiques et terre-à-terre. Nous aimons les gens qui sont vrais ; ceux qui embrassent leurs imperfections et rayonnent d'auto-acceptation.

Elizabeth Gilbert : comprendre comment aller à la découverte de soi

L'autre lecture qui m'a beaucoup réconfortée et soulagée, à l'époque, a été le désormais très célèbre *Mange, prie, aime*, d'Elizabeth Gilbert[29], dont l'histoire de départ résonnait parfaitement avec la mienne. Suivre son parcours de guérison m'a donné l'impulsion d'initier le mien. Comme Elizabeth, j'ai appris à prendre du temps pour moi, à explorer mes passions et à trouver des moyens de me reconnecter à moi-même. Son voyage à travers l'Italie, l'Inde et l'Indonésie m'a encouragée à rechercher ma propre voie vers la guérison et la découverte de soi.

Grâce à ces lectures, j'ai compris que la perfection n'est pas le but, mais que l'acceptation de soi et la quête de la joie sont les véritables clés du bonheur. J'ai commencé à embrasser mes imperfections, à me donner la permission d'être vulnérable et à trouver de la beauté dans mon authenticité.

Être parfaite n'est jamais suffisant. Plus vous essayez, plus la barre se relève. Et c'est là que la comparaison entre en jeu, parce que nous cherchons une validation extérieure de cette quête de perfection. Or, il y a toujours quelqu'un qui semble mieux faire et cette course est sans fin.

---

28. *Ibid.*, 89.
29. Elizabeth Gilbert, *Mange, prie, aime*, Calmann-Lévy, 2023 (1re éd. 2008).

La comparaison

La comparaison est un poison, un fléau moderne, en deuxième position après la musique de Jul. Nous vivons dans une société qui fonctionne sur le mode de la compétition, où l'on nous pousse à nous mesurer constamment aux autres. C'est presque inscrit dans notre ADN : notre cerveau est câblé pour aller voir si l'herbe est plus verte chez le voisin. Mais, aujourd'hui, ce phénomène est exacerbé par une culture de la performance qui nous enferme dans un cercle vicieux. Chaque jour, des messages subliminaux nous assaillent : « Regarde ce qu'elles ont et mesure-toi à elles. »
Le piège ? Plus nous nous comparons, plus nous nous sentons indignes, insuffisantes, invisibles. Cela nous dévore de l'intérieur, créant l'illusion que nous sommes des imposteuses, toujours à deux doigts de penser : « Ils vont finir par découvrir que je ne suis pas à la hauteur. » Ce mécanisme de comparaison ne fait qu'alimenter l'anxiété, l'envie et l'insécurité, tout en nous déconnectant de notre véritable valeur.
Ce n'est pas un hasard si la comparaison touche particulièrement les femmes. Le patriarcat a longtemps entretenu cette dynamique de rivalité féminine, ce « diviser pour mieux régner », nous dressant les unes contre les autres. Ce système veut nous convaincre qu'il n'y a pas assez de place pour toutes. Mais cela doit cesser. La réalité, c'est qu'il y a de la place pour chacune d'entre nous. Chaque pot a son couvercle, comme disait ma grand-mère. Et plus nous cesserons de nous comparer, plus nous cesserons de nous dévaloriser face aux autres, plus nous redeviendrons puissantes.
En nous réjouissant du succès des autres femmes, nous brisons cette chaîne délétère de la compétition. La sororité est une force révolutionnaire, une force capable de nous faire renouer avec notre vrai pouvoir. Imaginez un monde où chaque femme applaudit la réussite d'une autre, où nous nous soutenons sans réserve, où nous nous encourageons à être pleinement nous-mêmes. Ce serait une véritable renaissance. Plus nous nous soutiendrons mutuellement, plus nous renforcerons notre propre confiance. La comparaison doit laisser place à la solidarité, car notre pouvoir collectif est immense.
Le piège de la comparaison, c'est qu'elle nous pousse à juger notre « intérieur » en fonction de ce que les autres affichent à l'extérieur. Ce que nous voyons n'est qu'une façade, une illusion savamment entretenue. Derrière chaque réussite, chaque sourire, chaque story sur

Instagram, il y a des luttes, des échecs, des épreuves que nous ne voyons jamais. Et pourtant, nous persistons à comparer nos coulisses aux scènes principales des autres. C'est non seulement absurde, mais aussi intellectuellement faux. Chacune de nous suit son propre chemin, avec ses propres défis et leçons de vie.
La comparaison, qu'elle soit en ligne ou hors ligne, dilue notre unicité. Elle nous empêche de reconnaître la beauté et la valeur de nos propres expériences. Chaque fois que vous vous comparez à quelqu'un d'autre, vous perdez de vue vos propres talents, vos désirs, votre singularité. Vous cherchez une validation extérieure, là où elle n'existera jamais, car votre valeur ne peut être mesurée en fonction des autres. Vous êtes unique. Il n'y a personne d'autre comme vous dans tout l'univers et cela mérite d'être célébré.
La comparaison nous vole notre puissance personnelle et cela doit cesser. Ce n'est qu'en abandonnant cette dynamique que nous pourrons pleinement nous épanouir et soutenir les autres femmes dans leur propre cheminement. Nous devons nous rappeler que chaque femme qui réussit ouvre la voie pour les autres. Ensemble, nous sommes invincibles, mais divisées, nous sommes affaiblies.

Cessons donc de jouer ce jeu, cessons de nous dévaloriser, et arrêtons de tomber dans le piège de la rivalité imposée par le patriarcat. Le véritable pouvoir, le véritable amour de soi, naît quand nous arrêtons de nous mesurer aux autres et commençons à honorer notre propre parcours. Il est temps de prendre conscience que l'amour de soi et la sororité sont les clés pour briser ces chaînes invisibles et redevenir les reines que nous sommes.
Que ce soit la honte, le perfectionnisme ou la comparaison, il s'agit de mécanismes de survie que nous développons pour nous protéger de nos propres insécurités. Mais ce sont aussi des pièges, des prisons invisibles qui nous éloignent de nous-mêmes. À travers chacune de ces dynamiques, nous cherchons inconsciemment à éviter la douleur de l'échec, de l'abandon ou du rejet. Mais en réalité, plus nous cherchons à être parfaites ou à surpasser les autres, plus nous nous éloignons de notre véritable essence. Les hommes ne sont pas immunisés contre cette pression. Eux aussi sont conditionnés à refouler leurs émotions, à ne pas montrer leur vulnérabilité. Cette difficulté à exprimer leurs sentiments et à assumer leurs propres blessures influence profondément la manière dont ils interagissent avec nous, et il est crucial de le reconnaître pour éviter de perpétuer ces dynamiques dans nos relations.

En vous engageant dans ce processus d'autocompassion, en renonçant à la quête de perfection et en refusant de vous comparer aux autres, vous vous offrirez la plus grande des libertés : celle d'être vous-même. Et c'est là que l'amour de soi commence réellement.

CHAPITRE 8
L'autocompassion : la clé pour guérir de l'intérieur

Kristin Neff[30] parle de trois éléments essentiels pour cultiver l'autocompassion : la pleine conscience, la gentillesse envers soi-même et l'humanité commune.

- **La pleine conscience** consiste à reconnaître et à observer nos souffrances sans les juger. Nous devons être conscientes de notre douleur pour pouvoir la guérir, au lieu de l'ignorer ou de la minimiser.
- **La gentillesse envers soi-même** est l'acte de nous offrir la douceur et la bienveillance que nous donnerions naturellement à un ami en difficulté. Trop souvent, nous sommes notre propre bourreau, mais apprendre à être notre meilleure alliée est la clé pour avancer.
- **L'humanité commune** nous rappelle que la souffrance est une part inévitable de la vie. Elle nous aide à nous sentir moins isolées dans nos épreuves, à comprendre que nous ne sommes pas seules à traverser des moments difficiles.

En intégrant ces trois éléments dans votre quotidien, vous commencerez à voir une transformation dans la manière dont vous percevez vos erreurs et vos épreuves. Vous cesserez de vous juger avec sévérité et commencerez à vous offrir la même bienveillance que vous offrez aux autres.

L'autocompassion, ce n'est pas de l'indulgence. C'est un acte de courage. C'est accepter que nous ne sommes pas parfaites, mais que nous faisons de notre mieux, tout comme chaque personne autour de nous. En vous pardonnant, en vous offrant cette compassion, vous faites un pas vers la libération, vers la guérison.

La pleine conscience : le premier pas vers l'autocompassion

Comme vous l'aurez compris, je ne viens pas d'une famille de moines bonzes douzième dan. Je viens d'une famille où l'on parle fort, on rit fort, on crie fort. Mes parents ont toujours considéré que les psys

30. Dr Kristin Neff, *S'aimer : Comment se réconcilier avec soi-même*, Belfond, 2013.

étaient pour les gens qui avaient de « vrais problèmes ». C'est drôle qu'ils n'aient pas fait le rapprochement avec nous. Mon père aimait dire que, lorsqu'il était chef du service de réhabilitation fonctionnelle à l'hôpital Sainte-Anne, les psychiatres avec qui il travaillait étaient encore plus timbrés que les patients.
J'ai toujours entendu mes parents se moquer de ma tante qui pratiquait le yoga assidûment. « Le yoga, c'est pour les mamies et les mal baisées qui mangent des graines. » Une petite phrase que les féministes et les *healthy people* apprécieront. Une phrase qui me blessait à l'époque sans que je ne puisse mettre de mots dessus...
Dans notre famille, on était hyperactifs et sportifs. Il fallait que ça bouge, que ça pulse. À un moment, je faisais du tennis, du karaté, de la danse classique, du modern jazz, du piano... Le tout dans une course folle à la performance. On allait au ski trois fois par an, en mode compétition.
Dans les années 1980-1990, on vivait dans cette énergie masculine, typiquement patriarcale, où l'apparence et la performance dominaient. La méditation et la relaxation ? Reléguées aux cinq minutes de récupération après une séance de sport, à la rigueur. Il ne s'agissait pas de « s'asseoir en silence ». Non, le silence, c'était pour les hippies et les perdants.

Ma découverte de la pleine conscience via la sophrologie

Ironie du sort, c'est mon père qui m'a, indirectement, initiée à ce monde. En 2003, au début de ma reconversion professionnelle, je cherchais une formation pratique pour accompagner mes études de psychologie, trop théoriques à mon goût. Mon père, toujours pragmatique, m'a suggéré : « Pourquoi tu ne fais pas une formation en sophrologie ? C'est vachement bien pour aider les gens à maigrir ou à arrêter de fumer. » Il m'a même tendu un vieux livre d'Alfonso Caycedo[31], tout abîmé. « Grâce à ce bouquin, j'en ai fait maigrir, des grosses, dans les années 1970 », a-t-il ajouté fièrement. (Je vous ai parlé du TCA dont je souffre depuis l'enfance ? Voilà, voilà...)
La lecture de ce livre a ouvert une terre merveilleuse et inconnue en moi et pour moi. Deux jours après, je m'inscrivais à une formation professionnelle de sophrologie caycédienne. Et c'est là que j'ai découvert la pleine conscience. Dans cette formation, j'ai compris que la

31. Alfonso Caycedo, neuropsychiatre, est le créateur de la sophrologie caycédienne, une méthode de relaxation dynamique visant à harmoniser l'équilibre corps-esprit.

pleine conscience allait bien au-delà de la simple relaxation ou des cinq minutes de repos après l'effort. Elle m'a appris à observer mes pensées et mes émotions sans jugement. Cela peut sembler anodin, mais c'était une révolution. Jusqu'à ce moment-là, je courais dans tous les sens, je fuyais mes émotions et, surtout j'étais très douée pour ne jamais m'arrêter.

L'approche de Kristin Neff

Kristin Neff, dans son approche de l'autocompassion, nous rappelle que la pleine conscience est la clé pour prendre du recul sur nos expériences. Cela signifie être présente à ce que l'on ressent, sans s'y noyer ni essayer de tout contrôler. Nous acceptons que, parfois, nos pensées partent dans tous les sens, que nos émotions débordent, et c'est tout à fait normal. La pleine conscience nous enseigne que l'on n'a pas besoin de fuir ce que l'on ressent. Nous pouvons simplement être avec nos émotions.

Martine : la petite voix dans ma tête qui me critique sans relâche

Laissez-moi vous présenter Martine. Martine, c'est la voix dans ma tête, cette petite mégère acariâtre qui me critique sans relâche. C'est un personnage que j'ai découvert lors d'une séance d'hypnose symbolique sur le critique intérieur, où l'on m'a demandé de donner une forme humaine à cette voix implacable. Et qui est apparue ? Une vieille rombière qui ressemble à Josiane Balasko dans ce film où elle est affublée d'un poireau sur le visage (vous voyez lequel[32] ?). Martine, donc. Avec son regard acide, plein de mépris, elle n'était jamais satisfaite de moi. Chaque erreur, chaque faux pas était une nouvelle occasion pour elle de me rappeler à quel point j'étais « nulle », « mauvaise » et « incapable ».

Mais si Martine est devenue cette mégère méprisante, c'est parce qu'elle a intégré des années et des années d'oppression, de critiques et de dénigrement. Elle a tellement entendu que je n'étais pas à la hauteur qu'elle s'est elle-même convaincue de ces mensonges. Et, maintenant, elle projette en permanence ses propres blessures et son insécurité sur moi. Martine, elle pense que je ne peux pas m'en sortir seule, alors elle me rabaisse pour essayer de me protéger de l'échec,

32. Jean Becker, *Un crime au Paradis*. Rôle de Lulu Braconnier.

du rejet, et de la douleur. Dans sa logique tordue, elle croit que me contrôler de cette manière va m'empêcher de souffrir.
Alors, chaque fois que Martine commence à s'exprimer, je prends un moment pour l'écouter. Et je la remercie. Oui, vous avez bien lu. Je la remercie, car au fond, je sais que c'est sa peur qui parle. Elle a tellement peur que je ne sois pas assez, que je m'effondre si je prends un risque, qu'elle préfère me tirer vers le bas pour que je reste dans une zone de confort, là où je ne serai pas exposée. Martine ne sait pas comment m'aider autrement, alors elle fait ce qu'elle a toujours fait : elle critique.
C'est un exercice que je fais régulièrement avec les personnes que j'accompagne. Elles aussi finissent par rencontrer leur propre Martine, ou peut-être une Georgette, une Huguette, une Sabrina ou une Odile. Chacune d'elles a une voix intérieure qui, sous couvert de protection, les maintient prisonnières de leurs insécurités. Mais lorsqu'on commence à reconnaître ces voix pour ce qu'elles sont – des manifestations de nos peurs et de nos blessures –, on peut enfin leur répondre avec compassion et ne plus les laisser dicter nos actions.

Julia a découvert l'autocompassion et la pleine conscience lors de l'un de mes programmes de coaching en ligne. J'y propose des exercices simples de pleine conscience. Je me sens si honorée et reconnaissante de sa confiance et du message qu'elle m'a envoyé :
« C'était une de ces journées où tout part en vrille... J'étais déjà au bout du rouleau au boulot, avec des tonnes de réunions qui s'enchaînaient, des deadlines que je n'arrivais pas à respecter et, pour couronner le tout, des problèmes avec Alex. On se disputait tout le temps et je passais mes journées à ressasser nos conflits, à me demander ce que j'avais fait de travers. Je me sentais totalement perdue et coupable, comme si tout reposait sur moi.
Et ce soir-là, après une énième engueulade avec lui, je suis rentrée chez moi complètement vidée. Je n'en pouvais plus de cette spirale, de ce sentiment de ne jamais être à la hauteur, que ce soit au boulot ou dans ma relation. J'étais assise sur le canapé, les larmes aux yeux, prête à craquer pour de bon. C'est là que je me suis souvenue de ce que tu avais dit dans le programme : « Parfois, il suffit de s'accorder une pause, juste cinq minutes. »
Alors, j'ai fermé les yeux et j'ai simplement respiré. C'était tout ce que je pouvais faire à ce moment-là. Juste respirer. J'avais toujours ma Georgette dans ma tête qui me répétait que je n'en faisais

jamais assez, que si Alex et moi n'allions pas bien, c'était sûrement parce que j'étais trop chiante. Mais là, pour la première fois, j'ai décidé d'entendre Georgette et de la laisser parler. J'ai laissé ces pensées défiler sans m'y accrocher. J'ai arrêté de me juger.
Ces cinq minutes ont changé quelque chose en moi. J'ai compris que même au milieu de ce chaos – au travail, dans ma relation amoureuse –, je pouvais m'offrir un peu de douceur. Juste ça, cinq minutes de répit, et ça a fait toute la différence. Merci encore pour cet espace que tu nous offres. Avec gratitude,
Julia. »

Observer, accueillir, laisser être – c'est cela la pleine conscience. C'est une libération : on cesse de se battre contre soi-même, on ne s'identifie plus à nos pensées ou nos émotions, on les laisse simplement passer comme des vagues.

Mes émotions, si douloureuses soient-elles,
ne me définissent pas. Elles ne sont que des états passagers,
des vagues qui nous traversent.

Et quand on accepte cela, la transformation peut commencer. Nos émotions deviennent des messages, non plus des ennemis à combattre. Cela m'a permis de ralentir, d'être présente à moi-même, et surtout d'arrêter de juger chaque instant.

Se reconnecter à son cœur et à sa spiritualité

Pratiquer la pleine conscience m'a aussi guidée vers une spiritualité plus profonde. En me posant, en écoutant mes émotions, j'ai commencé à ressentir un espace en moi que je n'avais jamais exploré : cet espace de paix intérieure, de connexion à quelque chose de plus grand. À force d'être connectée à mon corps, à mon souffle, et à l'instant, j'ai découvert ce que signifie réellement se relier à son âme. Plus je pratiquais, plus je sentais mon cœur s'ouvrir à l'idée que tout est lié. Cette pratique de la pleine conscience m'a aussi appris à faire preuve de compassion envers moi-même. Chaque fois que je tombais dans le piège de l'autocritique, je pouvais revenir à l'instant, à ce que je ressentais, et me dire : « C'est OK. Tu es humaine. Ce que tu traverses fait partie de l'expérience humaine. »

La pleine conscience m'a donc permis de vivre avec plus de douceur et de tendresse. Et c'est ainsi que j'ai pu ouvrir mon cœur à la gentillesse, la deuxième composante de l'autocompassion. C'est ce lien direct entre l'observation de nos émotions et la bienveillance envers nous-mêmes.

Se pardonner pour avancer

Je me souviens de cette période où être bienveillante envers moi-même semblait impossible. Pendant et après le burn-out et le divorce, j'étais prise dans une spirale de culpabilité. Mon corps m'avait envoyé des signaux d'alarme depuis des mois : insomnies, palpitations, fatigue écrasante. Chaque matin, sortir du lit relevait de l'exploit. Mon cœur battait à toute vitesse sans raison, et l'anxiété me paralysait. Malgré les cris de mon corps, je fuyais mes émotions, avançant coûte que coûte, comme si m'arrêter signifiait échouer.
Même les moments de calme étaient brisés par des crises d'angoisse, et chaque petite demande me faisait exploser. Les disputes entre mes enfants étaient insupportables et je perdais souvent le contrôle. Parfois, la rage montait en moi, incontrôlable. Je criais pour des broutilles et, dès que le silence retombait, la culpabilité m'assaillait, me faisant croire que j'étais la pire mère. J'avais l'impression d'avoir brisé mes enfants. Cette pensée me hantait : « Tu as placé ton bonheur avant celui de tes enfants. »
Si l'Académie des Oscars récompensait la « Pire Mère de l'année », j'aurais gagné la statuette, accompagnée d'un discours en larmes, remerciant mes enfants pour leur patience face à ce désastre ambulant que j'étais devenue.
Cette culpabilité me consumait de l'intérieur, me paralysait. Et pourtant, en dépit d'elle, une part de moi ressentait aussi un soulagement profond, presque coupable. J'avais osé choisir une nouvelle vie, me libérer d'un mariage étouffant qui ne me ressemblait plus. Mais ce soulagement était toujours entaché par cette voix dans ma tête qui murmurait : « À quel prix ? » Chaque moment de liberté s'accompagnait de ce douloureux tiraillement, une petite voix sourde qui répétait sans cesse : « Tu as sacrifié le bonheur de tes enfants pour le tien. » D'un côté, je savais que rester dans cette relation m'aurait détruite, mais de l'autre, je ne pouvais m'empêcher de penser que j'avais été égoïste.
J'étais comme figée dans un état où chaque erreur, chaque moment de faiblesse, devenait une preuve accablante de mon échec en tant

que mère. Je me disais sans cesse que j'étais égoïste d'avoir choisi la voie de l'émancipation, d'avoir mis fin à ce mariage pour me libérer moi-même. Ce jugement sévère me maintenait captive dans un cycle sans fin, m'empêchant d'avancer et de retrouver une paix intérieure. J'étais la juge, le jury et l'accusée dans mon propre tribunal correctionnel. C'est en découvrant les principes de gentillesse envers soi-même que j'ai commencé à briser ce cycle infernal. J'ai appris, petit à petit, à me parler comme je l'aurais fait avec une amie proche traversant la même épreuve. Si elle était venue me dire qu'elle se sentait comme un monstre pour avoir quitté son mari, jamais je ne l'aurais jugée. Au contraire, je lui aurais dit : « Tu as fait de ton mieux avec ce que tu savais à ce moment-là. » Alors, pourquoi ne pas m'accorder la même compassion ?

La gentillesse envers soi-même : une nécessité pour se libérer de sa culpabilité

Cela a été un processus lent, une transformation intérieure délicate. J'ai dû remplacer cette voix dure et critique par des mots doux. J'ai commencé à me dire : « Tu es humaine. Tu fais de ton mieux. » Peu à peu, j'ai compris que la gentillesse envers moi-même n'était pas une indulgence ou un signe de faiblesse, mais une nécessité pour me libérer de la culpabilité, pour me permettre d'être une meilleure mère, plus sereine et plus aimante.

Je me souviens d'un moment marquant lors de l'une de mes retraites Wonder Power. Une participante, dévorée par la culpabilité après avoir quitté son mari, partageait son histoire avec le groupe. Comme moi, quelques années auparavant, elle pensait avoir abandonné ses enfants, avoir été égoïste. Mais ce qu'elle a découvert, tout comme moi, c'est que se pardonner et se traiter avec douceur est la seule voie vers la guérison. Elle m'a dit avec une profonde sincérité : « Je me rends compte que, pour donner de l'amour à mes enfants, je dois d'abord en avoir pour moi-même. »

En m'offrant cette compassion, j'ai compris que mes erreurs ne faisaient pas de moi une mauvaise mère. Elles faisaient de moi un être humain, traversant des moments difficiles comme tout le monde. Le jour où j'ai décidé de me pardonner véritablement, j'ai senti une partie du poids quitter mes épaules. J'ai accepté que, pour avancer, je devais faire des choix difficiles, mais nécessaires. J'ai fait du mieux que je pouvais, avec les ressources que j'avais à ce moment-là. Ce n'était pas parfait, loin de là, mais c'était suffisant. Et c'est cette imperfection, cette humanité dans mes décisions, qui m'ont finalement permis de me reconstruire, et de leur offrir une mère plus présente, plus aimante. Être douce envers moi-même m'a ouvert les yeux sur le fait que la perfection est une illusion. Le véritable courage réside dans notre capacité à nous pardonner, à nous relever après chaque chute et à avancer, même quand tout semble s'effondrer autour de nous.

Le poids de la culpabilité, je l'ai ressenti comme un fardeau lourd rivé à mes épaules en permanence. Nous avons toutes des bagages. Des regrets, des erreurs que nous ressassons sans cesse. Cette petite voix intérieure qui nous dit : « Tu aurais dû faire mieux. » Elle devient si puissante qu'elle nous paralyse. Comme si cette culpabilité était notre punition pour expier nos fautes. J'en profite pour remercier notre « bonne » éducation judéo-chrétienne.

Pourtant, sur le plan neuroscientifique, la culpabilité active une partie du cerveau appelée l'insula, responsable du traitement des émotions négatives et de la douleur sociale. Cela explique pourquoi nous ressentons un malaise si profond face à nos erreurs, au point de nous bloquer[33]. Le problème, c'est que cette culpabilité inhibe aussi le cortex préfrontal, la région du cerveau responsable de l'apprentissage et de la mise en action. En restant prisonnières de la culpabilité, nous sommes incapables de tirer des leçons de nos erreurs et nous nous condamnons à répéter les mêmes schémas encore et encore[34].

Pendant des années, j'avais l'impression d'être colonisée par la culpabilité. Chaque matin, je me réveillais avec le même sentiment d'échec, la même conviction que j'étais « méchante et mauvaise », cette même paralysie. Et plus je me sentais coupable, plus je m'enfonçais.

Le déclic : la culpabilité ne sert à rien

Mais, un jour, il y a eu un déclic. J'ai compris que la culpabilité ne me protégeait de rien. Au contraire, elle m'enfermait dans une boucle de rétroaction comme dans l'excellent film *Un jour sans fin* où le personnage, magistralement incarné par Bill Murray, revit la même journée tous les jours. C'est à ce moment-là que j'ai découvert que la véritable force, le véritable courage, n'était pas de continuer à me punir, mais de m'offrir le pardon.

---

33. R. Zahn, *et al.*, « La base neuronale des valeurs sociales humaines : preuves par IRM fonctionnelle », *Cerebral Cortex*, 2009, 19(2), 276-283.
34. M. Inzlicht, *et al.*, « Neurosciences du changement de comportement : leçons tirées de la détection des erreurs et du contrôle cognitif », *Social Cognitive and Affective Neuroscience*, 2015, 10(9), 1308-1314.

Se pardonner à soi-même est un acte de rébellion contre la souffrance qui nous maintient à terre. Il ne s'agit pas d'oublier ce que nous avons traversé ou de minimiser la douleur. Au contraire, cela demande de reconnaître pleinement nos blessures, de les regarder en face et de décider que, malgré tout, nous avançons.

Une fois que vous avez commencé à reprendre votre responsabilité, à reconnaître que vous n'êtes plus victime mais actrice de votre propre vie, il est une autre étape cruciale à franchir : celle du pardon de soi. Ce chemin de guérison ne consiste pas seulement à pointer du doigt vos erreurs, à analyser vos choix sous toutes les coutures, mais aussi à vous offrir la grâce du pardon.

La première personne que vous devez pardonner, c'est vous-même. Pardonnez-vous pour les moments où vous vous êtes laissé emporter par vos blessures, pour les fois où vous avez choisi l'ignorance plutôt que la lucidité. Pardonnez-vous d'avoir accepté des situations qui ne vous rendaient pas justice, d'avoir parfois confondu la dépendance avec l'amour. À partir de maintenant, vous avez le pouvoir de réécrire l'histoire.

Le pardon de soi : une forme d'amour inconditionnel

Le pardon de soi est essentiel, car c'est la clé qui permet de sortir de la boucle des regrets et des « si seulement ». C'est reconnaître que, même si nous avons fait des choix qui ne nous ont pas toujours honorées, nous avons fait de notre mieux avec les connaissances et les ressources que nous avions à ce moment-là. Le pardon de soi est une forme d'amour inconditionnel, celui que vous vous devez à vous-même avant tout. C'est le point de départ vers une réconciliation profonde avec votre passé, vos décisions et votre chemin.

Je me souviens très bien de cette journée où j'ai décidé de me pardonner. J'étais en train de méditer et une image de moi enfant est apparue, cette petite fille pleine d'espoir et d'innocence. En la voyant, j'ai ressenti une vague de tristesse pour tout ce qu'elle allait devoir affronter. Mais, en même temps, une immense compassion m'a envahie. Cette petite fille n'avait jamais mérité de porter ce fardeau. J'ai compris que mes erreurs ne me définissaient pas. Ce qui me définit, c'est ma capacité à les affronter, à les regarder en face et à dire : « Je choisis de me libérer. » Le pardon à soi-même est un acte de résistance. Il nous permet de redevenir les architectes de notre vie, de reprendre le contrôle de notre histoire.

Alors, aujourd'hui, je vous invite à vous offrir cette même gentillesse. Non pas parce que vous êtes parfaite, mais parce que vous êtes humaine. Nous avons toutes commis des erreurs. Mais, en vous offrant le pardon, vous vous donnez la possibilité de continuer à écrire votre propre histoire, d'une manière plus douce, plus aimante.

En reconnaissant la nécessité de cette gentillesse envers moi, j'ai commencé à comprendre que mes erreurs faisaient partie de l'expérience humaine. Mais ce chemin n'a pas été linéaire. Il y a eu des jours, des semaines même, où la culpabilité revenait en force. Il y a eu des moments où, malgré tout le travail fait, je retombais dans mes anciens schémas de pensée : « Peut-être que je n'aurais jamais dû me séparer » « Peut-être que mes enfants ne s'en remettront pas. » Et, dans ces moments-là, la pleine conscience et la gentillesse envers moi-même étaient plus difficiles à pratiquer. D'autant plus difficile avec une maison remplie d'enfants dans mon cas. Combien de fois je me suis installée pour cinq minutes de méditation et que, les yeux à peine fermés, j'entendais déjà : « Mamaaaaan ! Où est mon sac de sport ? » « Mamaaaaan ! Ben a mangé mon goûter ! » Disons que le chemin n'a pas été linéaire. Mais la clé a été de persévérer. Ce n'est pas parce que j'avais des moments de doute que tout mon travail était réduit à néant. J'ai appris que la guérison n'est pas un point final, mais un chemin fait de hauts et de bas.

Nous ne sommes jamais seules dans nos luttes. C'est en reconnaissant cela que j'ai pu vraiment commencer à guérir et à offrir la même compassion aux autres qu'à moi-même.

L'humanité commune : se relier à la souffrance partagée

Une phrase qui m'accompagne souvent est : « On ne sait jamais contre quoi les gens se battent. » Cette simple vérité a changé ma manière de voir les autres et moi-même. On ne sait jamais ce que cache un sourire, un regard ou un silence. Trop souvent, nous nous comparons ou jugeons les autres sans savoir les combats invisibles qu'ils mènent. Mais ce que j'ai appris au fil de mes expériences de guérison, c'est que nous sommes toutes reliées par une souffrance commune, même si les histoires varient.

Et cela nous ramène à cette notion fondamentale d'« humanité commune » décrite par Kristin Neff. Nous avons toutes nos démons. Nous traversons toutes les mêmes épreuves sous des formes différentes : les mêmes peurs, les mêmes insécurités, les mêmes failles.

Nous nous battons toutes, mais ce qui varie, c'est notre façon de masquer cette vulnérabilité. Certaines la cachent derrière un masque de force, d'autres derrière l'indifférence et d'autres encore se mettent à nu, laissant voir chaque faille.
C'est cette prise de conscience qui m'a libérée. Quand j'ai compris que, malgré la diversité des expériences, nous étions toutes confrontées aux mêmes combats intérieurs, je me suis sentie moins isolée dans ma souffrance et la peur suprême de ne pas être aimée. Et c'est en me connectant à cette réalité que j'ai pu véritablement commencé à me pardonner et à offrir de la compassion à moi-même et aux autres.
Brené Brown, dans ses travaux sur la vulnérabilité, parle de l'importance de reconnaître que nous partageons toutes une « humanité imparfaite ». Selon elle : « La vulnérabilité, ce n'est pas gagner ou perdre. C'est avoir le courage de se montrer et d'être vu lorsque nous n'avons aucun contrôle sur l'issue[35]. » Nous avons toutes peur de montrer nos faiblesses, de dévoiler nos blessures, mais en réalité, c'est en embrassant cette vulnérabilité que nous nous reconnectons à notre humanité commune.

106 La vulnérabilité : une force cachée

Pendant des années, j'ai porté le masque de la colère et de Wonder Woman. C'était ma manière de me protéger. Je pouvais montrer ma force, mon autorité, ma performance, mais je ne laissais jamais voir ma tristesse, ma peur ou ma douleur. La colère était mon armure. Mais, au fond, je savais que cette colère cachait quelque chose de plus profond : une immense vulnérabilité que je refusais de reconnaître.
Brené Brown parle souvent de la vulnérabilité comme d'une force, pas d'une faiblesse. Pour elle, c'est le cœur du courage : « La vulnérabilité est la naissance de l'innovation, de la créativité et du changement[36]. »
C'est souvent ce qu'il se passe lorsque nous subissons des traumas et des blessures. Quand notre âme est blessée, quand la souffrance s'invite, notre ego commence à construire des stratégies de défense. Au fur et à mesure de notre développement, nous apprenons quels comportements et émotions sont acceptables et lesquels ne le sont pas, et nous commençons à porter des masques.

35. Brené Brown, *op. cit.*, 86.
36. Ibidem.

Nos masques sont tous les moyens que nous avons mis en œuvre pour nous montrer au monde d'une manière qui nous apportera amour, approbation et acceptation. En les portant, nous pouvons également réprimer ou nier certains aspects de notre personnalité dans le backstage de notre esprit. (*Remember ?* Le *shadow work* de Jung) Nous verrouillons la porte et jetons la clé parce que nous avons appris que si nous montrons certaines parties de nous-mêmes, nous ne serons pas aimées ou nous ne serons pas acceptées.

Le jour où je me suis autorisée à pleurer

Il y a de nombreuses années, je me trouvais dans une retraite de développement personnel et nous suivions un processus de travail sur la colère. Les gens allaient au milieu du cercle et s'exerçaient à montrer leur colère à l'ensemble des personnes présentes. Pour beaucoup, montrer sa colère et s'autoriser à ressentir de la rage est vraiment difficile. Pour ces personnes, c'était ce qu'elles pouvaient faire de plus libérateur, mais je savais au fond de moi que ce n'était pas pour moi, à ce moment-là. La colère a été mon masque pendant si longtemps.

Je me souviens être allée voir le thérapeute et lui avoir dit : « Je peux m'autoriser à pleurer devant le groupe ? » Je savais que ma leçon était d'aller plus loin dans la vulnérabilité et que j'avais besoin de grandir à travers les schémas que j'avais dans mes relations. Parce que, en fait, je pleurais beaucoup : devant les films, devant les publicités, dans les mariages des copines, etc. Mais je ne pleurais jamais quand il s'agissait de montrer MA tristesse. Quand j'ai été battue, je n'ai pas pleuré. Quand j'ai été violée, je n'ai pas pleuré. Quand mes grands-parents sont morts, je n'ai pas pleuré. Quand je me faisais engueuler par mes parents, je ne pleurais pas. Je rageais ou je riais. Bon, j'avoue : ma dépendance affective m'a fait pleurer devant certains ex, mais je pense, a posteriori, que c'était une façon inconsciente de les attendrir. Je devais donc apprendre à faire tomber certains de ces murs et à être vulnérable. Et, croyez-moi, ce n'était pas vraiment glamour. Il n'y avait pas de musique de fond dramatique ni de discours émouvant – juste moi, un tas de mouchoirs, et l'impression d'être dans un marathon émotionnel dont je ne connaissais pas la ligne d'arrivée. Apprendre à me connecter à ma tristesse, à l'accueillir et à la montrer a été l'un des plus grands progrès que j'ai faits dans ma vie.

Le « pouvoir de la vulnérabilité »

Récemment, j'ai suivi une formation en Constellations des possibles® et la thérapeute, mon amie Anne Cazaubon[37], nous a offert la possibilité de demander au groupe de satisfaire un besoin pendant quinze minutes. Une femme a demandé à ce que l'on fasse comme si on était un groupe d'entrepreneures et que l'on échange avec elle sur son activité, tant elle avait besoin de se sentir comprise dans sa réalité. Une autre a demandé à ce que nous lui fassions des compliments en lui disant ce que nous trouvions beau et agréable chez elle. Quand est arrivé mon tour, j'avais une vision très claire de mon besoin. J'ai demandé aux huit femmes qui m'accompagnaient dans cette aventure de s'asseoir par terre pour former une espèce de nid dans lequel je pourrais me déposer. Je leur ai demandé de me porter assez pour que je ne sente plus le poids de mon corps et que je puisse m'abandonner complètement dans ma vulnérabilité. Moi qui porte beaucoup de personnes dans ma vie au sens propre comme au figuré, moi qui suis souvent celle qui représente la force, la résilience et la puissance, j'avais envie de me laisser aller complètement dans ce collectif de femmes et de me sentir entièrement portée. J'ai des larmes qui perlent au coin de mes yeux quand j'écris ces mots, tant l'expérience a été puissante et réparatrice.

Ce jour-là, une partie de moi avait besoin d'être mise en lumière, reconnue et satisfaite. Cette partie vulnérable qui a besoin de soutien et qui peine parfois à se montrer. De moins en moins, si l'on en croit mon mari Arnaud.

C'est ce que Brené Brown appelle le « pouvoir de la vulnérabilité ». Être vulnérable, c'est se rendre visible, c'est s'ouvrir à l'autre, même si cela fait peur. Cette expérience a été une révélation : en me montrant vulnérable, en acceptant d'être soutenue, j'ai découvert une nouvelle forme de force.

C'est dans ces moments de vulnérabilité que j'ai ressenti le lien profond qui nous unit tous. Ce voyage intérieur m'a permis de comprendre que la souffrance est universelle. Nous avons tous nos blessures et cette compréhension a changé ma manière de voir les autres. Je ne pouvais plus juger ou me comparer aux autres en ne voyant que la surface.

---

37. Anne Cazaubon a fondé l'ONG Merci à un inconnu et est la créatrice de la méthode Constellations des possibles®. Elle est aussi une merveilleuse accompagnante.

Comme le dit mon mantra :

On ne sait jamais contre quoi les gens se battent.

En réalité, nous sommes toutes confrontées à nos propres démons. Et c'est dans cette humanité partagée que réside la compassion.
Kristin Neff décrit l'humanité commune comme l'un des trois piliers de l'autocompassion. Se rappeler que nous ne sommes pas seules dans nos souffrances nous permet d'être plus douces envers nous-mêmes. Nous comprenons que nous ne sommes pas les seules à trébucher, à faire des erreurs, à nous sentir brisées. Cette prise de conscience nous libère du poids de la culpabilité et nous permet de nous pardonner.
En reconnaissant que nous faisons toutes partie de la même expérience humaine, nous ouvrons la porte à la compassion. Pour nous-mêmes et pour les autres. Je vous invite à prendre un moment pour réfléchir à cela : à quel point nos souffrances nous relient, à quel point nous sommes plus semblables que nous ne le pensons. Et, dans cette reconnexion, il devient plus facile de se pardonner, de laisser tomber les jugements sévères que nous portons sur nous-mêmes.

Apprivoiser l'autocompassion

L'autocompassion n'est pas qu'une idée théorique, elle se vit et s'apprend au quotidien. Il est facile de se perdre dans les méandres de nos pensées critiques, mais ces moments sont précisément ceux où l'on peut commencer à cultiver la bienveillance envers soi-même. Voici une réflexion que j'aime beaucoup proposer dans mes accompagnements.
Et si vous commenciez à vous traiter comme une amie ?
Revenez à une situation récente où vous avez été particulièrement sévère envers vous-même. Imaginez maintenant que cette situation soit vécue par une amie chère.
Que ressentiriez-vous pour elle ?
Comment lui offririez-vous du soutien, de l'amour et de la compréhension ?
Écrivez un court dialogue ou une lettre comme si vous lui parliez directement. Transmettez-lui l'amour et la tendresse que vous ressentez. Remarquez à quel point cela adoucit la souffrance.

Maintenant, retournez ces sentiments vers vous. Reconnaissez votre propre humanité. Dites-vous : « Même si j'ai commis une erreur, je reste digne d'amour et de respect. »

Avec cette pratique, vous reconfigurerez peu à peu votre cerveau pour remplacer l'autocritique par la bienveillance. Cet exercice peut sembler inhabituel ou difficile au début, mais avec le temps, vous remarquerez que la compassion envers vous-même s'installera naturellement, même dans vos moments de doute. Soyez patiente avec vous-même, car vous méritez cette tendresse.

CHAPITRE 9
Pardonner à ses parents et à ceux qui nous ont offensées

L'une des choses qui a été le plus difficile à faire pour moi fut de pardonner. Pardonner à mes parents, pardonner à mon ex-mari tortionnaire, pardonner à mes amis et, plus que tout, me pardonner. Quand on est victime, on s'enferme souvent dans la rancœur et le ressentiment. On continue à tenir les autres pour responsables de notre douleur, comme si cela pouvait apaiser quelque chose. Nous nous enfermons dans l'idée que tout ce qui nous arrive ensuite découle de ce qui s'est passé avant. On se répète que tout est de leur faute, que si seulement ils n'avaient pas agi ainsi...

La blessure du père

Pendant des années, j'ai ressenti une immense colère à l'égard de mes parents, surtout envers mon père. Je lui en voulais pour son amour mêlé de violence, pour les choix destructeurs qu'il a faits et qui ont marqué ma vie. Je me sentais trahie, comme s'il avait brisé ce contrat moral selon lequel nos parents sont censés nous protéger et nous élever avec respect. J'étais persuadée que tout ce qui avait suivi – y compris les autres maltraitances subies – était la conséquence de ses actions. Avant de pardonner, la colère était omniprésente. Chaque conversation avec mon père me laissait épuisée, comme si une part de moi était en lutte constante. C'était comme avoir un poids sur la poitrine qui ne disparaissait jamais, même lors des moments joyeux de ma vie. La rancune s'infiltrait dans tous les aspects de ma vie. Je me réveillais parfois en pleine nuit, le cœur lourd, avec cette sensation que je devais encore me battre pour me faire comprendre. Pour le convaincre de faire une thérapie afin de changer. Il y avait un sentiment constant de trahison et d'injustice. « Pourquoi, moi, j'me fais chi** à travailler sur moi depuis des années pour guérir les blessures qu'il m'a en partie infligées, alors qu'il ne se remet pas en question une seule seconde et ne fournit aucun effort pour arranger notre relation et surtout sa vie ? »
J'en ai tellement voulu à mes parents de préférer faire l'autruche. Fermer les yeux. Faire comme si de rien n'était. On oublie tout et on

recommence. Je me suis tant énervée. J'ai dépensé tant d'énergie à vouloir démontrer à mon père qu'il avait des problèmes de gestion de ses émotions, dont les conséquences étaient néfastes pour lui et destructrices pour ses proches. Pendant des années, j'ai tout essayé : la manière douce, la manière forte, les cris, les lettres, l'éloignement, le silence. J'avais beau savoir qu'il est complètement illusoire de croire que nous avons le pouvoir de changer les autres. J'avais beau dire à mes patients, à longueur de journée, que l'on ne peut pas aider quelqu'un qui ne veut (peut) pas changer pour le moment. J'ajoute toujours « pour le moment » à ce genre de phrase, afin de ne pas enterrer une ouverture possible.

J'avais beau savoir tout ça sur le bout des doigts, « ma petite fille intérieure » refusait de déposer les armes. Pour vous donner une idée du combat à l'intérieur de moi, imaginez Meredith, dans *Grey's Anatomy*, s'acharnant à sauver un patient. « Je peux encore le sauver ! » crie-t-elle, les mains tremblantes, le visage tendu. Le patient est en arrêt cardiaque, mais elle refuse d'abandonner. Alors, Miranda Bailey entre et, d'une voix ferme, lui dit : « C'est fini, Meredith. Il faut arrêter. » Mais Meredith continue, incapable de lâcher, accrochée à cet espoir fou.

C'était moi avec mon père. Je m'accrochais à l'idée qu'avec assez de persévérance, je pourrais le *sauver*, le changer. Et donc me sauver moi. Comme Meredith, j'étais convaincue que, si je trouvais les bons mots, tout pourrait s'arranger. Mais, tout comme Bailey, une voix intérieure me murmurait depuis longtemps : « Lâche. Ce n'est plus ton combat. »

La blessure de la mère

Il y avait aussi une autre blessure, plus profonde et souvent plus difficile à affronter : celle liée à ma mère. Reconnaître et guérir la blessure maternelle est un acte puissant et nécessaire pour toute femme, car il permet de rompre un cycle de souffrance qui se transmet de génération en génération. Bethany Webster[38] parle de cette blessure comme d'une condition enracinée dans le patriarcat, un système qui a longtemps dévalorisé les femmes et leur rôle, tout en exigeant d'elles des sacrifices insensés. Le patriarcat a modelé notre relation à nos mères, influençant non seulement la dynamique personnelle

38. Bethany Webster, *Être une mère pour soi-même. Devenir une femme libre et puissante*, Robert Laffont, 2023.

mère-fille, mais aussi la perception culturelle et spirituelle de ce que signifie être une femme, et, plus encore, une mère.

Une blessure nourrie de tabous, de non-dits

Le silence entourant la douleur dans cette relation mère-fille est ce qui alimente la blessure maternelle. Cette blessure se nourrit de tabous, de non-dits, et de fausses attentes sur ce que les mères et les filles devraient être l'une pour l'autre. Le patriarcat, en opposant systématiquement les femmes, a cultivé l'idée que, dans cette relation, il n'y a de place que pour une seule : soit la mère, soit la fille peut être pleinement aimée, reconnue, puissante. Cela nous pousse à une lutte inconsciente pour l'amour et l'acceptation, à la fois avec nos mères et en nous-mêmes, renforçant ainsi les croyances limitantes et toxiques que nous intériorisons dès notre plus jeune âge.
Guérir cette blessure est un chemin vers la libération, non seulement personnelle mais aussi collective. La blessure maternelle commence sur le plan individuel, dans la relation que nous avons avec notre propre mère. Cependant, elle est enracinée dans des dynamiques culturelles bien plus vastes. Depuis des siècles, les cultures patriarcales ont imposé aux femmes l'idée qu'elles devaient sacrifier leurs ambitions, leurs besoins, et parfois même leur identité pour remplir le rôle de mère. Ce modèle dysfonctionnel a conduit à des générations de femmes qui, pour répondre aux attentes imposées par cette culture, ont refoulé leurs propres désirs, leur propre puissance, transmettant inconsciemment à leurs filles cette blessure de soumission et de privation de soi.
Reconnaître cette blessure, c'est voir qu'elle dépasse largement les simples interactions avec nos mères. Elle est le fruit d'un système qui a étouffé l'expression libre et épanouie de la femme. Et c'est ce système que nous devons remettre en question. C'est comprendre que le comportement de nos mères – qu'il ait été aimant, distant, ou même destructeur – ne vient pas uniquement de leur volonté, mais d'un contexte social qui les a souvent privées de leur propre pouvoir. C'est accepter qu'elles aussi ont été blessées, limitées par les croyances patriarcales qui leur ont été inculquées, souvent inconsciemment.

Pardonner nos mères : un acte révolutionnaire

Il n'est pas question d'accuser nos mères. Il s'agit plutôt de reconnaître ces schémas destructeurs, de voir comment nous les avons intégrés et de choisir, en toute conscience, de les transformer. Pardonner nos mères devient alors un acte révolutionnaire. Cela ne signifie pas effacer la douleur ni minimiser les torts, mais, au contraire, il implique de regarder cette douleur en face, de la nommer et de refuser qu'elle continue de définir nos vies.

Le patriarcat nous a appris à considérer la colère comme un danger, à craindre les émotions puissantes qui jaillissent lorsque nous commençons à questionner les rôles qui nous ont été imposés. Pourtant, cette colère - cette douleur - est légitime. Elle est le signe d'une blessure profonde qui doit être guérie. Guérir la blessure maternelle, c'est non seulement retrouver notre pouvoir individuel, mais aussi redonner à nos relations mère-fille une dimension plus saine, où il n'est plus question de compétition ni de sacrifice, mais d'amour réciproque et de respect mutuel. Un jour que je travaillais avec une cliente en constellations familiales, j'ai compris pourquoi mon mode d'expression, depuis l'enfance, était généralement la colère. Ma cliente voulait travailler sur « son mauvais caractère » comme elle aimait à le décrire. « J'ai l'impression d'être une mégère non apprivoisée (vous l'avez[39] ?). Tout m'agace, je suis tout le temps en colère. Je parle vite et je suis hyper soupe au lait. Je pars au quart de tour. Je peux vous dire que mon mari et mes enfants en prennent pour leur grade. »

Se libérer de l'héritage patriarcal

Le processus de guérison implique de se libérer de l'héritage patriarcal qui nous a fait croire qu'exprimer notre plein potentiel signifiait trahir notre mère. Il consiste en réalité à prendre la responsabilité de nos propres vies, à refuser de rester dans la complaisance ou la victimisation, et à faire de nouveaux choix qui reflètent nos véritables désirs et aspirations. Pour beaucoup d'entre nous, cela signifie pardonner à nos mères en reconnaissant qu'elles ont fait de leur mieux dans un système qui les a également opprimées. Pardonner, c'est reconnaître que, comme nous, elles ont été blessées par ce système. C'est décider de ne plus être prisonnières des attentes et des croyances limitantes qui nous ont été imposées. C'est s'autoriser à écrire une nouvelle histoire, dans laquelle nous pouvons, en tant que femmes, être pleinement aimées, puissantes, et libres. En guérissant cette blessure, nous

39. En référence à William Shakespeare, *La Mégère apprivoisée*, Magnard, 2019.

reprenons collectivement notre pouvoir, pour nous-mêmes et pour les générations futures.
Le pardon nous reconnecte à notre essence profonde, à notre potentiel infini, et nous permet de créer des relations basées sur l'authenticité et l'amour, plutôt que sur la peur et la domination.
C'est ce que j'ai fait en reconnaissant d'abord ma blessure de mère. Pendant des années, j'étais focalisée sur les comportements de mon père. Pendant des années, j'ai surtout essayé de « sauver » ma mère. Je n'avais jamais imaginé que ses blessures non guéries puissent être à l'origine des miennes. Cette prise de conscience a été très violente et je me suis sentie tellement déloyale de lui en vouloir à elle. Elle que je voyais comme une victime fragile et impuissante.

Briser le cycle de la famille dysfonctionnelle

En travail de constellations familiales, j'ai choisi une personne pour représenter ma mère. Ou plutôt la partie violente de ma mère. Je l'avais vue se manifester pour se défendre des agissements de son mari. Mais je n'avais jamais percuté qu'elle s'était exprimée avec moi. J'ai pris un temps pour laisser émerger les émotions et les mots pour les véhiculer et je me suis adressée à cette femme, représentante de la violence de ma mère. J'ai fini en larmes de soulagement et de libération. Le lendemain, c'était l'anniversaire de ma mère, justement. Et je lui ai envoyé le message suivant :

Bon anniversaire maman ! Je voulais te dire que je t'aime profondément. Il y a une théorie qui dit qu'on apprend à aimer dans les bras d'une mère. Et je te remercie, car ta douceur, ta tendresse et tes câlins ont rempli mon réservoir d'amour.
Hier soir, j'ai pratiqué un rituel de coupure de lien avec ta part de violence. Et je t'ai rendu la violence de ne pas nous avoir protégés de la violence. Je t'ai rendu la violence que j'ai ressentie de te voir te laisser maltraiter. La violence de tes regrets de femme. Je t'ai rendu la violence de m'avoir appris l'impuissance. Et que la seule réaction face à l'impuissance, face à la violence était la violence elle-même (lancer d'assiettes dans la cuisine, violence retournée contre soi-même avec des symptômes plus ou moins handicapants).
Cette violence, je l'ai retournée contre moi souvent quand je me sentais impuissante et dépossédée. Cette violence, je l'ai dirigée contre mes fils quand je me sentais impuissante.

Je te rends la violence de la soumission, de la dévalorisation de soi et de l'acceptation de l'abus. Et je choisis une autre voie, celle de me reconnecter à ma puissance et de trouver une autre voie d'expression que la violence. C'est un processus. Je suis en chemin et c'est aussi grâce à toi.
Je te rends la responsabilité de ta part de violence et d'impuissance et je reprends ma responsabilité de rompre ce cycle.
Je souhaite garder uniquement le fil d'or d'amour inconditionnel qui nous lie. Je t'aime d'un amour profond et j'éprouve beaucoup de tendresse pour toi.
Je te remercie pour tous tes câlins, toutes tes caresses, pour toutes les fois où tu as accepté que je feigne d'être malade pour me garder à la maison et me laisser regarder des téléfilms de M6, ma tête posée sur tes genoux, accueillant tes caresses. Je te remercie pour tous les câlins, le matin dans ton lit, que j'ai eus jusqu'à un âge avancé.
Je te remercie pour tous tes allers-retours en voiture pour que je puisse faire toutes les activités.
Je te remercie pour tous les bons plats que tu nous faisais. Je te remercie pour l'amour de la lecture et de la beauté.

Je te remercie pour ton élégance, ta beauté et ton style qui m'ont donné accès une jolie facette de la féminité.
Je te remercie pour les airs de piano que tu jouais au 66 avenue Charles et dont la sensation est gravée à jamais en moi.
Je te remercie pour ta lumière qui ne s'est jamais éteinte et qui est toujours bien présente.
Je te remercie pour tes chants et tes rires.
Je te remercie pour l'amour.
Je te souhaite beaucoup de douceur et de joie.
Je t'aime ♡♡♡♡
Happy birthday !

Sa réponse :

Merci ma chérie, ma fille adorée, tu me fais du bien, je passe sur la violence pour ne prendre que tous les doux souvenirs, ces sensations qui réchauffent le cœur ♥. *J'espère t'entendre bientôt après ta retraite. Je t'aime tellement.*

Je crois que je n'attendais pas une autre réponse et je n'ai pas été déçue. « Très bien, gardons l'amour, alors. » Ça ne m'a pas déçue, car,

comme je vous l'ai dit au sujet du cycle de la famille dysfonctionnelle, nous brisons le cycle avant tout pour nous et pour nos enfants.
J'ai accepté l'idée que mes parents pensent qu'il est trop tard pour eux pour guérir ou bien qu'ils n'aient pas la force d'aller déterrer les monstres cachés sous le tapis.
Un jour, j'ai compris que, même si mes parents m'avaient fait souffrir, ils ne pouvaient pas guérir ma douleur actuelle. J'ai pris conscience que je devais être celle qui décide de l'histoire que je veux raconter à partir de maintenant. Oui, j'ai eu des parents imparfaits, des expériences difficiles, mais en tant qu'adulte, je peux choisir de ne plus être définie par ce passé.
J'ai les mêmes mains que ma mère...
Mais ma mère n'est que ma mère, je ne suis que sa fille. Je ne suis que la mère de mes enfants et ils ne sont que mes enfants. Cette phrase m'a tellement libérée, le jour où elle m'a été soufflée.
J'aime cette idée que la maternité et la filiation ne nous assignent pas à résidence.
J'aime l'idée que ma mère m'ait transmis un physique qui a souvent joué en ma faveur, la reconnaissance et la recherche de la beauté, des arts et de l'élégance, l'accès à la tendresse, l'amour de la lecture et de la connaissance, ainsi qu'un instinct de survie joyeux très fort.
J'aime aussi l'idée de m'être construite dans ses défaillances, ses empêchements, ses dénis et ses renoncements en tant que femme. En effet, avant d'être ma mère, elle est une femme. Et elle est aussi la fille de sa mère, laquelle ne fut aussi « que » sa mère...
C'est cette femme là que mon âme a choisi pour être ma mère dans cette vie là. Parce que j'avais des choses à apprendre, comprendre et travailler. C'est grâce à cette femme là que je me libère et libère d'autres femmes de cycles d'oppression et de soumission.
J'aime l'idée de transmettre à mes enfants deux ou trois choses importantes et j'aime encore plus leur offrir la capacité de se libérer un peu plus, à partir de mes propres failles.
J'aime l'idée d'aimer être avec mes enfants, non pas parce qu'ils sont « mes » enfants, mais parce que j'aime être avec ces humains là.
J'accepte aussi l'idée qu'ils deviendront ce qu'ils doivent devenir, grâce et à cause en partie de moi et, surtout, indépendamment de moi.

Rompre les chaînes de la rancœur : guérir les blessures familiales et transgénérationnelles

Une séance d'hypnose

Un jour, en séance d'hypnose transgénérationnelle, une image très forte m'est venue. J'ai vu et j'ai ressenti au plus profond de mes entrailles une grande chaîne qui nous liait, mon père, sa mère, la mère de sa mère. Nous étions tous reliés par le nombril par des barreaux de prison en acier. Je sentais la froideur de l'acier contre ma peau. C'était comme si une chaîne me tirait en arrière, m'empêchant de me lever pleinement. Comme si, à chaque maillon de cette chaîne, une partie de ma propre énergie vitale était absorbée par la douleur de mes ancêtres. Pendant un temps indéterminé, j'ai fourni un travail émotionnel très fort avec chacune des parties représentées. Je les informais que je choisissais de me libérer du barreau en acier, vecteur de souffrances, et que je ne souhaitais garder qu'un fil d'amour inconditionnel entre nous tous. À mesure que je travaillais avec ces liens, une chaleur a commencé à se répandre dans mon ventre, comme si quelque chose en moi se réchauffait et guérissait. Quand j'ai enfin visualisé ces liens se dissoudre, j'ai ressenti un profond soulagement dans tout mon corps, comme si je m'étais détachée de la chaîne de souffrance et que je restais attachée à cette lignée par un fil de lumière d'amour éternel. Dans mon expérience hypnotique, je voyais bien qu'ils avaient l'air soulagés, mais eux restaient avec leur lien de douleur.

En revenant de cette hypnose, j'ai éprouvé beaucoup de compassion pour mon père et ma grand-mère, qui a été une vraie figure toxique dans ma vie, indirectement par l'emprise qu'elle avait sur mon père et directement dans les interactions que nous avons pu avoir de son vivant.

Compassion et amour envers mes ascendants

J'ai pensé très fort à Pauline, mon arrière-grand-mère juive roumaine, qui avait fui les pogroms de la fin du XIXe siècle avec son mari pour venir se mettre en sécurité à Paris, la ville des Lumières. C'est dans la capitale que ma grand-mère est née en 1920. Mes arrière-grands-parents ont joué la carte de l'intégration à fond. Leurs enfants sont nés en France, sont allés à l'école et sont devenus d'honnêtes travailleurs et citoyens français. Ils vivaient dans le

18e arrondissement à côté de nombreuses familles juives immigrées. Des photos que j'ai vues, ils avaient l'air très joyeux et unis. Une jolie famille.

Odette, ma grand-mère, avait vingt-deux ans quand ses parents ont été raflés sous ses yeux par la police municipale, le 28 septembre 1942. À deux minutes près, elle faisait partie du convoi n° 38 de Drancy à Auschwitz. Elle ne reverra jamais ses parents bien-aimés. Elle ne s'est jamais remise de ce traumatisme. Elle a survécu. Elle a quand même réussi à construire une famille. Elle a eu mon père, fils unique, qu'elle a aimé autant qu'elle l'a abandonné. Elle a entretenu une relation fusionnelle avec sa sœur et ses frères survivants.

Mon père m'a raconté que, lorsqu'il avait onze ans, il vivait quasiment seul dans leur studio, car son père était presque tout le temps parti pour son travail et sa mère habitait dans l'appartement de sa sœur. Les deux femmes dormaient ensemble. Elle a continué à fonctionner, mais son âme était morte depuis cette rafle. Elle avait beaucoup d'humour, mais son humour sarcastique était plutôt une arme pour blesser. Elle régnait. Elle maniait la culpabilisation, le chantage affectif, le sarcasme et la possessivité de main de maîtresse. Je pourrais écrire un livre entier sur Odette. Odette, ça rime avec Poupette. Elle était pourtant l'antithèse de la mamie sympa de Vic dans *La Boum*.

J'ai donc pensé très fort à Odette, multitraumatisée. J'ai pensé à tous mes ancêtres qui ont au moins connu deux grandes guerres, des déracinements, des viols de guerre, des viols ordinaires. Tous ces enfants et adolescents, meurtris dans leur chair, arrachés à leur mère, tabassés par des pères devenus fous, alcooliques ou les deux après la guerre, abandonnés par des mères dépressives qui ne se sont jamais remises de leurs pertes.

Et j'ai ressenti une vague de compassion et d'amour m'envahir. Alors que j'écris ces mots, les larmes troublent ma vue. Si, parmi les anciens, certains ont trouvé les ressources pour activer leur résilience et ne pas trop répercuter leurs traumas sur leurs enfants, si certains ont trouvé des réponses aidantes dans la psychanalyse et la philosophie, comme ce cher Viktor Frankl[40] ou ce cher Boris Cyrulnik[41], beaucoup ont juste essayé d'avancer tant bien que mal ou de prendre

---

40. Viktor Frankl, *Découvrir un sens à sa vie grâce à la logothérapie*, Les Éditions de l'Homme, 1988 (1re édition).

41. Boris Cyrulnik, *Les Vilains Petits Canards*, Odile Jacob, 2001 ; *Sauve-toi, la vie t'appelle*, Odile Jacob, 2012.

une revanche sur la vie, en réussissant socialement, sans pour autant guérir de leurs blessures.
J'ai alors pensé très fort à mon père, fils de cette mère traumatisée devenue toxique et de ce père souvent absent et abandonnique. Ce garçon qui dormait seul dans un studio à l'âge du collège. J'ai pensé à cet enfant, obligé de faire des détours pour rentrer chez lui, afin d'éviter de croiser les épiciers créanciers des dettes de son père qui « oubliait » d'envoyer l'argent pour manger. J'ai compris ses failles narcissiques, la honte d'être pauvre, la frustration de faire partie des invisibles de la société. En l'écoutant se raconter, j'ai compris les blessures émotionnelles à l'origine de son fonctionnement. Et j'ai choisi de lui rendre son histoire et de garder l'amour.

J'ai choisi de poser les valises...

Quand j'ai découvert les notions d'hypersensibilité, de haut potentiel intellectuel (HPI) et de trouble déficit de l'attention avec ou sans hyperactivité (TDAH ou TDA), au moment où mes enfants et moi avons été diagnostiqués, j'ai compris les ravages que cette méconnaissance avaient pu avoir sur la construction psychique de mon père. Comment il n'a pas été accompagné dans le développement de son potentiel, comment il a dû affronter des relations dont il n'avait pas le mode d'emploi, comment la scolarité a pu casser son estime de lui. Tout un environnement qui a pu favoriser la bascule vers un dysfonctionnement et des conséquences psychiques et relationnelles négatives.
Ces chaînes invisibles, nous les portons tous. Elles nous lient à nos parents, à nos grands-parents, à ces histoires non racontées, non guéries. C'est comme si nous marchions avec des valises remplies de souffrance qui ne sont même pas les nôtres. Et tant que nous ne faisons pas le choix de les poser, nous continuons à marcher en nous traînant, épuisées. Moi, j'ai choisi de poser les valises. C'est un choix. C'est ça, pardonner.
Viktor Frankl a été une source d'inspiration dans ce cheminement. Il disait : « Tout peut être pris à un homme, sauf une chose : la dernière des libertés humaines – choisir son attitude dans n'importe quelles circonstances, choisir sa propre voie. » Ses mots m'ont montré que, même dans la souffrance, nous avons le pouvoir de choisir.
Frankl disait aussi : « Quand nous ne sommes plus capables de changer une situation, nous sommes mis au défi de nous changer nous-mêmes. » Ce pardon a marqué un tournant dans ma vie. Ce n'était

pas un acte de faiblesse, mais de force. Pardonner, c'est rendre à l'autre ses responsabilités, son histoire, et choisir que cela n'aura plus d'impact sur qui je suis ou sur ma valeur.

Je ne suis plus sous l'emprise de cette histoire. Je vis désormais une vie qui me ressemble, avec des émotions et des valeurs qui me correspondent. En refusant de ressentir la haine ou la rancœur, je ne laisse plus personne avoir ce pouvoir sur moi.

La lecture de Frankl a été un électrochoc pour moi. J'étais alors enfermée dans mon rôle de victime, avec une estime de moi au plus bas. Ce livre m'a poussée à reprendre mon pouvoir et à sortir de cette répétition interminable de souffrance. Sortir de l'emprise du passé, et retrouver une liberté émotionnelle et spirituelle plus grande.

Pardonner, ce n'est pas absoudre ni tout accepter. C'est choisir de ne plus être prisonnière, de ne plus être définie par ce qui s'est passé. En coupant ces chaînes de souffrance transgénérationnelle, j'ai compris que je ne faisais pas que me libérer : je libérais aussi mes enfants de ce cycle. Chaque acte de guérison que j'entreprends aujourd'hui est une promesse silencieuse à mes fils et ma fille que leur héritage sera plus léger que celui que j'ai porté. Ce pardon a été la clé de ma guérison et de ma libération.

J'ai appliqué la démarche du pardon à toutes les personnes qui m'ont blessée dans ma vie et ça m'a tellement libérée. Un jour, il y a eu un moment de grâce. J'ai reçu un message Facebook de l'un de mes premiers petits copains, celui qui m'avait giflée devant tout le collège et qui, à plusieurs reprises, n'avait pas été très tendre avec moi. Vingt ans plus tard, sorti de nulle part, il m'écrivait pour me dire qu'il faisait un travail sur lui-même et qu'il était important pour lui de me demander pardon pour ce qu'il m'avait fait à l'époque de notre adolescence. En lisant ses mots, j'ai pleuré toutes les larmes de mon corps. C'était beau. C'était doux. Il reconnaissait enfin la gravité de ses actes et comprenait à quel point ce n'était ni juste ni respectueux.

Je lui ai répondu simplement : « Merci pour tes mots qui réchauffent mon cœur. Je voulais que tu saches que je t'ai pardonné depuis longtemps. Je te souhaite de te pardonner à toi-même. »

J'ai choisi de pardonner. Cela ne signifie pas oublier ni faire comme si de rien n'était. Pardonner ne veut pas dire laisser l'autre continuer à nous blesser. Comme j'aime le dire à mes clientes : « Pardonner n'est pas un "chèque en blanc" pour que l'autre continue à nous faire caca sur la tête. » On peut pardonner tout en posant des limites fermes et choisir de la poursuite ou non de la relation.

Ce pardon, je ne l'ai pas fait pour eux, mais pour moi. Je ne pouvais pas changer ce que mes parents avaient fait, ce que mes ex avaient fait, mais je pouvais changer ma manière d'y répondre. Il ne s'agit pas d'effacer la douleur ou d'excuser leurs actes, mais de reprendre mon pouvoir, ma liberté. J'ai choisi de les considérer avec compassion, de reconnaître qu'eux aussi menaient leurs propres luttes. J'ai ouvert mon cœur pour les relier à l'humanité commune et j'ai choisi de voir en eux le petit garçon et la petite fille victimes des blessures et des schémas de leurs parents et de leurs parents avant eux.

Le rituel du pardon

Le pardon est un processus puissant et, dans mes retraites thérapeutiques, nous abordons cette guérison de manière profonde, en impliquant non seulement l'esprit, mais aussi le corps et les émotions. Lorsque vous êtes guidée et soutenue, ces expériences peuvent être profondément libératrices. Cependant, pour commencer votre cheminement vers le pardon, voici un exercice que vous pouvez faire seule chez vous. Ce rituel est simple, mais déjà très efficace pour entamer cette guérison.

Créez un espace sacré : choisissez un endroit calme où vous ne serez pas dérangée. Allumez une bougie ou brûlez de l'encens, créez une atmosphère paisible qui vous invite à l'introspection.
Visualisation : fermez les yeux et imaginez la personne à qui vous souhaitez pardonner (cela peut être un proche ou vous-même). Visualisez-la debout devant vous. Prenez le temps de ressentir pleinement toutes les émotions qui vous traversent : la colère, la tristesse, le ressentiment, sans jugement.
Exprimez-vous : mentalement ou à voix haute, dites à cette personne tout ce que vous avez sur le cœur. N'ayez pas peur d'exprimer votre douleur, vos reproches, mais aussi vos espoirs de guérison. Vous pouvez dire des phrases comme : « Je te pardonne pour tes actions passées. Je comprends que tu avais tes propres blessures et tes propres luttes. »
Libération énergétique : imaginez une corde invisible qui vous relie à cette personne, un lien qui représente les blessures partagées. Visualisez cette corde se dissoudre progressivement, transformant la douleur en lumière. Vous ne rompez pas le lien d'amour, mais vous libérez la douleur qui vous unit.

Affirmation de pardon : pour ancrer cette expérience, répétez à voix haute ou dans votre tête une affirmation de pardon comme : « Je choisis de pardonner. Je me libère de cette douleur et je récupère mon pouvoir. »
Émotion corporelle : placez vos mains sur votre cœur et ressentez la libération. Respirez profondément. Si des larmes viennent, laissez-les couler. Accueillez toutes les émotions sans résistance.

Cet exercice est un premier pas vers la libération. Bien sûr, dans mes retraites, nous allons beaucoup plus loin en travaillant avec le corps, les émotions et des pratiques spécifiques qui permettent des transformations encore plus profondes. Mais commencer ce processus vous permettra de vous ouvrir à ce chemin de guérison.

PARTIE 3

Décoder ses schémas relationnels

CHAPITRE 10
Le rôle de l'inconscient dans le choix des partenaires

Quand mon inconscient et moi-même allons à un *date*, le spectacle commence...

Un jour, j'ai enfin compris pourquoi j'allais systématiquement chercher des partenaires avec un style relationnel évitant, venant confirmer ce magnifique proverbe si mal compris et utilisé : « Suis-le, il te fuira. Fuis-le, il te suivra. »

Les personnes anxieuses et évitantes sont souvent attirées l'une par l'autre en raison de leurs dynamiques complémentaires qui, bien que potentiellement toxiques, répondent à des besoins inconscients.

L'anxieuse recherche constamment la validation et la proximité, espérant que la personne évitante finira par s'ouvrir et la sécuriser émotionnellement. Elle est habituée à se battre pour obtenir de l'attention, ce qui renforce ses croyances sur les relations. J'ai été comme cela pendant des années.

Les personnes avec un style d'attachement évitant tendent à valoriser l'autonomie, tandis que la recherche de proximité émotionnelle des personnes avec un style d'attachement anxieux renforce la distance émotionnelle chez l'évitant. Elle peut rester dans sa zone de confort en ne répondant que partiellement aux besoins émotionnels de l'autre, ce qui évite de s'engager pleinement.

L'anxieuse poursuit pour obtenir de l'affection, tandis que l'évitante se retire pour préserver son indépendance. Cette dynamique crée une intensité et une passion très souvent dysfonctionnelles. Chacun espère inconsciemment réparer des blessures anciennes. L'anxieuse espère guérir son sentiment d'abandon, tandis que l'évitante tente de valider son besoin d'autonomie tout en restant connectée.

N. B. : si vous vous forcez à appliquer la stratégie du « fuis-le, il te suivra », vous risquez d'y perdre des plumes. Cette stratégie joue sur des schémas archaïques de blessures de rejet et d'abandon. Le partenaire est à fond, car il veut gagner la queue du Mickey ou plutôt la culotte de Minnie. Mais, une fois qu'il a gagné, il se désintéresse et va chercher un autre challenge. Même si elle peut fonctionner au début, cette stratégie n'est pas payante à long terme.

Si j'ai bien appris une chose après des années d'introspection, c'est que nous croyons toujours choisir en adultes responsables. Or, c'est complètement ignorer qui est le vrai boss dans notre vie : l'inconscient. C'est lui qui pilote à 90 % toutes nos pensées, nos émotions, nos actions et nos réactions. Et puis des trucs un peu vitaux comme respirer sans y penser, digérer même la pire des malbouffes et gérer les excès d'alcool sans tomber raide. Il faut manquer sacrément d'humilité ou de connaissance pour croire que l'on agit « en toute conscience ».
Le film *Vice-versa*[42] explique à merveille cet univers interne qui nous dirige comme des marionnettes. Toutes ces transactions, ces arbitrages, ces décisions pour nous maintenir en vie. Mais pas que.

L'inconscient a toujours une bonne intention

Ce qu'il faut comprendre, c'est que, quand nous croyons choisir selon nos désirs, notre inconscient choisit, lui, en fonction de ce dont nous avons besoin pour guérir, avancer, évoluer et nous aimer encore plus. Car, oui, l'inconscient a une intention positive, même quand il semble nous mener droit dans le mur.

D'un point de vue scientifique, l'inconscient est un vaste domaine du cerveau où se déroulent des processus automatiques et complexes tels que la régulation émotionnelle, le traitement de l'information, et la formation des habitudes. Il stocke des souvenirs et des connaissances, influençant nos décisions et nos jugements sans que nous en soyons conscients.
Spirituellement, l'inconscient est souvent vu comme une source profonde de sagesse et de guérison, abritant des intuitions, des rêves et des émotions enfouies. Il agit comme un pont vers des dimensions supérieures de l'existence, facilitant la connexion avec le divin et soutenant l'évolution de l'âme à travers ses incarnations. Son but ultime ? Nous mener à une plus grande intégrité, authenticité et harmonie intérieure.
En relation avec l'intention positive de l'inconscient, voici un autre de mes mantras préférés :

Gam zou letovah.

42. Pete Docter et Ronaldo Del Carmen, *Vice-versa*, Walt Disney Pictures, Pixar Studios, 2015.

Il s'agit d'une expression hébraïque signifiant « Cela aussi est pour le bien », qui incarne un principe spirituel profond du judaïsme. Cette expression, attribuée au sage Nachum Ish Gamzu[43], enseigne que chaque événement, qu'il soit perçu comme positif ou négatif, a une raison d'être et un bénéfice caché.
Cette philosophie invite à adopter une perspective pleine de foi et de sens, même face à l'adversité. Elle encourage à voir au-delà des apparences immédiates et à chercher les leçons ou les aspects positifs dans chaque situation. En croyant que tout ce qui arrive a un sens, on peut trouver une source de réconfort et de résilience. Cela implique une confiance profonde en notre inconscient, en notre sagesse intérieure, en notre intuition, en Dieu, en l'Univers, en la Nature, en les fées, en les anges ou en les elfes de maison, selon les croyances de chacune. Cela ne se limite pas aux croyances religieuses. C'est croire en une force intangible qui orchestre les événements pour un bénéfice ultime, même si ce bénéfice n'est pas immédiatement visible. Cette croyance, qui n'engage que moi, m'aide à trouver une paix spirituelle et me permet de traverser les défis de la vie avec gratitude, au moins pour la leçon apprise et l'opportunité de guérir mon âme. En embrassant cette croyance, j'ai transformé les épreuves en opportunités de croissance et de compréhension, renforçant ainsi mon lien avec le divin et ma capacité à voir la lumière même dans les moments d'obscurité.
Pour illustrer le rôle de notre inconscient dans le choix d'un partenaire, j'ai imaginé une scène que j'ai appelée : « Mon inconscient et moi-même allons à un *date*. »

Mon conscient – Hmmm, le mec est beau. *(Check.)* Sexy. *(Check.)* Il a un sourire mystérieux et des yeux de braise. (*Check.*) Ah ? Il a fait les Mines ? Ingénieur ? Dentiste ? Médecin ? Self-made man ? Oh yeah ! (*Check.*) Hmmm, je perçois une certaine sensibilité, comme une fragilité. C'est mignon. (*Check.*) Il aime voyager. (*Check.*) Il sait qui est James Ingram[44]. (*Check.*) Il s'attendrit devant une maman avec une poussette. Il aime les enfants. (*Check.*)

---

43. Nachum Ish Gamzu était un sage juif qui vécut au Ier siècle de notre ère. Il est célèbre dans la tradition juive pour sa foi et son optimisme inébranlables.
44. James Ingram (1952-2019) était un chanteur et compositeur américain de soul et de R & B, connu pour des hits comme « Just Once » et « I Don't Have the Heart ». Il fut lauréat de deux Grammy Awards.

Mon inconscient - Hmmm, il est très abîmé. (*Check*.) Il est bipolaire, probablement, ou pervers narcissique. (*Check*.) Il a l'air dépressif. (*Check*.) Il ne veut pas s'engager, car il n'a pas trouvé *la* femme. (*Check*, double *Check*.) Il a une relation fusionnelle avec sa mère ! (Triple *Check* !) Elle va s'épuiser à lui montrer qu'elle est *la* bonne. (*Check*.) Il vient de mater le cul d'une mère de famille qui pousse une poussette. Risque d'infidélité +++. (*Check*.)
C'est génial ! Bingo ! On a tiré le gros lot ! Il va appuyer directement sur ses blessures. (*Check* !) C'est de lui que nous avons besoin pour qu'elle souffre encore un peu plus, pour qu'elle se prenne un mur encore une fois et finisse, peut-être, par comprendre la leçon. L'autre n'est que le reflet de toutes les blessures que nous avons à soigner. Un très bon cheval, celui-là, nous misons sur lui. C'est peut-être grâce à lui qu'elle va comprendre qu'il faut qu'elle :

- arrête de chercher son père ;
- reconnaisse son schéma relationnel pour comprendre qui pilote vraiment et mette en lumière ses blessures et ses projections ;
- choisisse de guérir ses blessures (combien de temps va-t-elle se confronter à l'abus, au rejet et à l'abandon ?) ;
- soigne et reprogramme son système nerveux pour sortir de ses traumas d'enfance ;
- apprenne à s'aimer et à être complète et intègre ; qu'elle devienne pour elle-même à la fois cette mère et ce père suffisamment bons ; bref, qu'elle s'aime ! ;
- casse définitivement ce cycle toxique et libère celles et ceux qui suivront.

L'inconscient est notre meilleur allié déguisé en emmerdeur professionnel. Il veut notre bien, même quand ça fait mal. Son objectif ? Nous pousser à évoluer, à briser nos vieux schémas, à grandir et, finalement, à nous aimer pour de vrai.

Mon inconscient - Hâte de voir le spectacle. Fais péter les popcorns Marcel, c'est parti mon kiki ! Envoie le regard intense et la moue souriante, un peu timide et espiègle à la fois. Tu sais, cette mimique qu'elle maîtrise à la perfection ? Nous allons embrasser le gaillard ! Et peut-être même coucher dès le premier soir, afin de sécuriser la place de spectacle aux premières loges.

Un jour, des années après ce *date* catastrophe, j'ai fait un *date* conscient. Cette fois, j'ai écouté cette petite voix intérieure qui me disait : « Oui, il est calme, mais ce n'est pas de l'ennui. C'est de la sérénité. » Et j'ai décidé de choisir cette paix plutôt que le chaos. Cela n'a pas été facile au début. Mon corps, habitué à la course émotionnelle, réclamait des montagnes russes. Mais, petit à petit, j'ai appris à apprécier ce calme, à le voir comme un espace où je pouvais enfin être moi-même, sans masque. Je fête aujourd'hui les cinq ans de relation avec ce *date* qui est devenu mon mari. Le quatrième (et dernier, j'espère).

CHAPITRE 11
Reconnaître l'odeur du poison

Les *red flags* : *Alerte à Malibu* des relations

Si vous n'êtes pas en retraite monastique, rangée des voitures de la rencontre amoureuse, vous connaissez sûrement ce moment, ce frisson qui vous parcourt quand vous rencontrez quelqu'un qui vous plaît vraiment. Votre cœur s'emballe un peu plus vite et, sans trop savoir pourquoi, vous vous surprenez à minauder comme une adolescente devant le nouveau du collège. Soudain, le monde semble plus léger, presque irréel, comme si vous flottiez dans une bulle. Vous restez éveillés toute la nuit à discuter de tout et de rien, à vous plonger dans chaque détail de sa vie, à décortiquer chaque nuance de sa personnalité. Et lorsque vous vous séparez, vous vous surprenez déjà à rêver du prochain moment où vous le reverrez.
Combien de fois ai-je ressenti cette euphorie ? Combien de fois me suis-je sentie électrisée, grisée, voire fascinée ? Ces premières semaines où tout semble possible, où chaque mot échangé est un pas de plus vers un futur radieux... C'est là que les choses deviennent intéressantes. Parce que cette excitation, ce bonheur exalté, ce n'est pas juste une illusion romantique. C'est votre corps qui travaille dans l'ombre. Vos hormones, votre cerveau, tout est en train de vous pousser dans les bras de cette personne. Et c'est là que réside le piège. En effet, dans cet état de grâce, votre cerveau fait un truc assez vicieux : il brouille les pistes. Il minimise les petites choses qui clochent et vous aveugle avec ce qui brille.
Et il y a une bonne raison à cela. Nous sommes conçus pour nous lier aux autres êtres humains, ce qui est essentiel à la survie de l'espèce. Votre corps travaille donc en sous-marin, orchestrant un cocktail hormonal puissant. Phényléthylamine, dopamine, ocytocine[45]... : tout est conçu pour vous faire ressentir cette exaltation et vous pousser à vous lier à l'autre.
Mais voici le hic : sous l'effet de ces hormones, votre cerveau altère votre jugement. Ces hormones ne sont pas là pour évaluer objectivement la situation, mais pour vous entraîner dans cette nouvelle

45. Dr Michel Odent, *L'Amour scientifié : Les fondements biologiques de l'amour*, Le Hêtre Myriadis, 2016.

relation. Elles minimisent les signaux d'alerte et maximisent les sensations positives. Ce phénomène vous aveugle parfois face à des comportements que vous auriez dû remarquer dès le départ : les fameux *red flags*. Vous savez, ces petites alarmes qui résonnent dans votre tête, mais que vous préférez ignorer en vous disant : « C'est pas si grave » ou encore « Avec moi, il va changer ».
Comme je le dis toujours à mes clientes avec l'élégance et la poésie que l'on me reconnaît : « Vous pouvez toujours vous persuader que la merde est du chocolat... mais elle aura toujours l'odeur et le goût de la merde. Alors autant reconnaître la différence tout de suite, ça vous évitera une indigestion émotionnelle plus tard. »
Ce qui est encore plus pernicieux, c'est que si vous traînez des blessures d'enfance non guéries ou si votre style d'attachement a été façonné dans un environnement dysfonctionnel, ces *red flags* deviennent encore plus difficiles à repérer. Si vous avez grandi dans un climat de dévalorisation, de manipulation, ou d'instabilité émotionnelle, votre tolérance à la toxicité est souvent plus élevée que celle des personnes qui ont grandi dans des environnements sains. Dans un sens, ce type de comportements deviennent presque familiers, et vous finissez par ne plus les voir comme des alertes, mais comme des aspects normaux des relations. Votre radar à danger est déréglé.
Plus grave, si votre estime de vous-même a été profondément abîmée, vous en venez à accepter des comportements que personne d'autre n'accepterait, simplement parce que, au fond, vous croyez ne pas mériter mieux.
Alors, avant de vous retrouver avec le cœur en miettes, ou, pire, d'essayer de ramasser les morceaux de votre estime de soi, il est essentiel d'apprendre à repérer ces signaux, parce qu'au fond, les relations qui s'écroulent ne tombent pas du ciel. Elles montrent souvent des signes dès le départ, sauf que l'on refuse de les voir. J'en ai fait les frais pendant des années et je ne le souhaite à personne.

Typologies des rois à la cour du *dating*

Le roi du *love bombing* : quand c'est trop beau pour être vrai

Imaginez : il vous couvre de fleurs, de messages débordant d'amour, et, en deux semaines, il vous parle déjà de l'avenir, avec une petite maison, un jardin et peut-être même un labrador (ou deux). Sauf que voilà, si ça a l'air trop beau, c'est probablement parce que ça l'est.

Bienvenue dans le monde du *love bombing*[46], où l'on vous bombarde littéralement d'amour pour vous attacher plus vite qu'une moule à son rocher. La finalité ? Vous rendre accro, bien sûr.
C'est ce que ma patiente Clara a vécu avec Cyril. Au bout de deux semaines, il lui parle déjà d'enfants et de prénoms pour les jumeaux (qu'ils n'ont pas encore conçus, mais ça ne saurait tarder, pense-t-il). Clara, elle, se dit que c'est peut-être ça, l'amour fou, celui dont on parle dans les films. Jusqu'au jour où, à peine leur premier mois ensemble fêté, Cyril commence à lui reprocher de passer trop de temps avec ses amis, à la culpabiliser de ne pas être toujours disponible pour lui. Petit à petit, Clara se retrouve isolée et à court de fleurs, mais bien prise au piège.
Les études sur les styles d'attachement montrent que les personnes ayant un attachement anxieux sont particulièrement sensibles au *love bombing*. Elles recherchent constamment la validation et l'amour, ce qui les rend plus vulnérables aux techniques de manipulation affective[47]. Le *love bomber* exploite ce besoin en projetant une image d'amour parfait et immédiat, ce qui répond précisément aux insécurités émotionnelles de la personne anxieuse. Mais, une fois le lien créé, le *love bomber* commence à retirer progressivement cette affection pour instiller le doute et instaurer un climat de contrôle.
Si, au bout de trois rendez-vous, il vous promet monts et merveilles, et que vous entendez une petite voix intérieure vous murmurer : « C'est un peu rapide, non ? », écoutez-la. Cette petite voix est souvent plus sage que l'avalanche de compliments. Comme dirait mon copain Didier : « *No emballing!* »

Le roi des montagnes russes émotionnelles : chaud, froid, et on repart

Et puis, il y a les relations où vous ne savez jamais sur quel pied danser. Un jour, c'est l'amour fou, et le lendemain, c'est le désert émotionnel. Vous vous retrouvez à tenter de comprendre ce que vous avez fait de mal, alors que la vérité est simple : vous êtes sur des montagnes russes émotionnelles. Ce genre de relation ressemble à un mauvais parc d'attractions où vous n'avez pas payé pour le billet,

46. Section sur le trouble de la personnalité narcissique de l'Association américaine de psychiatrie, *DSM-5-TR Manuel diagnostique et statistique des troubles mentaux, texte révisé*, Elsevier Masson (2023).
47. C. Hazan, P. Shaver, "Romantic love conceptualized as an attachment process", *American Psychiatric Association*, 1987, 52(3):511-24.

mais où vous vous retrouvez à faire des tours de manège sans fin. Aurélie connaît bien cette histoire. Avec Marc, tout allait à merveille : il la couvrait de tendresse, l'invitait à dîner, la faisait se sentir unique. Et puis, du jour au lendemain, il disparaissait, sans explication. Un petit message une semaine plus tard ? Rien. Deux semaines ? *Nada*. Quand il réapparaissait enfin, c'était comme si de rien n'était, avec de grands gestes d'amour, et Aurélie retrouvait l'illusion du bonheur… jusqu'à la disparition suivante.

Les personnes ayant un attachement anxieux développent une dépendance à ces fluctuations d'affection. Elles sont attirées par les relations où elles doivent « gagner » l'amour de l'autre, car cela correspond à leur expérience passée de l'amour conditionnel. Ainsi, même si la relation est chaotique et douloureuse, elles finissent par y rester, espérant toujours que le prochain moment de tendresse durera plus longtemps.

Ce comportement est hautement dangereux, parce que ces phases d'absence vous plongent dans une addiction émotionnelle[48]. Oui, c'est comme une drogue. Vous attendez avec impatience le prochain moment de tendresse quand il arrive, c'est comme une décharge d'endorphines. Sauf que vous êtes coincée dans un cycle épuisant.

Si vous commencez à vous demander tous les jours si vous allez avoir droit à l'amour ou à l'indifférence, il est temps de descendre de ce manège. Et rappelez-vous : une relation saine ressemble plus à une promenade qu'à des montagnes russes.

Le roi des caméléons : s'il est tout à la fois, qui est-il vraiment ?

Il semble sorti tout droit de vos rêves. Vous adorez le jazz ? Oh, quelle coïncidence, il est fan de Miles Davis. Vous aimez le yoga ? Évidemment, il a découvert le yoga vinyasa avant même que ce soit à la mode. C'est presque trop parfait… et pour cause : c'est un vrai caméléon, qui s'adapte à tout ce que vous aimez pour mieux créer l'attachement.

C'est exactement ce qu'a vécu Alexandra. Elle pensait avoir rencontré l'homme idéal. Romain avait tout bon : mêmes goûts musicaux, mêmes opinions politiques, mêmes rêves d'évasion. Sauf qu'au fil du temps elle a remarqué que ses opinions changeaient bizarrement selon les gens qu'il fréquentait. Avec ses amis, il était un fervent défenseur de la méditation, avec ses collègues, c'était le roi de l'apéro. Bref, il

48. B. F. Skinner, *The behavior of organisms: an experimental analysis*, Appleton-Century, 1938.

n'avait pas de véritable personnalité, juste une capacité à s'adapter pour plaire à tout le monde.

Avec un caméléon, vous ne saurez jamais qui il est vraiment. Parce qu'il n'y a personne à découvrir. Et, pire encore, derrière cette façade se cache souvent une insécurité profonde ou une stratégie de manipulation.

Les personnes ayant un style d'attachement anxieux sont particulièrement sensibles à cette dynamique. Elles recherchent désespérément une connexion émotionnelle profonde et une validation constante. Le caméléon, en se montrant comme l'incarnation parfaite de leurs désirs, devient irrésistible. Mais ce « *perfect match* » n'est qu'une illusion, une stratégie visant à maintenir l'autre dans la relation ou à « acheter l'amour ».

Pour une personne à la recherche de réassurance émotionnelle, ce genre de comportement peut être particulièrement addictif. Vous êtes constamment en train de vous demander comment quelqu'un peut être « tellement en phase » avec vous. Mais cette phase idyllique cache souvent un vide intérieur.

Parfois, le roi caméléon n'essaie pas de vous dominer mais a tellement peur du rejet et de l'abandon qu'il s'adapte sans cesse, en mode Barbapapa. Au fil du temps, le roi des caméléons devient agaçant. Vous comprenez que vous êtes dans une relation où il ne prend jamais position, ne montre jamais son véritable visage. Cette capacité à porter des masques en permanence finit par épuiser la relation devenue superficielle et frustrante. Même si vous essayez de l'encourager à être lui-même, il reste piégé par sa peur du rejet ou son besoin de contrôle.

Si vous avez l'impression que tout est trop aligné, posez-vous la question : est-ce vraiment une connexion authentique ou juste quelqu'un qui sait comment vous charmer en jouant un rôle, parfois même sans le vouloir ? La vie n'est pas un miroir, et une relation saine, c'est deux personnes avec leurs différences, pas une copie parfaite.

Les signaux à surveiller dès le début ne sont pas là pour vous alarmer à outrance, mais pour vous rappeler qu'une relation équilibrée, saine et authentique ne se construit pas sur des fondations instables. Alors, écoutez-vous, observez, et ne laissez pas l'euphorie des débuts vous aveugler sur des comportements qui pourraient, plus tard, se transformer en pièges émotionnels.

Le *drama king* : maître du chaos permanent

Alors lui, c'est le roi du grand spectacle. Chaque jour est une nouvelle tragédie. Une dispute avec son collègue ? Le monde s'effondre. Une réflexion désobligeante de la caissière du supermarché ? Un drame digne d'un film à suspense. Le *drama king*[49] est accro au chaos émotionnel et, s'il n'y a pas de problème, rassurez-vous, il en créera un. Vous voilà embarquée dans un tourbillon sans fin de crises familiales, de conflits avec des amis « toxiques » ou de soucis professionnels insurmontables (du moins dans sa tête).

Céline pensait avoir trouvé l'homme parfait, jusqu'à ce qu'elle se rende compte que chaque semaine ressemblait à une mini-apocalypse. Au début, elle compatissait, essayant de le soutenir face à tant de « malchance ». Mais, très vite, elle s'est retrouvée à jouer le rôle de la thérapeute à temps plein, coincée entre ses larmes, ses reproches et ses crises de colère pour des broutilles.

Le *drama king* n'agit pas au hasard. Ce type de comportement fonctionne particulièrement bien sur les personnes qui, pour une raison ou une autre, ont elles-mêmes grandi dans un environnement instable ou dysfonctionnel. Si l'enfance ou des relations passées ont été marquées par des hauts et des bas émotionnels constants, ce chaos finit par sembler normal, voire familier. Pour ces personnes, le drame devient presque une zone de confort – même s'il est destructeur.

Cela fonctionne très bien aussi avec celles qui ont un besoin profond de se sentir utiles, souvent issus d'un style d'attachement anxieux. Ces personnes ont tendance à vouloir sauver l'autre, à croire qu'elles peuvent apporter une stabilité à cette montagne de drames. Le *drama king* utilise ce besoin de validation en leur offrant des crises à résoudre, des épaules sur lesquelles pleurer, des montagnes russes émotionnelles où, de temps à autre, il les couvre d'affection pour les garder impliquées.

Ce type de personne vit littéralement pour les drames, et si vous n'avez pas signé pour une carrière de gestionnaire de crise, il est temps de réévaluer la situation. Le *drama* n'est pas une preuve d'intensité émotionnelle ni d'amour profond… c'est juste fatiguant.

49. Addict au drame : les troubles de la personnalité histrionique sont souvent à l'origine de la création constante de drames. Cf. le *DSM-5*, section sur le trouble de la personnalité histrionique (*op. cit.*, 130).

Le roi de la comparaison : l'ombre de l'ex ou... de maman

Ah, le roi de la comparaison. Toujours prêt à vous rappeler, de manière tout à fait innocente (évidemment), que vous ne faites pas tout à fait aussi bien que [insérez ici le prénom de l'ex, de la mère ou du meilleur ami]. Vous avez fait de votre mieux pour préparer un dîner aux chandelles ? « C'était délicieux, mais ma mère le fait avec un peu plus d'épices, c'est tellement meilleur. » Vous avez choisi une tenue pour un événement ? « Oh, mon ex portait toujours des robes comme ça, mais elle savait les accessoiriser un peu mieux. » Émilie a passé des mois à entendre son partenaire comparer ses moindres faits et gestes à ceux de sa mère. « Oh, elle est tellement douée pour organiser, elle cuisine à la perfection, tu devrais essayer... » Petit à petit, Émilie a commencé à douter de ses propres compétences, se demandant pourquoi elle n'était jamais *suffisamment bien*.

Le roi de la comparaison réussit particulièrement bien à manipuler les personnes qui ont un attachement anxieux, car elles ont une tendance naturelle à chercher la validation externe. Ces personnes, en quête perpétuelle d'approbation, peuvent se retrouver piégées à tenter de rivaliser avec des figures fantasmées du passé (l'ex parfaite ou la mère adorée), même si la comparaison est injuste et destructrice. Elles finissent par perdre de vue leur propre valeur, constamment en compétition avec des fantômes.

Si vous vous retrouvez en permanence comparée à quelqu'un d'autre (surtout à un fantôme du passé), arrêtez-vous. Ces comparaisons ne sont ni innocentes ni constructives. Elles servent à maintenir une dynamique de dévalorisation et de soumission émotionnelle. Et, franchement, vous valez mieux qu'un concours de la meilleure recette de couscous.

Le roi culpabilisateur : tout est toujours votre faute

Enfin, voici l'un des rois les plus pernicieux : le roi culpabilisateur. Il s'agit de la personne qui, lorsque quelque chose tourne mal dans sa vie, vous en rend responsable. Une opportunité ratée au travail ? C'est à cause du stress que vous lui avez causé. Une dispute entre vous ? Évidemment, c'est parce que vous êtes trop exigeante, trop sensible, ou trop... [complétez avec l'adjectif de son choix].

C'est le cas de Cécile, qui pensait avoir trouvé un partenaire compréhensif, jusqu'à ce qu'il commence à lui reprocher ses propres échecs. Si son entretien de travail s'était mal passé, c'était parce que Sophie lui avait « trop parlé de ses problèmes » la veille. « Si je vais mal, c'est à cause de toi. » Ce type de discours est fait pour vous faire sentir coupable de ses émotions et échecs, vous amenant à douter de vous-même et à accepter la responsabilité de problèmes qui ne sont pas les vôtres.

Derrière ce comportement, il y a généralement une profonde incapacité à faire face à ses propres failles ou insuffisances. Le « culpabilisateur » évite la prise de responsabilité personnelle parce que cela impliquerait de reconnaître ses propres limites, ce qui est souvent trop douloureux pour lui. Cela peut également être lié à des troubles de la personnalité, comme le narcissisme, où la personne ne peut tout simplement pas tolérer l'idée d'échouer ou de ne pas être parfaite. Elle projette donc la faute sur l'autre pour protéger son image d'elle-même.

Dans certains cas, ce comportement est associé à des troubles de l'attachement. Les personnes qui ont un attachement insécure (comme un attachement anxieux ou évitant) peuvent avoir du mal à gérer leurs propres émotions négatives et, par conséquent, chercher des coupables à l'extérieur pour maintenir une illusion de contrôle. Le fait de blâmer l'autre devient un mécanisme de défense pour éviter de faire face à des sentiments d'impuissance ou de vulnérabilité.

Ce type de comportement peut être extrêmement destructeur pour la relation. La partenaire du « culpabilisateur » finit par être constamment sur la défensive, cherchant à apaiser ou à corriger des problèmes qui ne sont pas de son ressort. Cela crée un climat de stress émotionnel intense, où l'autre se sent coupable de tout ce qui ne va pas. Progressivement, cela peut entraîner une dégradation de l'estime de soi, car on se retrouve piégée[50] dans cette dynamique où on est perpétuellement responsable du bien-être de l'autre.

La culpabilisation est aussi une forme de *gaslighting*[51], une technique de manipulation psychologique où l'on amène la victime à douter de sa propre perception de la réalité. Le « culpabilisateur » renverse systématiquement les torts sur l'autre, l'amenant à se sentir respon-

50. Anne Clotilde Ziégler, *Pourquoi suis-je resté.e ? Le lien traumatique au pervers narcissique : comprendre pour se reconstruire*, Solar, 2023.

51. Le terme *gaslighting* trouve son origine dans une pièce de théâtre britannique intitulée *Gas Light*, écrite par Patrick Hamilton en 1938. La pièce, ainsi que ses adaptations cinématographiques de 1940 et 1944, dépeignent un mari manipulateur qui cherche à convaincre sa femme qu'elle perd la raison en modifiant subtilement l'éclairage au gaz de leur maison et en niant ces changements, entre autres manipulations. Le terme *gaslighting* est dérivé de cette œuvre et est devenu une métaphore pour décrire ce type de manipulation psychologique.

sable de tout ce qui va mal, même quand cela n'a rien à voir avec elle. Ce comportement peut conduire jusqu'à une forme d'emprise émotionnelle.

Ces rois des *red flags* sont des maîtres dans l'art de manipuler subtilement, vous laissant soit épuisée par le *drama*, soit dévalorisée par des comparaisons injustes, ou encore prise dans une spirale de culpabilité. La clé pour éviter ces relations toxiques, c'est d'être à l'écoute de vos intuitions dès le début et de vous souvenir que vous méritez une relation saine, basée sur le respect et l'équilibre.

Les comportements toxiques qui détruisent les relations sur le long terme

Repérer les signes précoces est essentiel, mais certains comportements toxiques ne se révèlent pleinement qu'au fil du temps. Pendant mes études en thérapie familiale et conjugale, j'ai découvert une théorie de John Gottman[52] qui m'aide beaucoup à donner des repères à mes clientes pour identifier les *red flags* de comportement dans une relation.

Gottman utilise un indicateur qu'il a surnommé les « quatre cavaliers », en référence aux « quatre cavaliers de l'Apocalypse » qui annoncent la fin des temps. Il s'agit des quatre types de comportements toxiques qui, selon ses recherches, prédisent fortement l'échec d'une relation. Ces quatre cavaliers représentent des réactions émotionnelles négatives qui, lorsqu'elles deviennent récurrentes, érodent lentement la relation. Ces comportements sont souvent enracinés dans des blessures d'enfance et influencés par le style d'attachement qui façonne la manière dont les individus interagissent dans leurs relations intimes.

La critique

La critique consiste à attaquer le caractère de l'autre personne plutôt que de pointer un comportement spécifique. Elle va au-delà d'une simple plainte, en ciblant directement la personnalité de l'autre et en agissant par généralité « toujours »/« jamais ».
Par exemple : « Tu es toujours en retard, tu ne te soucies jamais de moi. » « Tu es égoïste, tu ne penses jamais aux autres. »

52. John Gottman, *The Seven Principles for Making Marriage Work*, Harmony Books, 1999.

La défensive

La défensive survient lorsque la personne refuse de prendre la responsabilité de son comportement et contre-attaque pour se protéger. Cela peut inclure des excuses excessives, la contre-critique ou la victimisation (en mode Calimero : « Personne ne m'aime ! »).
Par exemple : « Pourquoi tu me critiques ? C'est toi qui es toujours en retard. »

Le blocage (ou *stonewalling*)

Le blocage survient lorsque l'un des partenaires se coupe émotionnellement de la discussion ou de la relation. Cela peut prendre la forme de silence, de refus de répondre, ou d'une fuite physique ou émotionnelle pendant les conflits. Cela se produit souvent lorsque l'un des partenaires se sent dépassé par la situation.
Par exemple : pendant une dispute, au lieu de discuter, la personne devient complètement silencieuse, ne regarde plus son partenaire et s'éloigne, parfois littéralement.

Le mépris

Le mépris est l'un des comportements les plus destructeurs, car il implique un sentiment de supériorité vis-à-vis de l'autre. Cela peut prendre la forme de sarcasmes, de moqueries, de regards dédaigneux ou de commentaires humiliants. Il s'agit d'un puissant signal de dévalorisation.
Par exemple, dire des choses comme : « Oh, tu es tellement à l'ouest, je ne sais pas comment tu arrives à vivre sans moi », ou se moquer ouvertement des idées ou du métier de l'autre.
Le mépris est souvent le fruit d'une colère réprimée ou d'une humiliation subie dans l'enfance. Les personnes ayant vécu dans des environnements où elles se sont senties inférieures ou non valorisées peuvent, une fois adultes, chercher à reprendre le contrôle en rabaissant les autres. Un attachement désorganisé, issu d'un mélange d'amour et de rejet ou d'abus, peut également être à l'origine de ce comportement. Ces personnes oscillent souvent entre des sentiments de dépendance émotionnelle et des attitudes de domination pour éviter de ressentir leurs propres faiblesses
John Gottman a montré que ces comportements, lorsqu'ils sont récurrents, sont les signes annonciateurs d'une relation en danger. Toutefois, avec une prise de conscience et des efforts communs, il

est possible de surmonter ces schémas destructeurs et d'améliorer la qualité de la relation.

Le triangle de Karpman : quand on joue les mauvais rôles dans nos relations

Le triangle dramatique[53]... Non, ce n'est pas un nouveau jeu de société, même si, croyez-moi, on y joue tous sans même s'en rendre compte. Le triangle dramatique, c'est un peu comme une mauvaise série Netflix dont on n'arrive pas à décrocher. Trois rôles principaux : la victime, le persécuteur et le sauveur. Un casting toxique où, sans le savoir, on se retrouve souvent à enchaîner les répliques. Mais qu'en est-il du vrai problème ? Tant qu'on reste dans ce triangle, la fin heureuse n'arrivera jamais.

La victime : « Tout est de ma faute »

C'est un rôle que l'on connaît bien. On s'y installe confortablement, on se sent impuissante, on répète en boucle : « Pourquoi ça m'arrive toujours à moi ? » Un peu comme si on tournait dans un mélodrame, mais en mode répétitif. Si vous êtes avec un culpabilisateur ou un roi de la comparaison, vous avez probablement déjà tenu ce rôle. Vous finissez par croire que tout ce qui va mal est de votre faute. « Si seulement j'étais plus ceci, ou moins cela... »

Vous savez ce qui est encore plus frustrant ? C'est qu'à force de jouer les victimes vous perdez de vue votre propre pouvoir. Vous vous sentez coincée, cherchant désespérément à plaire, à combler les attentes... sans jamais y arriver. Fatiguant, non ?

Le persécuteur : « C'est TOI le problème »

Là, on passe dans la catégorie « méchant » d'un film Disney, avec le persécuteur. C'est celui qui critique, rabaisse et fait porter le chapeau. Culpabilisateur en chef ou roi de la manipulation, il vous fait croire que tout est de votre faute. « Si tu n'étais pas comme ça, tout irait bien. » Ou encore mieux : « Tu es trop sensible, je ne fais que dire la vérité. »

Lui ne prend jamais de responsabilité. Toujours prêt à pointer du doigt les autres, à les maintenir dans une position d'infériorité pour

53. Dr Stephen Karpman, "Drama Triangle", *in Fairy Tales and Script Drama Analysis*, 1968.

mieux se protéger. Le problème, c'est qu'à force de rester dans cette dynamique la relation tourne en rond… et finit par imploser.

Le sauveur : « Je vais tout réparer »

C'est le bon Samaritain des relations ! Il est persuadé que son amour, ses efforts ou son sacrifice personnel suffiront à « réparer » l'autre. C'est le rôle le plus flatteur (en apparence), mais aussi le plus épuisant. Vous donnez tout, vous portez tout, mais à la fin… il n'y a plus rien. Vous finissez vidée, sans énergie, car devinez quoi ? Vous n'avez jamais signé pour être le sauveur de qui que ce soit.

Ce rôle est particulièrement attirant pour les personnes avec un attachement anxieux. Elles pensent que si elles en font assez, l'autre finira par les aimer correctement. *Spoiler alert* : ça ne marche pas comme ça. Plus vous vous sacrifiez, plus vous maintenez l'autre dans sa posture de victime. Le triangle tourne en boucle et personne ne s'en sort vraiment.

Le triangle de Karpman, c'est *Les Feux de l'amour*[54], saison 48. Les rôles changent, mais l'intrigue reste la même. La victime nourrit le persécuteur, le sauveur renforce la victime, et tout le monde y perd. Ça crée une dynamique de codépendance émotionnelle où chacun se retrouve coincé dans ses insécurités, pris au piège dans ce mauvais jeu psychologique.

Comment quitter le plateau de tournage ? La première étape pour sortir du triangle infernal, c'est reconnaître les rôles que vous jouez. Ensuite, il faut établir des limites claires. Votre job, ce n'est pas d'être la victime éternelle, ni le sauveur sacrificiel, et encore moins le persécuteur.

Pensez à une relation présente ou passée où vous avez joué l'un de ces rôles, ou les trois tour à tour.

Identifiez le rôle et demandez-vous ce que cela vous coûte en temps, en énergie et peut-être en argent.

Tirez-en des leçons : comment ces rôles influencent vos relations ?

Exemple : « Dans ma relation avec X, j'ai souvent joué le rôle de la sauveuse. J'étais toujours celle qui essayait de réparer ses problèmes. Mais, à la fin, je me suis perdue. Je cherchais à combler un manque

54. *Les Feux de l'amour* : série diffusée sur CBS depuis 1973. Plus de douze mille épisodes au cours desquels les personnages ont autant changé de conjoints que de coiffures… mais où personne ne semble jamais vraiment vieillir.

d'estime de moi-même, pensant que si je faisais assez, il finirait par m'aimer. Du coup, je me suis sentie incomprise, impuissante et frustrée (victime). Je le trouvais ingrat, après tout ce que je faisais pour lui, pour nous ! J'ai commencé à lui en vouloir et à lui faire beaucoup de reproches (persécuteur). Aujourd'hui, j'ai compris que je ne suis pas responsable de la guérison des autres et que mes propres limites sont essentielles. »

Apprendre à dire « non » à la culpabilisation, aux critiques incessantes et aux comportements toxiques, c'est sortir de ce cycle. Cela implique souvent une reconstruction de l'estime de soi et la capacité de ne plus réagir aux tentatives de manipulation. Comprendre cette dynamique est un acte de libération. Vous n'avez pas besoin de rester dans une relation qui vous maintient dans un rôle que vous n'avez pas choisi.

S'accrocher à une relation toxique par peur de la solitude, c'est comme boire du poison parce que vous avez soif !

CHAPITRE 12
État des lieux de mes schémas relationnels inconscients

L'hiver 2010, je suis en pleine transformation. Cela fait quelque temps que je suis célibataire et que j'enchaîne les relations éphémères. Je me stabilise entre le travail et les enfants. Je me sens de plus en plus en sécurité intérieure, mais ce n'est pas complètement gagné. En janvier de la même année, j'ai l'impression de me défragmenter pour mieux réorganiser tout le bordel à l'intérieur de mon cœur. J'oscille entre « depuis l'invention de la valise à roulettes et des sextoys, je n'ai pas besoin d'un mec » et « je rêve de rencontrer celui qui m'apportera "des perles de pluie venues de pays où il ne pleut pas" (*remember ?*) et qui aimera mes enfants. » C'est cette période où je suis passée du mode « *loose* amoureuse en série » à « *woman on a mission* ».

Analyse de la dynamique relationnelle de mes parents

C'est dans cet état d'esprit que je m'inscris à un séminaire de thérapie familiale et systémique : *Reprogrammer les schémas relationnels négatifs pour créer des dynamiques relationnelles saines.* Ce que j'aime avec ce genre de formations pratico-pratiques, c'est qu'on est à la fois l'élève et le cobaye. Et, croyez-moi, avec mon CV amoureux catastrophique, j'étais la candidate idéale pour tout décortiquer.

Dans le premier atelier, nous sommes invités à répondre à des questions sur la dynamique relationnelle de nos parents. WOW ! Ça promet ! Je ferme les yeux et je laisse remonter des souvenirs. Dans mon cahier, je commence à décrire en écriture automatique ce que j'ai perçu de leur relation : « Je t'adule, je te rejette. Tout est calme, puis tout devient ennuyeux. Une guerre émotionnelle éclate. Puis on calme le jeu. Et, de nouveau, l'ennui s'installe. Cherchons ailleurs cette passion perdue, dans la tromperie et l'excitation de la nouveauté. Domination, soumission, c'est un cycle sans fin. Tu t'opposes, je te soumets. Tu t'émancipes, je te trompe. »

Mes parents incarnaient un modèle de couple complexe, oscillant entre amour profond et dysfonctionnement palpable. Entre tendresse

et violence. Admiration et humiliation. Fiabilité et trahison. Mon système nerveux, habitué et réactif à la bipolarité conjugale de mes parents, a façonné ma manière d'aimer et d'interagir dans mes relations.
Après une heure à décrire, sans jugement, le modèle de relation de mes parents, je lis la question finale : « En quoi ce modèle a-t-il influencé votre propre dynamique relationnelle amoureuse ? » Je manque de m'étouffer tant l'évidence me saute aux yeux et à la gorge. Cela fait vingt ans que je cours après un fantôme.

Portait robot de mon fantôme

J'ai longtemps cherché à retrouver ce à quoi mon système nerveux était habitué : la bipolarité amoureuse, la relation d'emprise, l'abus, l'alternance entre passion, ennui et conflit. Je savais que je n'allais pas chercher ce qui était bon pour moi. Mon intuition le sentait, mais mon mental étouffait ce ressenti. Je me « gaslightais » moi-même, à grands coups d'arguments rationnels, de justifications et de circonstances atténuantes en tous genres.

Comme nous l'avons vu plus haut, il peut être extrêmement difficile de reconnaître et de réagir aux *red flags* lorsque l'on a été habituée au chaos relationnel par le passé. Lorsqu'une personne a grandi ou a passé beaucoup de temps, comme moi, dans un environnement où la maltraitance relationnelle est la norme, son système nerveux s'habitue à un certain niveau de stress et de dysfonctionnement. Ce conditionnement peut rendre difficile la reconnaissance de comportements malsains, car ils peuvent sembler familiers, normaux ou même confortables.
Le système nerveux humain est conçu pour s'adapter à son environnement. Si une personne est habituée à des relations chaotiques, son cerveau et son corps peuvent interpréter le calme et la stabilité comme des signes d'ennui ou d'absence de passion. En conséquence, elle peut inconsciemment chercher ou tolérer des situations de conflit et de tension, simplement parce que c'est ce à quoi elle est habituée. Et ça, je l'ai vécu à 1 000 %. J'ai toujours associé le calme et la stabilité à l'ennui et au manque de passion. C'est pour cette raison que les relations passionnelles ont toujours eu ma préférence jusqu'à ce qu'elles me dévastent. C'est ainsi que j'ai alterné relation passionnée et relation plan-plan. Comme si j'avais besoin de la seconde pour me reposer de la première,

mais que j'étais attirée inéluctablement par la première. Je comprendrais bien plus tard que l'impulsivité liée TDAH jouait un rôle évident sur la recherche de sensations fortes à tous les étages.

Par ailleurs, les mécanismes de défense psychologiques, tels que le déni, la rationalisation et la projection, peuvent jouer un rôle dans la difficulté à reconnaître les *red flags*. Par exemple, une personne peut minimiser ou excuser les comportements abusifs de son partenaire, en se disant que « ce n'est pas si grave » ou en attribuant ces comportements à des facteurs externes comme le stress ou la fatigue. La peur de l'abandon, de la solitude ou de ne pas être aimée peut également conduire à ignorer ou à tolérer des comportements inacceptables. C'est ce que la majorité des personnes sous emprise d'une relation toxique vivent au quotidien. C'est aussi pour ces raisons qu'il est très difficile d'en sortir.

En grandissant, j'ai sans cesse cherché à recréer les scénarios de mon enfance, dans l'espoir illusoire de les réparer. Mes relations amoureuses étaient souvent marquées par des hauts et des bas intenses, rappelant les montagnes russes émotionnelles que j'avais connues avec mes parents. Cette quête de réparation à travers l'autre m'a menée à des relations où je jouais le rôle de la sauveuse, tout en acceptant des comportements blessants et abusifs.

Mon besoin insatiable d'amour et d'attention m'a conduite à des relations déséquilibrées, où je me perdais dans l'autre. Je cherchais désespérément à combler un vide intérieur, croyant que l'amour de l'autre était la solution à mes insécurités. Je me suis souvent épuisée à vouloir « réparer » l'homme abîmé par la vie, dans l'espoir qu'il change et se transforme en prince charmant aimant et attentionné.

Si nous courons après des personnes non disponibles, évitantes ou rejetantes, nous courons probablement après une « figure fantôme » : une personne qui incarne ou représente une énergie ou une personne de notre passé avec qui la relation a été blessante ou incomplète.

Mon fantôme est brillant, drôle, narcissique, sensible, curieux, rapide, manipulateur, anxieux, immature, charismatique, fougueux, hypersexuel, dépressif, joueur, évitant.

Je compris que mon cerveau était accro à ce type de relation. Une partie de moi cherchait désespérément à recréer ces montagnes russes émotionnelles parce que c'était tout ce que je connaissais.

À chaque fois, je me disais : « Cette fois-ci, ça va marcher. » Et pourtant, c'était toujours la même histoire : après la passion, je me retrouvais piégée dans ce cycle infernal de désir et de rejet.
Je poursuivais cette figure fantôme dans l'espoir de guérir mes blessures de rejet et d'abandon, de fermer la boucle et de me sentir enfin aimée et digne.

L'inventaire des relations : Ghostbuster, identifier votre figure fantôme

Ce processus est conçu pour vous aider à identifier votre « partenaire fantôme », c'est-à-dire les traits de personnalité que vous avez tendance à attirer de façon répétée, même si vous souhaitez consciemment autre chose.
Les attirances inconscientes nous conduisent souvent à choisir des partenaires présentant des traits similaires à ceux de nos figures d'attachement passées.
Votre « figure fantôme » peut être un homme distant, celui qui ne veut jamais s'engager. Ou cela peut être l'inverse : une personne qui s'attache trop rapidement, vous étouffant par son besoin constant de validation. Parfois, c'est plus subtil : une personne qui semble parfaite sur le papier mais qui, en réalité, vous laisse toujours avec un sentiment de manque ou d'incomplétude.
Pour comprendre ces schémas, commencez par faire la liste de vos précédents partenaires amoureux, en vous concentrant sur ceux avec lesquels vous avez eu une forte charge émotionnelle. N'incluez pas les relations de courte durée ou sans impact significatif.

Étape 1 : le retour sur vos relations passées

Prenez cinq relations marquantes. Pas celles d'un été en colonie de vacances, non, les vraies, celles où vous avez ressenti des émotions fortes, où vous avez investi du temps, de l'énergie, de l'espoir. Pour chacune, rappelez-vous de vos premières impressions. Qu'est-ce qui vous a attirée chez cette personne ? Était-ce son charisme, son sens de l'humour, ou ce petit quelque chose de mystérieux qui faisait battre votre cœur plus vite ?

Étape 2 : la désillusion

Repensez au moment où les choses ont commencé à basculer. Quand avez-vous ressenti cette première frustration ? Ce premier malaise ? Comment avez-vous réagi ? Avez-vous ignoré ces signaux, en vous disant que c'était passager, ou avez-vous tenté de les aborder, en espérant que tout s'arrangerait avec le temps ?

Étape 3 : identifiez les schémas récurrents

Faites un inventaire des traits de personnalité de vos partenaires passés. C'était quoi leur truc ? Leur force et leur faiblesse ? Entourez les traits positifs qui apparaissent souvent et surlignez les traits négatifs récurrents. Cela vous aidera à cerner votre « fantôme » : cette figure qui revient encore et encore dans vos choix amoureux.

Étape 4 : tracez le profil de votre fantôme

Avec les traits récurrents, dressez le portrait de cette figure fantôme qui influence vos choix relationnels. Cette personne représente souvent un écho d'une relation passée, d'un modèle de couple dysfonctionnel, généralement liés à des blessures émotionnelles non résolues.

Aucune personne du présent ne peut jamais fermer une boucle que quelqu'un d'autre a ouverte dans le passé.

Nous n'avons besoin de personne d'autre que nous-mêmes pour fermer cette boucle. Et nous pouvons le faire en soignant nos schémas relationnels.

À cette époque, j'ai découvert un nouveau terrain de jeu : les app de rencontres, ou le Disneyland des relations dysfonctionnelles. Premièrement, je me rends compte à quel point je suis douée pour tomber dans mes vieux travers. J'enchaîne les conversations avec des mecs brillants, charismatiques, mais émotionnellement chaotiques. Mon *fantôme* est là, bien présent, caché derrière chaque bio un peu trop travaillée.

Je vous présente Nico, le mec qui te répond un jour sur trois. Je vois son message apparaître et là, un frisson : « Oh mon Dieu, il existe encore ! » Sauf qu'au fond de moi, je sais ce qui se joue. Ce n'est pas de l'amour, c'est ma blessure de rejet qui s'agite. Parce

que cet homme qui me laisse en suspens, c'est l'incarnation même de ce que j'ai toujours cherché inconsciemment : l'inaccessibilité, le mystère, le *jeu*. C'est mon système nerveux qui dit : « Ah, ça, c'est excitant ! »
Et voici Roman, le gars qui, dès le premier soir, me propose un week-end à Florence. Véridique. On n'a même pas encore partagé une pizza que je me retrouve à rêver de promenades main dans la main en Toscane. Mais, là encore, c'est mon attachement anxieux qui s'emballe. Cette proposition folle déclenche l'adrénaline que j'ai toujours confondue avec l'amour. « Il est prêt à tout pour moi ! C'est la passion ! Je suis spéciale ! »

***Spoiler* : ce n'est pas de la passion, c'est un *red flag* !**

Grâce au travail que j'avais fait sur moi et à la découverte de ma figure fantôme, j'étais devenue bien plus lucide. Je ne tombais plus dans le panneau aussi facilement. Je voyais les comportements pour ce qu'ils étaient : des reflets de mes blessures non guéries et non des signes d'un amour naissant. J'ai appris à freiner mes emballements. Quand je sentais cette montée d'excitation devant un mec mystérieux et distant, je prenais le temps de respirer et de réfléchir : « Hum, ça, c'est ma blessure de rejet qui me fait courir après lui. Il ne me donne que des miettes d'attention, et moi, je suis là, à les ramasser comme si c'était de l'or. »

Pareil pour ces propositions folles dès le premier soir. Avant, ça m'aurait emballée, mais maintenant, je m'arrête et j'analyse : « OK, pourquoi est-ce que je trouve ça excitant ? Est-ce que ce n'est pas plutôt mon besoin de validation instantanée qui me pousse à accepter cette folie ? » Le fait de connaître mon fantôme m'a permis de développer une sorte de bouclier émotionnel. Je n'étais plus là, à me précipiter dans des relations pour combler un vide. J'apprenais à prendre le temps d'observer les comportements, à détecter les signaux avant de me lancer tête baissée.
J'ai pris l'habitude de me poser des questions, de faire le tri entre ce qui relevait d'un véritable intérêt pour l'autre et ce qui était simplement ma blessure qui s'agitait. Et croyez-moi, ça change tout. Parce que, franchement, combien d'histoires sur Tinder commencent par un feu d'artifice pour finir dans un trou noir émotionnel ?
En connaissant mes schémas, je pouvais reconnaître les fameux *red flags*. Je n'avais plus besoin de me raconter des histoires pour

justifier des comportements toxiques. Je savais quelles blessures en moi étaient encore un peu réactives et ça me permettait de les désamorcer avant qu'elles ne prennent le contrôle. Je ne recherche plus cette excitation qui, autrefois, me faisait croire que je vivais une grande histoire d'amour alors que ce n'était que l'adrénaline de mes blessures qui s'agitait. Et c'est là toute la clé : apprendre à reconnaître ses schémas, à discerner ses figures fantômes, c'est la première étape vers des relations plus saines. C'est aussi le meilleur moyen de sortir de l'emprise de ses blessures et de se donner la chance d'aimer sans se perdre.

Chronique d'une relation saine annoncée

En 2019, quand j'ai commencé à sortir avec Arnaud, j'ai su presque immédiatement que quelque chose était différent. Il ne ressemblait à aucun des hommes pour lesquels je m'étais passionnée dès le premier rendez-vous. Certes, il était brillant, mais un peu timide et humble. Drôle, avec un humour pince-sans-rire à l'anglaise, mais pas le type de boute-en-train qui fait le show à chaque occasion. Il était gentil, doux, stable et fiable. Calme, posé. Et, ce qui aurait pu être impensable pour moi quelques années plus tôt, il était chauve. Si quelqu'un m'avait dit un jour que je tomberais amoureuse d'un homme chauve, j'aurais éclaté de rire. Pourtant, là, j'étais totalement captivée par cet homme lumineux.

Et c'est à ce moment que j'ai vraiment compris à quel point j'avais évolué. Si je n'avais pas guéri certaines de mes blessures, je ne l'aurais même pas remarqué. Il m'aurait probablement paru fade, « trop gentil », « pas assez grande gueule ». Je l'aurais jugé trop calme, trop stable, sans la moindre pointe de drame pour stimuler mes vieux schémas dysfonctionnels. Mais, cette fois-ci, je voyais au-delà de ces projections. J'avais fait assez de travail sur moi pour savoir que la gentillesse n'était pas synonyme d'ennui, que la stabilité ne signifiait pas absence de passion, mais plutôt une base solide sur laquelle construire quelque chose de vraiment beau.

Cela ne veut pas dire que tout était parfait d'entrée de jeu. En fait, dès le début de notre relation, un petit signal d'alerte s'est allumé. Arnaud était très attentionné. Tellement attentionné qu'il m'envoyait des poèmes, des fleurs, me couvrait de gestes tendres. Il voulait aller vite, rendre la relation sérieuse immédiatement. Un peu trop vite à mon goût.

Avant, j'aurais foncé tête baissée, grisée par ce qui aurait ressemblé à un conte de fées. Mais cette fois, grâce au travail que j'avais fait sur mes schémas et à la connaissance des *red flags*, je me suis écoutée. Je me suis rendu compte que quelque chose ne collait pas. Ça ressemblait un peu trop à du *love bombing*.

Alors, pour la première fois de ma vie, au lieu de me laisser porter par cette vague d'attention, j'ai pris un pas de recul. Je lui ai dit que je n'étais pas à l'aise avec toutes ces démonstrations. Que ça allait trop vite et que c'était un peu trop pour moi. Je ne voulais pas qu'il arrête – j'aimais sa tendresse et son attention –, mais j'avais besoin qu'il ralentisse, que l'on prenne le temps de construire quelque chose à notre rythme, sans précipitation.

Et là, Arnaud a réagi d'une manière qui m'a prouvé qu'il était différent. Plutôt que de mal le prendre ou de se refermer, il a compris. Il a immédiatement ajusté, respectant mon rythme tout en continuant à me montrer son amour naissant. Il n'a pas arrêté d'être attentionné ou généreux, mais il a pris la peine de s'accorder à mon tempo. Et c'est là que je me suis rendu compte que ce n'était pas du *love bombing* manipulateur. C'était juste Arnaud. Un homme au cœur immense, avec un vrai besoin de partager l'amour.

En prenant le temps, j'ai compris que son emballement initial n'était pas une stratégie pour me piéger dans une relation toxique. C'était peut-être même une réponse à ses propres insécurités, à ses blessures non encore complètement guéries. Mais au lieu de nous laisser happer par ces blessures, nous avons réussi, ensemble, à accorder nos violons. À créer un espace où ses élans d'affection ne me submergeaient plus et où je pouvais, moi aussi, exprimer mes propres besoins, en toute sécurité.

Et c'est là toute la beauté de la guérison. Sans ce travail sur mes schémas et mes blessures, j'aurais probablement sabordé cette relation dès le départ, persuadée qu'elle était trop différente de ce que je connaissais. Arnaud aurait pu être l'homme le plus génial du monde, je ne l'aurais pas vu. Mais parce que j'avais appris à reconnaître mes schémas et à écouter mes besoins, j'ai pu ouvrir les yeux et le cœur à quelque chose de vraiment nouveau.

Aujourd'hui, cela fait cinq ans que nous construisons cette relation saine et réjouissante. Et, chaque jour, je me félicite de ne pas être tombée dans mes anciens pièges, de ne pas avoir jugé Arnaud sur des critères qui n'avaient rien à voir avec l'amour véritable. Parce que le véritable amour, c'est ça : ce n'est pas une course effrénée pour combler un vide intérieur, mais une rencontre authentique entre deux personnes, prêtes à grandir ensemble.

Quand je prends conscience de mes blessures,
je reprends le pouvoir sur mes choix.

*

PARTIE 4

Apprendre à s'aimer : construire son royaume intérieur et s'honorer

CHAPITRE 13

De *drama queen* à *sensitive queen* : accepter son fonctionnement neuroatypique

Transformer ses particularités en forces : le pouvoir de l'acceptation

Je suis une *drama queen*, une hypersensible, une HPI[55] avec un TDAH[56]. Pendant des années, j'ai vécu avec cette étiquette, croyant que je devais changer pour m'intégrer. Mais, aujourd'hui, je sais que mon superpouvoir réside justement dans cette différence. J'aurai mis longtemps à être vraiment fière de moi et à m'aimer inconditionnellement. En tant que femme hypersensible, j'ai passé la moitié de ma vie à douter de moi, de ma valeur, de ma capacité à être heureuse. J'avais des angoisses, j'étais perfectionniste, et je manquais cruellement de confiance en moi. Les autres avaient beau me féliciter, je pensais qu'ils parlaient d'une autre. Je me souviens des nuits passées à me retourner dans mon lit, à me demander pourquoi je ne pouvais pas être « comme tout le monde ».

Hypersensible, HPI, avec un TDAH qui explosait toute tentative de régulation, je me voyais comme une « cata ambulante ». Chaque jour était une nouvelle bataille contre ce que je croyais être des défauts insurmontables. Les relations humaines étaient pour moi un véritable casse-tête. Chaque bruit me semblait une agression (je peux encore tuer quelqu'un pour des bruits de bouche, *team* misophones[57]). Mon cerveau ne s'arrête jamais, jonglant avec mille idées à la fois, mais incapable de se concentrer sur une seule chose plus de quelques minutes. J'ai souvent eu honte de réussir. J'ai beaucoup culpabilisé pour tout et pour rien. J'ai fait passer les désirs des autres avant mes besoins. J'ai détesté mon corps et mon image. J'ai cherché à ne pas trop briller pour ne pas attirer de jalousie et ne pas passer pour une prétentieuse. J'ai longtemps cru que j'étais bizarre, nulle et incomprise. Et en même

55. Haut potentiel intellectuel.
56. Trouble déficit de l'attention avec ou sans hyperactivité (dans mon cas, c'est avec).
57. La misophonie est un trouble qui concerne les personnes qui éprouvent des réactions émotionnelles intenses, comme de la colère ou de l'anxiété, face à des sons spécifiques, souvent répétitifs, tels que les bruits de bouche ou de respiration.

temps, je me trouvais aussi géniale, drôle, brillante. Et je crois que la souffrance que je ressentais résidait dans cette contraction. Comment peut-on être tout et son contraire, et trouver sa place dans le monde ? En prime, je passais pour une *drama queen*, que ce soit dans mon entourage ou dans mes relations amoureuses. Je ne savais pas réguler mes émotions et j'étais en sur adaptation permanente.
Puis il y a eu ce moment clé, le point de rupture : le burn-out. Trois enfants, un travail, une vie menée à 100 à l'heure, et pourtant, je n'étais jamais satisfaite. Je me suis rendu compte que j'avais passé ma vie à essayer d'être quelqu'un d'autre pour être acceptée et aimée. Cette prise de conscience a été brutale et salvatrice. Elle m'a forcée à arrêter cette quête d'approbation extérieure. J'ai décidé de travailler sur moi pour transformer ma vie et, surtout, changer en profondeur. Ce processus de transformation a commencé par la compréhension de mon fonctionnement neuroatypique.
C'est à ce moment-là que tout a changé. J'ai pris une grande respiration et décidé de ne plus me battre contre moi-même. J'ai cessé de voir mon hypersensibilité et mes particularités neuroatypiques comme des faiblesses. J'ai appris à les comprendre, à les accepter, et même à les transformer en forces. Accepter mon fonctionnement neuroatypique a été la première étape pour apprendre à m'aimer. Mon cerveau ne fonctionne pas comme celui des autres, mais cela ne fait pas de moi une personne défectueuse. Au contraire, c'était une richesse à découvrir.

Comprendre mon ambivalence et cesser de la considérer comme un problème

Je suis une extravertie-introvertie. Certains jours, je suis une boule d'énergie, excitée comme un chihuahua cocaïnomane. D'autres, je m'efface comme un moine bonze shooté à la morphine. Il m'a fallu du temps pour comprendre cette ambivalence et cesser de la considérer comme un problème. Mon ambiversion, cet équilibre entre l'introversion et l'extraversion, est un mélange complexe, un kaléidoscope changeant, mais toujours vibrant.
Comprendre cette ambivalence m'a aidée à mieux gérer les moments où j'avais besoin de calme sans culpabiliser. C'est essentiel, car en tant qu'hypersensible, mon système nerveux a besoin de se ressourcer. J'ai appris à reconnaître ces moments où le monde devenait trop bruyant, où chaque interaction me semblait une agression, et où même répondre au téléphone pouvait sembler insurmontable.

Les neuroatypiques souffrent souvent de l'incompréhension de leur entourage, de l'ignorance du corps enseignant, du mépris des managers, et de l'incompétence parfois pleine de certitudes de nombreux soignants. Ce qui fonctionne pour 75 % de la population ne fonctionne pas pour nous. Oui, 25 %, c'est une minorité. Et les minorités, ça dérange. Elles dérangent tellement qu'au lieu de se remettre en question la société préfère ignorer notre réalité. Pire, elle la remet en cause, la réduisant à un « phénomène de mode » pour mieux la discréditer. C'est ainsi que la société des puissants a toujours fonctionné.
Mais soyons clairs : une société qui se coupe de ses talents, qui réduit au silence ou pousse à l'épuisement une partie de sa population programme sa propre chute. En niant la richesse qu'apportent les hypersensibles, les HPI et les autres neuroatypiques, elle se prive d'une créativité, d'une compassion et d'une résilience dont elle a désespérément besoin. Et je suis fatiguée de voir tant de vies gâchées alors que le monde pourrait bénéficier de ce que nous avons à offrir.
Au lieu de chercher à masquer ou à compenser l'hypersensibilité et le TDAH, j'ai appris à utiliser ces particularités à mon avantage. J'ai compris que mon hypersensibilité me permettait de capter des émotions et des détails que d'autres ne voyaient pas. Elle me rendait plus à l'écoute, plus intuitive, et finalement plus connectée aux autres. Le TDAH, bien qu'il rende parfois difficile ma concentration, me donne une énergie créative débordante quand je suis passionnée. C'est en comprenant et en acceptant ces facettes de moi-même que j'ai pu les transformer en forces. Et je suis une vraie boule à facettes qui tournoie et illumine joyeusement le monde.

Accepter ma différence et mon fonctionnement

Accepter mon fonctionnement a tout changé. J'ai cessé de me comparer à celles qui suivent des emplois du temps stricts ou qui restent imperturbables face à des situations émotionnellement chargées. J'ai arrêté de me battre contre moi-même et commencé à utiliser ces particularités comme des outils pour m'épanouir, dans mes relations comme dans ma carrière.
J'ai compris après des années de lutte que j'ai besoin de calme, de silence, de deux heures par jour sans rien faire. Pour les hypersensibles, ce besoin fondamental est scientifiquement prouvé : notre système nerveux a besoin de se ressourcer régulièrement, sinon c'est l'épuisement. Pour moi, ces moments de « rien » sont essentiels, et

pourtant, ils ont été longtemps source de culpabilité. Ce besoin s'est intensifié après être devenue mère. Je me suis retrouvée partagée entre la maternité à plein temps et ce besoin irrépressible de solitude. J'ai dû apprendre à respecter mon besoin de temps pour moi, même lorsque cela me donnait l'impression de faillir dans mon rôle.
Aujourd'hui, je suis fière de moi et je m'aime inconditionnellement. Sans condition ! Je m'aime quand je brille, et je m'aime dans les moments de *loose*, car j'aime ma vulnérabilité. Je sais que s'aimer sans condition, cela s'apprend et se travaille, mais cela en vaut la peine. J'aime cette puissance en moi, celle que j'ai découverte en apprenant à m'accepter, et qui rejaillit sur les autres, au service de ceux que j'accompagne.
Je suis passée de *drama queen* à *sensitive queen*, et cela fait toute la différence.

Je suis une vraie boule à facettes et je m'autorise à briller.

Vous aussi, vous avez le droit d'être différente !
Vous n'êtes pas « trop sensible », « trop dispersée », ou « trop différente ». Vous êtes vous-même, et c'est ce qui fait toute votre beauté et votre force.

Un soir, j'ai vu à travers l'écran l'épuisement de Sophie, une merveilleuse femme, dirigeante d'une belle entreprise. Elle est hypersensible, brillante, mère de trois enfants. Son éclat habituel s'était terni, éteint par six ans de maternité sans répit. Elle pleurait et à travers ses sanglots, elle a lâché cette bombe : « Si c'était à refaire, je n'aurais pas d'enfants. C'est trop dur. C'est épuisant. Les gosses en plus de tout le reste... Je n'y arrive plus. »
Je l'ai regardée et j'ai ressenti une compassion immense. Parce que j'ai été à sa place. J'ai été cette maman de jeunes enfants atypiques, complètement submergée par la fatigue, qui rêve de tout abandonner. Juste pour respirer. Loin de cette chambre à jouer à la dînette, loin de cette salle de bains, de cette cuisine, de ce bureau, de ce lit d'enfant. J'ai moi aussi pensé à partir, très loin. Parfois, on ne sait plus par quel bout prendre les choses pour que les enfants coopèrent, se calment, ou tout simplement se taisent. Il y a eu ces moments où j'aurais voulu disparaître, ne plus entendre les cris, ne plus être sollicitée à chaque seconde. Vous me direz peut-être que c'est le lot de toutes les mères, mais cela ne rend pas légitime la souffrance et l'épuisement que cela peut engendrer.

Accepter ses limites : vers une maternité différente

Ce qui m'a sauvée, c'est la garde alternée. J'ai fini par comprendre que je n'étais pas faite pour être dans mon job de mère à plein temps. Aujourd'hui, je suis en paix avec ça, mais cela m'a coûté des années à ressentir une honte profonde de pouvoir juste le formuler. Des années à ne pas être cette maman « normale », capable de tout gérer, de tout porter sans broncher. Je les aime tellement, mes enfants, mais je les aime encore mieux à mi-temps. Car c'est dans ces moments-là que je peux leur donner le meilleur de moi-même, celui qui est reposé, qui a pu se ressourcer.

Mon fonctionnement n'est pas compatible avec une maternité à 100 %, et c'est OK. J'ai besoin de beaucoup de calme, de silence et de liberté pour être pleinement moi-même. Si vous ressentez la même chose, sachez qu'il n'y a aucune raison de culpabiliser. Vous avez le droit de respecter vos besoins émotionnels, de définir un cadre qui vous permet d'être à la fois mère et femme.

Il ne faudrait pas attendre le divorce pour envisager la garde alternée ou reconnaître que votre bien-être émotionnel est essentiel. La maternité n'a pas à se jouer sur un mode sacrificiel. J'ai longtemps eu honte d'avoir rêvé d'ailleurs, d'avoir parfois voulu être seule. Et je sais que, par moments, mes absences ont pu être ressenties comme un abandon par mes enfants. Quand nous avons divorcé, Laurent et moi, nos enfants avaient treize, neuf et sept ans. J'étais convaincue de leur faire du mal, d'être une mère instable. Je me débattais avec cette culpabilité, cette peur de ne pas être à la hauteur.

Être mère, c'est se respecter, s'aimer, et enseigner cette liberté à nos enfants

Un soir, je me suis retrouvée au fond du trou, seule avec mes trois enfants. J'étais à terre, écrasée par cette culpabilité, persuadée d'avoir tout raté. Mes incessants allers-retours amoureux, mes choix… tout semblait avoir laissé des marques sur mes enfants. Ce soir-là, j'étais effondrée dans mon grand lit de deux mètres sur deux, ce lit devenu notre refuge familial, mais qui, à ce moment précis, ressemblait à un champ de ruines.

C'est alors que ma fille est arrivée. Elle a toujours eu ce don de sentir quand les choses n'allaient pas. Elle s'est glissée à côté de moi, sans un mot. Et moi, j'ai craqué. Je me suis effondrée comme jamais auparavant. Les larmes coulaient, incontrôlables. Je lui ai demandé pardon. Pardon d'avoir été une mère instable, pardon d'avoir « fait ma vie » en les laissant parfois de côté. Pardon d'être partie dans chaque nouvelle relation amoureuse, les entraînant avec moi dans ce chaos émotionnel.

Ma fille m'a regardée, avec ce calme et cette sagesse qui la caractérisent, et m'a dit : « T'es folle de dire ça ! Tu es le meilleur modèle de mère dont j'aurais pu rêver. Tu m'as appris la liberté. Tu m'as montré qu'on n'est pas obligée de rester dans des situations qui nous font du mal. Tu m'as appris à respecter mes besoins et que ce n'était pas égoïste. »

Ces mots ont été un électrochoc. En quelques secondes, toute la culpabilité qui m'écrasait s'est envolée. Ma fille, cette jeune femme de dix-huit ans, venait de me libérer d'un poids que je portais depuis des années. Elle m'a montré que je ne l' avais pas complètement abîmée. Au contraire, je lui avais donné un enseignement précieux : le respect de soi, la liberté de choisir ce qui est bon pour soi. Ce soir-là, elle a guéri quelque chose en moi. J'ai compris que mon instabilité n'était pas un échec, mais une forme de résilience.

Ce soir-là, avec elle, j'ai compris que nous ne sommes pas enchaînées à des rôles. Être mère, être femme, ce n'est pas se perdre dans ce que la société attend de nous. C'est se respecter, s'aimer, et enseigner cette liberté à nos enfants. Être une mère aimante, c'est aussi être une femme libre qui se respecte. Libre de choisir ses relations, libre de montrer à ses enfants que l'amour de soi est une priorité. Il n'y a rien d'égoïste à respecter ses propres besoins.

Notre identité, notre famille, nos rôles ne doivent pas nous assigner à résidence.
Je me choisis et je choisis la liberté d'être la version la plus intègre de moi-même.

J'aime beaucoup partager avec mes patientes l'exercice suivant : Prenez dix minutes pour écrire une liste de vos besoins particuliers. Ensuite, notez une manière concrète de les honorer chaque jour. Cela peut être une heure de calme, une marche en silence, ou un moment pour méditer. La clé est d'écouter ce que votre corps et votre esprit vous demandent.

CHAPITRE 14
S'en remettre à la sagesse du corps

Je me bats avec mon poids et mon comportement alimentaire depuis l'enfance. Depuis mon premier régime à l'âge de onze ans, je fais le yoyo en permanence et j'alterne les phases de restriction avec les phases de : « *What the fuck* parce que *YOLO*[58], reprends du cheese-cake et des pistaches et des bonbons et du gratin dauphinois et… » Quelques années après avoir eu mon troisième enfant, nous avons emménagé dans un très bel appartement donnant sur un lac. À cette époque, je courais tous les jours autour du lac et je me trouvais carrément en surpoids. Pour la blague, aujourd'hui, je rêverais de revoir ce poids-là sur la balance. Mais mon miroir déformant de l'époque m'intimait de perdre dix bons kilos. Un matin, je croise une voisine que je n'avais pas vue depuis un moment et je suis épatée de voir à quel point elle a minci. Elle me donne son « bon plan » : l'adresse du médecin qui l'a aidée, tout en me prévenant qu'il faut être ouverte d'esprit, car il est un peu bizarre. Il pratique l'auriculothérapie, qui consiste à poser des petits clous sur des points stratégiques d'acupuncture et permet de maigrir sans faire de régime. C'est comme cela qu'elle me l'a vendu et, bien sûr, j'ai acheté !

La prise de conscience de mon traumatisme

Ni une ni deux, le rendez-vous est pris. Et me voici, quelques jours après, assise devant un médecin généraliste, comme indiqué sur sa plaque professionnelle. Il ressemble au fils naturel du professeur Tournesol et de Madame Irma. Son bureau est orné de gravures représentant la Vierge Marie sous des formes destructurées, d'un autel bouddhiste, de *kanji* japonais, d'illustrations astrales. Je laisse mes préjugés de côté et lance : « Bonjour, Docteur, je viens de la part de mon amie Carole qui m'a dit qu'avec votre technique d'auriculothérapie, elle avait perdu une dizaine de kilos sans régime. Je voudrais la même chose ! »
Il ne bronche pas et m'invite, d'un geste de la main, à m'allonger sur sa table d'examen. Je m'exécute et le vois s'approcher de son autel.

---

58. *YOLO*, acronyme de *You Only Live Once* (qui signifie « On ne vit qu'une fois »), popularisé par le rappeur Drake en 2011.

Il allume de l'encens et s'approche de moi. Il dépose sur moi des pierres, prend mon pouls, soupèse mes chevilles, pose sa main sur mon front et me dit : « Vous avez eu un grand traumatisme, à la fin de l'adolescence. Je ne sais pas ce que vous faites comme métier mais je sens qu'intellectuellement, vous avez très bien traité le problème. En revanche, votre corps et vos cellules ne sont pas du tout au courant que c'est terminé. Le traumatisme est encore bien présent. D'ailleurs, ça ne m'étonnerait pas qu'à certains moments de la journée, vous ayez des bouffées d'angoisse sans raisons apparentes. »
Au moment où il me dit ça, je sens déferler dans tout mon corps une vague d'angoisse et des larmes jaillissent sans que je puisse les contenir. L'information, l'évidence remonte dans la foulée à ma conscience. Le traumatisme, je le connais, et ce n'est pas ça la révélation. Ce traumatisme, ce sont les violences conjugales que j'ai subies dix ans avant pendant ma première grossesse. La révélation, c'est que ce trauma est resté imprimé dans les cellules de mon corps. Depuis ce jour, à chaque fois que j'insère la clé dans la serrure de la porte pour rentrer chez moi, j'ai un frisson, mon estomac et ma gorge se contractent, mon corps tremble. C'est comme un réflexe conditionné. Je fais le lien directement avec mon année de vie commune avec mon premier mari. Pendant toute cette période, dès que je rentrais à la maison (que je n'ai jamais considérée comme étant chez moi ; c'était son appart et je faisais partie du décor), je ressentais cette angoisse m'envahir, car je ne savais pas à quelle sauce j'allais être mangée : allais-je être accueillie par un sourire, une intimidation, un reproche, une insulte ou un serrement de bras trop prononcé ? L'incertitude en la matière est une grande torture. Alors, je me préparais toujours au pire. Et voici que, sur la table de ce médecin *New Age*, je m'aperçois que dix ans après, alors que j'avais un mari non violent et trois enfants adorables, donc aucune raison d'appréhender le retour chez moi, mon corps, lui, exprimait toujours le traumatisme ancien.
Je lui raconte mon histoire et il répond juste : « C'était donc ça. » Il plante ses petits clous dans mes oreilles, ainsi que des aiguilles d'acupuncture un peu partout sur mon corps. Je pleure... je pleure... et repleure. « Voilà, ajoute-t-il. Vous allez pleurer, trembler, peut-être vomir pendant trois jours. Et puis, après, ça ira. » Je n'ai pas osé lui demander pour la perte de poids. De toute façon, j'étais tellement scotchée que la taille de mes cuisses me paraissait complètement hors sujet comparée à l'épiphanie qui venait de se produire.

Tout s'est passé exactement comme il me l'avait expliqué. J'ai souffert le martyre pendant trois jours. Et puis, le quatrième matin, j'ai ressenti le calme, l'apaisement. Je ne me suis pas rendu compte tout de suite que mon angoisse « palière » (qui surgissait chaque fois que j'arrivais sur mon palier) avait disparu, emportant avec elle huit kilos de protection contre la violence éventuelle, sans faire de régime. Ça ne s'est pas fait en une nuit, hein ? Néanmoins, cette expérience m'a appris quelque chose de fondamental : mon corps garde tout. Il est la mémoire vivante de tout ce que j'ai vécu, même des choses que je pensais avoir laissées derrière moi. Et, pour guérir vraiment, je devais commencer par traiter ce corps avec le respect qu'il mérite.

Comment je prends soin de mon corps (et de mon esprit)

Lorsque j'écris ces lignes, il est 10 heures 30 et je suis heureuse. Pas parce que quelqu'un m'a fait une déclaration d'amour ou m'a offert des bijoux. Non, je suis heureuse car, dans deux heures, j'ai un rendez-vous galant. Oui ! un rendez-vous amoureux avec moi-même. C'est ma séance hebdomadaire de *Miracle Touch* avec Alessandro. Pendant une heure, je m'abandonne entre ses mains expertes. À chaque séance, je finis souvent avec un filet de bave ou réveillée par mes ronflements.
Mais vous savez quoi ? Je m'en fiche. C'est mon moment.

Ce rituel est bien plus qu'un simple massage. C'est une déclaration d'amour renouvelée à moi-même. Une façon de me dire : « Je prends soin de toi. Tu es précieuse et importante. » Ce n'est pas juste un soin du corps, c'est un engagement à me traiter comme une reine. Parce que si je ne le fais pas, qui le fera ? Ces moments où je prends soin de mon corps et de mon esprit, ces rituels – qu'ils soient aussi simples que m'enrouler dans un plaid tout doux pour savourer une tasse de thé ou aussi luxueux qu'un massage – sont essentiels pour rappeler à mon être que je mérite le meilleur.

Mais ça ne s'arrête pas là. Je ne me contente pas de ce rituel hebdomadaire pour guérir mon corps et mes émotions. Ces mémoires cellulaires que j'ai longtemps ignorées, j'ai appris à les libérer par bien d'autres moyens.

La danse-médecine

La danse-médecine, par exemple, est devenue l'une de mes pratiques préférées pour reconnecter mon corps à mes émotions. Quand je danse, je laisse mon corps s'exprimer librement, sans contrôle, sans jugement. Chaque mouvement devient une manière de relâcher les tensions, d'accueillir ce qui a besoin de sortir. C'est ma façon de permettre à mon corps de raconter ce qu'il n'a jamais pu dire avec des mots.

Les soins énergétiques

Ensuite, il y a les soins énergétiques, ces moments où je me laisse aller à la guérison subtile. Ces pratiques m'aident à rééquilibrer les énergies bloquées, à remettre en mouvement ce qui s'est figé en moi. Les constellations corporelles, en particulier, m'ont révélé à quel point nos traumatismes sont profondément inscrits dans notre être physique. C'est fascinant de voir comment notre corps parle, à quel point il peut révéler des vérités que l'esprit refuse de voir.

L'hypnose symbolique

Souvent, je me tourne vers l'hypnose symbolique. J'aime cette méthode pour sa capacité à accéder à des couches profondes de ma conscience, là où résident des mémoires que je n'ai jamais consciemment explorées. L'hypnose symbolique agit comme une clé pour ouvrir les portes de ces espaces cachés en moi, pour dialoguer avec ces mémoires enfouies et leur offrir une sortie.

La libération somatique

Quant à la libération somatique, elle m'a appris à écouter les micromouvements de mon corps, à suivre ses impulsions naturelles pour relâcher des tensions profondément ancrées. À chaque session, je sens mon corps retrouver sa fluidité, sa légèreté. C'est un travail en profondeur, presque imperceptible de l'extérieur, mais incroyablement transformateur de l'intérieur.

Comment j'ai adapté mes rituels de *self-care* à mon propre rythme

Ces pratiques, tout comme mes rendez-vous de *self-care*, sont des formes d'engagement envers moi-même, des actes de guérison qui me permettent de libérer ce que mon corps retient encore. Et c'est ici que les recherches de Candace Pert[59] prennent tout leur sens.

---

59. Dr Candace Pert, *Molecules Of Emotion: Why You Feel The Way You Feel*, Pocket Books, 1999.

Ses découvertes ont montré que nos cellules ne sont pas des entités passives, mais des réceptacles d'émotions. Chaque geste que je fais pour mon corps, chaque séance de danse, d'EFT (*Emotional Freedom Technique*) ou de soins énergétiques sont une manière de dire à mon corps : « Je te vois. Je t'écoute. Et je suis prête à te libérer. »
Au début de mon cheminement vers l'amour de moi-même, pourtant, j'étais pleine de contradictions. J'avais lu tous ces livres de développement personnel qui expliquaient à quel point il était important de mettre en place des routines de *self-care* : prendre un bain de lait d'ânesse, s'oindre le corps chaque jour, se lever une heure plus tôt pour écrire ses pages du matin, boire son jus de céleri, faire un peu de yoga et de méditation, dessiner, marcher en forêt… Tout ça sonnait bien, n'est-ce pas ? Mais voilà, une partie de moi comprenait très bien l'importance de ces pratiques, tandis que l'autre savait que je n'avais pas la constance nécessaire pour m'y tenir tous les jours. J'ai un TDAH. Et, loin de vouloir m'en servir comme excuse pour ne pas faire les choses, je sais que la discipline quotidienne n'est pas mon fort. Ce qui fonctionne pour moi, ce sont les rendez-vous et les engagements.
Alors, au lieu de me forcer à suivre une routine que je savais impossible pour moi à long terme, j'ai décidé d'adapter ces rituels de *self-care* à mon propre rythme. J'adore les rituels ! C'est là tout le paradoxe. Je les trouve rassurants, spirituels même. Mais je suis mauvaise pour m'autodiscipliner, même pour la bonne cause. Donc, au lieu d'aller contre ma nature, j'ai décidé de jalonner mon agenda de rendez-vous de *self-care*. C'est un moment où je m'offre du temps, où je rappelle à mon corps qu'il est vu, entendu et aimé.
Oui, cela me coûte un peu plus cher. C'est ce qu'on appelle « payer la taxe du TDAH[60] ». Cela signifie que ma difficulté à me discipliner me coûte financièrement : je paye des coachs sportifs, des masseurs, un employé de maison… Mais vous savez quoi ? Cela fonctionne pour moi. Ce système me permet de prendre soin de moi régulièrement sans m'en vouloir de ne pas suivre une routine rigide. Je suis libre de m'aimer à ma manière. Chaque rendez-vous, chaque rituel est une invitation à me traiter comme une reine, à honorer mon corps pour tout ce qu'il fait pour moi. Je n'ai plus besoin de culpabiliser de ne pas suivre une routine stricte, car j'ai appris à faire la paix avec ma nature et à embrasser un rythme qui fonctionne pour moi. Et, ce faisant, je

60. Déclaration de consensus international de la Fédération mondiale du TDAH, www.tdah-france.fr.

crée un espace où mon corps peut guérir, où mes émotions peuvent circuler librement.
Je tiens à préciser ici que vous n'avez pas besoin de casser votre PEL pour donner de l'attention, du soin et un espace d'expression et de guérison à votre corps.

Notre corps : ce témoin silencieux de notre histoire

Candace Pert a révélé que notre corps est bien plus qu'une simple enveloppe : il est un témoin silencieux de notre histoire, un réceptacle de nos émotions les plus profondes. Ainsi, chaque soin que je lui apporte, chaque session de danse-médecine, de constellation corporelle, d'hypnose symbolique ou de libération somatique, n'est pas seulement un moment de détente, mais un acte de guérison profonde, une manière de libérer ce qui est enfoui dans mes cellules, tout en me réappropriant mon pouvoir.
Le dénominateur commun de toute guérison est l'amour. Pas l'amour que l'on attend des autres, mais cet espace d'amour inconditionnel que l'on trouve en soi. Parce que, au fond, tout ce qui existe à l'extérieur n'est qu'un reflet de ce qui vit à l'intérieur de nous. Les défis, les douleurs, les peurs que nous rencontrons sont le miroir de notre propre monde intérieur. Et pourtant, au-delà de ces turbulences, il y a quelque chose de plus vaste. Quelque chose de plus profond.

Il y a en moi un espace sacré,
un lieu de paix et de sagesse :
mon âme.

Nous avons toutes la capacité de nous y reconnecter. Cet espace invisible mais bien réel est toujours là, attendant que l'on vienne y puiser de la force. C'est là que réside la véritable guérison. C'est là que l'on retrouve cette sensation de plénitude, ce sentiment de complétude que personne ne peut nous voler. L'esprit peut être brisé. Le corps peut être affaibli. Le cœur peut être blessé. Mais l'âme, elle, ne peut jamais être brisée. Elle reste intacte, inviolable. Elle est notre ancre, notre guide, notre refuge.
Lorsque tout s'effondre autour de vous, rappelez-vous : au fond de vous, il y a cet espace d'amour éternel, inébranlable. C'est là que

commence la vraie guérison. C'est là que vous retrouverez la paix, la force, et l'amour inconditionnel que vous méritez.
Je suis heureuse de partager ici avec vous une pratique que je fais de façon quasi quotidienne. Elle s'appelle la danse de l'ombre. Je réfléchis à une problématique, une tension du moment comme « je me sens impuissante » « J'ai l'impression de ne pas avancer » « Je me sens incontrôlable » « J'ai peur de la trahison »... Je choisis intuitivement un morceau de musique et sans me soucier de mes mouvements et sans vouloir chorégraphier pour illustrer les émotions, je me mets à danser en me connectant à mes ressentis et je danse avec cette partie de moi qui se sent « impuissante » par exemple. Je danse avec mon ombre comme avec une partenaire et je laisse mon corps initier les mouvements qu'il a besoin de faire, sans juger, sans réfléchir. Je lâche prise. Ce n'est pas mon mental qui travaille, c'est mon corps qui goûte à l'ombre et qui se laisse traverser. C'est mon corps qui exprime l'histoire qui a besoin d'être racontée. C'est ce corps qui se libère des vieux schémas pour s'autoriser à écrire une autre histoire.

CHAPITRE 15

I can buy myself flowers[61] : tomber amoureuse de soi-même, se traiter en reine et se faire kiffer

Votre bonheur, c'est votre responsabilité

Pourquoi attendez-vous ? Vous pensez que quelqu'un va venir vous sauver, vous donner la permission de vivre enfin ? Si vous voulez être heureuse, il va falloir arrêter de compter sur les autres. Votre bonheur, c'est votre responsabilité. Pas demain, pas quand vous rencontrerez quelqu'un. C'est maintenant. Vous êtes la personne la plus importante de votre propre vie. Le bonheur, la joie, la plénitude, tout cela commence avec vous. Alors pourquoi continuez-vous à attendre qu'un partenaire, un ami, ou qui que ce soit d'autre vous valide pour vivre pleinement ?

J'ai passé tellement de temps à attendre que quelque chose change. Attendre qu'il prenne conscience, qu'il fasse enfin ce geste romantique dont je rêvais. Attendre qu'on me regarde avec cette admiration que je méritais. Attendre qu'on me dise enfin « je t'aime ». Et, pendant tout ce temps, je ne vivais pas. Je me mettais en pause, comme si ma valeur dépendait de l'action ou de l'inaction de quelqu'un d'autre.

Mais vous savez quoi ? Ce moment où vous comprenez que vous n'avez pas besoin de ça est le début de votre autonomie. Vous n'avez pas à attendre qu'un partenaire se réveille pour vous emmener dans un restaurant chic ou vous offrir des fleurs. Vous pouvez commencer à vous faire kiffer maintenant.

Je sais que beaucoup de gens détestent l'idée de manger seuls au restaurant. Ils redoutent ces moments de solitude en public, persuadés que tous les regards sont braqués sur eux. *Spoiler alert* : personne ne fait attention à vous, personne n'en a rien à faire. Alors, pourquoi vous cachez-vous encore ? Pourquoi attendre d'être accompagnée pour faire ce que vous voulez ? Prenez votre place, tout de suite. Allez au resto seule, vivez pour vous-même, sans permission.

61. Miley Cyrus.

Aller au restaurant seule : un rituel de liberté

Moi, j'adore ça. Depuis longtemps. Et, oui, je dois l'avouer, je me trouve plutôt de bonne compagnie. Je suis cette personne qui aime la bonne compagnie et il se trouve que je suis ma propre meilleure amie. La première fois que je me suis décidée à aller au restaurant seule, c'était un défi personnel. Un acte d'émancipation. Un acte d'amour pour moi-même. J'ai mis de côté toutes les voix dans ma tête qui me disaient : « Mais qu'est-ce que les gens vont penser de toi ? » Et vous savez quoi ? Il ne s'est rien passé. Absolument rien. Le monde n'a pas basculé. Et, plus important encore, je me suis sentie incroyablement libre. J'ai pris ce moment pour moi, j'ai savouré mon repas, et – bon, OK, j'admets – j'ai écouté les conversations des tables voisines, imaginant la vie des gens, leurs histoires secrètes, leurs intrigues. Mais, plus que ça, j'ai découvert à quel point il était puissant d'être en tête à tête avec soi-même.

C'est un vrai travail pour y arriver. C'est un processus de déconditionnement, un chemin de guérison qui demande de reprogrammer chaque cellule de son être pour accueillir l'amour de soi. Cette première fois où j'ai osé aller au resto seule, c'était bien plus qu'un repas. C'était le moment où j'ai compris que je n'avais plus à me cacher derrière les autres pour justifier mon existence ou mon bonheur. Rien ne peut m'arriver depuis que je n'ai plus peur d'aller au resto seule.

C'est devenu un véritable rituel de liberté. Je ne dépends plus de personne pour me sentir en paix avec moi-même. Ce chemin, ce processus, je l'ai fait pour moi et j'incite mes clientes à le suivre également. Pour moi, c'est la base de l'émancipation et de la liberté. C'est la racine de la résilience, de cette force inébranlable qui fait que vous savez que vous pouvez vous suffire à vous-même. Vous devenez votre propre point d'ancrage.

Si c'est le bon moment pour vous, je vous incite à faire quelque chose seule, cette semaine. Une activité que vous remettez toujours à plus tard, par peur du regard des autres. Allez au resto, au cinéma, partez en week-end, faites ce que vous avez envie de faire pour VOUS. Et souvenez-vous : vous êtes la seule personne à convaincre.

S'offrir des fleurs : une déclaration d'amour à soi-même

Je me souviens d'une autre étape importante de mon parcours d'autonomisation : la première fois que je me suis offert des fleurs. Cela peut paraître simple, mais c'était bien plus que cela. J'avais passé des années à attendre de quelqu'un ce geste romantique, ces fleurs qui symbolisent l'attention, la tendresse. Et, un jour, j'ai compris que je pouvais m'offrir tout cela. Je n'avais plus besoin d'attendre. J'ai acheté un bouquet pour moi, et c'était comme une déclaration d'amour à moi-même. C'est devenu un rituel hebdomadaire. Ces fleurs ne sont plus simplement une décoration, mais une affirmation de ma valeur, de ma capacité à prendre soin de moi, à me faire kiffer. Arrêtez d'attendre. Offrez-vous ces foutues fleurs, dès maintenant, comme le dit si poétiquement Tara Schuster[62], auteure américaine hilarante avec laquelle je me sens si en phase.

La liste des 101 envies : une promesse de liberté

Un autre exercice qui a changé ma relation à moi-même a été celui des 101 envies. Inspirée par le livre de Grégoire Delacourt[63], j'ai pris un cahier et j'ai commencé à écrire toutes mes envies. L'exercice peut sembler simple, mais allez jusqu'à 101. Vous verrez que cela vous pousse à explorer vos désirs profonds, à aller au-delà des envies superficielles pour toucher quelque chose de plus essentiel.

Pourquoi ? Parce que vous avez le droit d'avoir des désirs, des envies. Vous avez le droit de vivre pleinement. Alors, commencez par cette liste. Notez tout ce qui vous fait plaisir, tout ce qui vous fait vibrer, même les choses qui vous paraissent insignifiantes ou folles. Et, surtout, ne vous arrêtez pas avant d'atteindre 101. C'est là que la magie opère.

Concrétisez ensuite ces envies, une par une. Ne vous mettez pas de limites. Cela peut être aussi simple que s'offrir une escapade en bord de mer, ou aussi ambitieux que monter un projet personnel. Mais l'important, c'est de vous engager à vous faire plaisir.

Ma découverte du Portugal en van aménagé : une plongée profonde dans mon propre être

L'été 2019, j'ai enfin osé réaliser un rêve que je portais en moi depuis des années. Après ma séparation avec le père de mon quatrième enfant, je me suis retrouvée avec quinze jours rien qu'à moi, en août. Cela me faisait peur, mais, en même temps, je sentais que j'avais un

62. Tara Schsuter, *Achète-toi toi-même ces p*tains de fleurs*, Jouvence, 2023
63. Grégoire Delacourt, *La Liste de mes envies*, JC Lattès, 2012.

besoin vital de cette solitude. Ce moment représentait une étape cruciale de ma guérison personnelle.
Sur ma fameuse liste de 101 envies, il y avait deux choses que je voulais réaliser depuis toujours : découvrir le Portugal et vivre dans un van aménagé. Cette *vibe* bohème, de liberté totale, m'appelait. En cinq minutes, j'ai réservé un billet d'avion et loué un van pour un *road trip* de quatorze jours, de Lagos à Lisbonne. Mon objectif : me laisser porter par la route, sans plan fixe, et me reconnecter à moi-même.
Ce voyage n'était pas une simple aventure touristique, c'était une quête de liberté, une plongée profonde dans mon être intime. Ce voyage a réveillé une part de moi que j'avais depuis longtemps enfouie sous les responsabilités de mère, d'épouse et de professionnelle.
Je me souviens encore du jour où je suis arrivée à l'agence de location. J'étais à la fois excitée et terrifiée. Je me disais : « Entre rêver de ce moment et le vivre, il y a un gouffre. » Souvent, on fantasme des expériences de liberté, mais, lorsqu'on se retrouve seule face à soi-même, la réalité nous rattrape. Ce silence. Cette solitude. Cela m'a confrontée à des émotions que je n'avais pas ressenties depuis longtemps, celles que j'avais enterrées sous des années de vie trépidante et d'obligations familiales.

Le premier soir, seule dans mon van garé au bord de l'océan, j'ai été submergée par un mélange de vulnérabilité, d'appréhension et d'euphorie. Pour la première fois, j'étais seule avec moi-même, sans personne à qui répondre, sans enfants à m'occuper, sans partenaire à gérer. Et c'était à la fois terrifiant et exaltant.
Durant ces premières nuits, j'ai appris à accepter et à apprécier la solitude. Longtemps perçue comme un signe de faiblesse ou d'abandon, elle était en réalité une source de puissance. J'étais enfin face à moi-même, sans masque, sans rôle à jouer. Cette solitude m'a permis de faire face à mes émotions, celles que je n'avais pas écoutées depuis trop longtemps. J'ai beaucoup écrit, de façon automatique et introspective.
Je me souviens d'un soir en particulier, garée sur une plage isolée, où j'ai ressenti un calme intérieur inédit. Seule face à l'océan, avec pour seul bruit le ressac des vagues, je me suis sentie complète. J'avais toujours cherché la validation et la reconnaissance des autres, mais à ce moment-là, j'ai compris que je n'avais besoin de personne pour me sentir entière. C'était une guérison profonde, un moment de plénitude inoubliable.

Je me souviens encore de cette pensée qui m'a traversée un soir : « J'avais toujours rêvé d'être cette fille-là. » La fille qui n'a pas pris de douche depuis dix jours, qui vit avec les cheveux ébouriffés par le vent et le soleil, le sourire aux lèvres. La fille qui porte un bracelet à la cheville, qui marche pieds nus sur des plages désertes, qui dort sous les étoiles et se sent libre comme l'air. Celle qui ose demander de l'aide à des inconnus. Celle qui n'a plus peur du vide, qui s'égratigne les jambes dans des ronces parce qu'elle prend le chemin le moins emprunté pour admirer une vue à couper le souffle. Celle qui se retrouve sur une plage naturiste et qui, sur un coup de tête, enlève son maillot et plonge dans les vagues glacées de l'océan. Oui, je suis devenue cette fille-là. Et cette réalisation m'a remplie de fierté et de liberté.

Chaque jour dans ce van, j'ai découvert une nouvelle part de moi-même. Il est devenu mon refuge, mon espace sacré. C'était une maison à roulettes qui m'offrait un espace où je pouvais être totalement moi-même, sans devoir répondre à qui que ce soit. Je me suffisais. J'ai appris à vivre simplement, à savourer le silence et la lenteur. Les moments où je m'arrêtais dans des petits villages pour acheter du pain frais ou un café, les arrêts improvisés pour admirer le coucher de soleil sur des plages désertes, tout cela a transformé ce voyage en une expérience spirituelle profonde.

Le chemin vers la renaissance

Ce voyage m'a surtout appris que, pour être bien avec les autres, il faut d'abord être bien avec soi-même. J'ai compris que l'amour de soi est le fondement de toute relation saine. J'ai cessé d'attendre que quelqu'un d'autre comble mes vides émotionnels. J'ai arrêté d'attendre qu'on m'emmène en vacances, qu'on m'offre des fleurs, qu'on me dise que je suis « assez ». Je me suis offert tout cela. Je suis complète, je suis « assez ». Je n'ai plus besoin de dépendre de quelqu'un d'autre pour être heureuse.

Lorsque je suis rentrée, je n'étais plus la même femme. J'avais trouvé une force intérieure que je n'avais connue. Je m'étais reconnectée à mes désirs. Ce *road trip* m'a montré que je suis capable de tout, que je n'ai pas besoin d'attendre que quelqu'un me donne la permission de vivre mes rêves. Le Portugal m'a offert bien plus qu'une aventure : il m'a offert une renaissance.

Ce processus est un chemin vers l'autonomie émotionnelle. Vous réalisez que votre bonheur ne dépend de personne d'autre, que vous êtes déjà complète et suffisante. À partir de cet espace de plénitude, vos relations se transforment : elles ne viennent plus combler un vide, mais nourrir une abondance intérieure. Vous n'attendez plus des autres qu'ils comblent un manque, vous les accueillez comme un bonus, une complémentarité. Cela vous rend plus libre et authentique dans vos interactions et vous permet de vous épanouir dans des relations fondées sur le respect mutuel.

CHAPITRE 16

La gratitude, ou comment j'ai découvert que j'avais toujours eu cette clé en main

La gratitude, cette capacité à reconnaître la beauté dans les petits riens

La première fois que j'ai entendu parler de la gratitude dans mes cours de psychologie positive, ce fut un de ces moments « ah mais bien sûr ! » qui venaient valider quelque chose que je pratiquais depuis toujours sans même m'en rendre compte. Ce que la science me donnait, c'était une explication limpide de ce que j'avais intégré dans ma vie depuis des années, une clé qui m'avait permis de traverser des tempêtes sans couler. La gratitude, je la vivais déjà, mais je ne l'avais jamais conscientisée, ni intellectualisée.

C'était comme si on me disait que le secret de ma résilience était là, devant moi, depuis le début. Ce qui m'avait aidée à ne pas sombrer quand j'avais perdu pied, à ne pas devenir amère quand la vie m'avait giflée, c'était ça : cette capacité à reconnaître la beauté dans les petits riens, à dire merci même quand tout s'effondrait autour de moi.

Et, soyons clairs : la gratitude, ça n'a rien d'un remède miraculeux en mode « je souris et tout va bien ». Non, c'est bien plus profond que ça. C'est une pratique qui vient réécrire les fondations mêmes de notre manière d'être au monde. J'ai commencé à observer, avec encore plus de conscience, à quel point ma vie changeait quand je mettais le focus sur ce qui allait bien, sur ce que j'avais déjà, plutôt que sur ce qui manquait.

Et là, quelque chose s'est débloqué. Je n'étais plus esclave de mes émotions, de ces vagues de frustration, de colère ou de tristesse. La gratitude m'a stabilisée émotionnellement, parce que, soudain, je n'étais plus victime des circonstances ou des autres. J'avais ce pouvoir de choisir où je plaçais mon attention. J'ai pu faire le parallèle avec la philosophie de vie de Viktor Frankl. (Remember ?)

Pratiquer la gratitude même pour les épreuves !

Mais là où ça devient encore plus intéressant, c'est quand j'ai commencé à pratiquer la gratitude pour les épreuves difficiles. Oui, vous

avez bien lu. Même pour les moments de merde. Ceux qui m'ont fait mal, qui m'ont poussée dans mes retranchements. Ça a commencé avec mes relations amoureuses désastreuses (eh oui, toujours elles). Celles dont je suis sortie fracassée, pensant que jamais je ne m'en remettrais. Et pourtant, aujourd'hui, je leur dis merci. Non pas parce que je suis une sainte au pays des bisounours, mais parce que j'ai compris que chaque blessure m'avait appris quelque chose. Je ne crois pas que les traumas nous rendent plus fortes. Je pense qu'ils nous déchirent, nous amputent, nous diminuent et nous affaiblissent. Mais les traumas nous placent face un choix.
Celui de choisir entre la mort ou la vie. Entre la dépression ou la résilience.
Il n'y a aucune fatalité dans le malheur ou la souffrance. Nous avons le choix de créer une nouvelle réalité, une autre voie sans nous laisser déterminer par nos blessures. Je me rappelle encore le discours intérieur que je me suis fait un jour : une sorte de cérémonie des Oscars personnelle où je remerciais mes ex pour leurs trahisons, leur lâcheté, leurs silences, leur violence. Merci, sérieusement. Parce que, sans eux, je ne serais jamais devenue cette femme qui sait exactement ce qu'elle désire et mérite. Je leur dis merci pour les épreuves, parce qu'elles m'ont permis de comprendre que la seule personne dont j'ai vraiment besoin, c'est moi. La plus grande des gratitudes, je l'ai envers moi-même. Et j'honore la femme qui a fait le boulot chaque jour de se relever de ses blessures. J'honore ma rage de vivre et je dis merci chaque jour à toutes mes versions passées. C'est dans la gratitude que j'ai fait le lien profond avec le pardon. Pas ce pardon religieux ou moral, non, un pardon qui libère vraiment. Qui dit : « Tu n'as plus de prise sur moi. J'ai appris, j'ai grandi, et je te remercie pour ça. »

Pensez à une relation qui vous a fait souffrir. Était-ce une rupture douloureuse, une relation toxique ou une personne que vous avez poursuivie malgré les signes de désintérêt ? Et si, au lieu de voir cette relation comme un échec, vous la voyiez comme une expérience nécessaire pour apprendre ce que vous ne voulez plus jamais accepter dans votre vie ? Quelle leçon précieuse vous a-t-elle laissée ? Si vous deviez remercier cette relation pour une chose, quelle serait-elle ?

Se dire merci pour tout le chemin parcouru

En faisant ce travail, je me suis reconnectée à une autre forme de gratitude : celle que j'avais connue dans mon enfance. Mes parents, avec leur manière bien à eux de vivre, m'avaient inconsciemment initiée à cela. Mon père, cet homme joyeux, souvent survolté, avait cette phrase qui nous arrêtait dans nos courses folles : « C'est la meilleure heure. » À chaque fois qu'on vivait quelque chose de chouette, il nous disait ça. À l'époque, je ne comprenais pas trop. Il s'arrêtait net, prenait une grande respiration, nous regardait et lançait cette phrase comme une invitation à savourer l'instant. C'était sa manière de nous dire : « Arrêtez-vous. Ressentez. » Parfois, c'était même un peu culpabilisant, du genre : « Avec la vie de rêve qu'on vous offre, vous pourriez être un peu plus reconnaissants, non ? » Mais, la plupart du temps, c'était simplement ça : un appel à prendre conscience de la beauté de l'instant. À se rendre compte de la chance qu'on avait. Mes parents m'ont appris à ressentir combien la vie, avec ses hauts et ses bas, valait la peine d'être vécue pleinement. Ils m'ont enseigné à savourer la vie, à être reconnaissante pour les petits plaisirs, et cela a façonné ma manière de vivre aujourd'hui.

Et c'est grâce à cette pratique que j'ai pu me reconnecter à un profond amour de moi-même. Parce que la gratitude, c'est ça avant tout : reconnaître ce que l'on a, ce que l'on est, et se dire merci pour tout le chemin parcouru. Alors, oui, merci pour les bonnes choses, mais surtout merci pour les galères. Parce que c'est grâce à elles que je me suis rencontrée pour de vrai.

Merci pour chaque instant, pour chaque épreuve, pour chaque leçon.
Parce qu'elles m'ont appris à m'aimer encore plus fort.

CHAPITRE 17
Je reprends la responsabilité de ma sexualité et j'arrête de simuler

Comme vous l'avez sans doute compris, en lisant le début de cet ouvrage, ma découverte de la sexualité a été pour le moins chaotique, voire marquée par des événements traumatiques. L'épisode avec le baby-sitter, loin de me détourner de la sexualité, m'a malheureusement exposée à une idée fausse et dangereuse : celle d'avoir du pouvoir sur les hommes à travers la sexualité. C'est une leçon dont j'aurais pu me passer, car aucune petite fille de onze ans ne devrait vivre ça. Aucune fillette ne devrait croire à ce pouvoir-là. Aucune ne devrait croire que l'amour ou la validation s'obtient par le biais de son corps ou de ses charmes.

Mes premières expériences

J'ai donc commencé ma « carrière sexuelle » très jeune, en attirant le beau Jason et son appareil dentaire derrière un buisson pendant un cours de sport. Nous étions en 5e A. J'avais onze ans et demi. Nous avons vécu une relation fusionnelle platonique pendant toute l'année jusqu'à ce que je le trouve trop gentil et lui préfère le mystère et l'arrogance d'Anthony, adolescent torturé et violent qui a été le premier homme, après mon père, à me mettre une claque, devant tout le monde à la sortie du collège.

À l'adolescence, j'étais attirée par des garçons plus âgés qui avaient des attentes bien différentes des miennes. À quatorze ans, j'ai découvert la sexualité orale avec Tom, qui avait dix-sept ans. Une part de moi trouvait l'expérience intrigante et excitante, mais une autre était déjà concentrée sur la performance, désireuse d'être la meilleure pour gagner son admiration et son affection.

Je me rappelle être rentrée chez moi, dans ma chambre d'ado aux murs recouverts de posters de Lionel Richie, d'Elton John et des New Kids on the Block (oui, bon, ça va), et m'être délectée de décrire précisément l'expérience dans mon journal intime. Mais, quelques jours plus tard, en rentrant du collège, l'atmosphère avait changé. Mon père, assis sur mon lit, avait mon journal sur les genoux, ouvert. Ce moment m'a pulvérisée.

Son regard. Son regard noir. Sa mâchoire serrée. Les mots qui jaillissent : « Pute » « Salope » « Honte » « Qu'est-ce que j'ai fait au bon Dieu ? » « Punition ». Trois jours après ma découverte de la sexualité, mon père viole mon intimité psychique, associe ce que j'ai fait à un comportement honteux et sale et me punit de l'avoir fait. Je suis restée transie tout comme ma mère, restée dans la cuisine. Je pense que, ce jour-là, mon père, sans le vouloir, a créé une sorte de prophétie autoréalisatrice en me faisant passer du côté des filles faciles et séductrices. Aujourd'hui, je porte un autre regard sur ce qu'il s'est passé. Je crois sincèrement que mon père avait perçu chez moi cette attirance pour les emmerdes et qu'il a essayé, de manière inappropriée et carrément catastrophique, de m'en détourner. Je sais aussi aujourd'hui que ma précocité, ma recherche de sensations fortes et de conduites à risque étaient en partie liée au TDAH. Le comprendre (tardivement) m'a permis de pardonner plus facilement à mon père.

Comment j'ai appris à faire passer mon désir après celui de l'autre...

Puis il y eut Gad, beau *trader* de vingt-cinq ans (à l'époque, on disait *golden boy*). J'en avais quinze. Il a été ma première fois. J'étais très amoureuse et surtout très flattée qu'un mec comme lui s'intéresse à une gamine comme moi. J'avais l'impression d'être au-dessus de la mêlée. Parmi toutes les jeunes filles, il m'avait choisie, moi ! Je ne voyais pas le problème. Je me sentais tellement grande dans ma tête, dans mes envies. Il habitait à New York, et mes parents m'ont laissée le rejoindre pendant les vacances scolaires. Je vivais mon rêve américain. J'avais l'impression d'être l'héroïne de mes films cultes. Nous étions dans les années 1990 et c'était le boom des Rom Com[64].
Quand je suis arrivée à l'aéroport JFK, une limousine et un chauffeur en gants blancs m'attendaient avec une pancarte à mon nom pour me conduire au Hyatt Hotel où Gad habitait à l'année.
J'avais l'impression d'être Julia Roberts dans *Pretty Woman*.
Un mot et un bouquet de fleurs m'attendaient dans le salon. « Je suis au travail, je te retrouve ce soir. » J'ai attendu dans un état de surexcitation à la hauteur du caractère insolite de la situation. Quand je raconte cette histoire, j'ai toujours peur que les gens me prennent pour

64. Comédie romantique. Genre de fiction, notamment cinématographique, qui présente des histoires romantiques de manière humoristique et légère.

une mythomane. D'ailleurs, cela fait longtemps que je ne la raconte plus, car bien que cette relation ne soit pas considérée comme de la pédophilie, elle interroge sur les motivations d'un homme de vingt-cinq ans qui tourne autour d'une jeune fille de quinze.
Je ne garde cependant qu'un merveilleux souvenir de cette histoire d'amour et de mes premières fois avec lui. Nous nous aimions, il était doux, tendre et délicat. Avec du recul, la sexualité à laquelle il m'a initiée était très basique et immature. Je ne savais pas à quoi m'attendre. J'avais entendu parler d'orgasme féminin, mais je ne savais pas ce que c'était, comment ça se manifestait. Si bien que j'ai cru que l'orgasme était le plaisir intense d'avoir satisfait mon partenaire après qu'il a joui. Dans cette configuration, j'avais compris que l'acte sexuel se passait en plusieurs étapes :

- les baisers ;
- les préliminaires qui consistent à ce que l'homme caresse mon sexe pour qu'il soit prêt à accueillir le sien ;
- la pénétration, dans différentes positions jusqu'à ce que l'homme éjacule ;
- le câlin et les ronflements ;
- la fierté du travail bien fait (comprendre « je suis une bonne partenaire, il a kiffé »).

Pendant des années, j'ai été une excellente simulatrice. Si bien que chacun de mes partenaires sexuels a pu croire être un Dieu du cul entre mes jambes. Je tiens publiquement à présenter mes excuses à la majorité de mes ex qui liront peut-être ce livre. Et je suis sûre que la plupart doivent se dire. : « Non, mais avec moi, c'est impossible qu'elle ait simulé ! Je m'en serais aperçu ! » *Sorry buddies !* À quelques exceptions près, je n'ai jamais eu d'orgasme par pénétration. Selon une étude[65], près de 80 % des femmes ont avoué avoir simulé au moins une fois dans leur vie. Ce chiffre montre à quel point la pression de la performance sexuelle, souvent imposée par les attentes patriarcales, est omniprésente dans les relations intimes. Ai-je eu du plaisir ? Bien évidemment. Plaisir du jeu, de la séduction, des sensations agréables et, surtout, plaisir dans la satisfaction de satisfaire l'autre, de me trouver belle et désirable dans son regard. Plaisir dans la performance et la reconnaissance que j'étais un super coup, une espèce de déesse enchanteresse ! Et je dois bien avouer que j'ai aimé

65. Shere Hite, *Le nouveau rapport Hite : La sexualité des femmes dévoilée*, J'ai lu, 2004.

le pouvoir que cela me conférait. La quête de validation extérieure n'est pas propre aux relations marquées par la douleur ou la violence. Beaucoup d'entre nous ont grandi en croyant que notre valeur résidait dans le regard de l'autre, dans le désir que nous suscitons, même dans des relations consensuelles. Combien de fois avons-nous cherché à plaire plutôt qu'à nous faire plaisir ? C'est le piège : on nous enseigne que notre désir passe toujours après celui de l'autre.
Et vous, combien de fois avez-vous mis de côté vos propres désirs pour satisfaire ceux de votre partenaire ? Combien de fois vous êtes-vous dit : « Ce n'est pas grave, l'important, c'est qu'il soit satisfait » ? Je vous vois. J'ai été vous. Jusqu'à ce que je comprenne tous les renoncements que cela me demandait. Tous les petits suicides intérieurs qui n'offrent aucune garantie d'être aimée pour la vie. J'ai connu le plaisir, mais pas souvent l'orgasme. Je me suis fait aussi vivre beaucoup de violence dans la suradaptation. Cette quête de validation par le plaisir de l'autre m'a éloignée de ma propre jouissance. Mais, aujourd'hui, je sais que la satisfaction de mon partenaire n'est pas le baromètre de ma valeur. Mon plaisir est légitime, il est même primordial.

Le déclic pendant mes vacances à Tel Aviv

Pendant longtemps, j'ai cru que quelque chose clochait chez moi. Je savais que je n'étais pas frigide, mais je ne comprenais pas pourquoi je restais si souvent frustrée. En écrivant ces lignes, je ressens beaucoup de compassion teintée de tristesse pour cette jeune Audrey, qui s'est construite en épousant, aveuglément, le modèle patriarcal jusqu'à devenir l'une de ses victimes et l'une de ses soldates.
L'été 2010, j'étais en vacances à Tel Aviv, dans un super hôtel *gay-friendly*. Tout me plaisait dans cet hôtel : sa déco chic et moderne, la gentillesse infinie du staff, la bouffe raffinée et *healthy*, la clientèle éclectique et joyeuse, et surtout sa bibliothèque aux mille et un livres. Un jour, en flânant entre les rayonnages, je suis tombée sur une section qui allait changer ma vie : la section sexualité féminine et féministe. L'impact fut immédiat, comme une gifle en pleine figure. Une prise de conscience foudroyante. Il y eut un avant et un après. En une semaine, j'ai dévoré au moins cinq livres. Un nouveau monde de compréhension s'offrait à moi. Toutes ces autrices partaient du même constat : la sexualité féminine a longtemps été muselée et conditionnée par le patriarcat, un système de pouvoir

qui a historiquement relégué les femmes à des rôles subordonnés et contrôlés.

Comment la sexualité féminine a été réprimée par le patriarcat et affectée par l'inconscient collectif

Depuis l'Antiquité, les sociétés patriarcales ont dicté des normes strictes sur le comportement sexuel des femmes. Par exemple, dans la Grèce antique, les femmes étaient principalement confinées à la maison et leur sexualité était étroitement surveillée pour garantir la légitimité des héritiers masculins. Cette surveillance et ce contrôle se sont perpétués à travers les siècles, souvent en utilisant la religion et la morale comme leviers. Cette répression de la sexualité féminine a servi à maintenir les femmes dans un état de dépendance et de soumission.

La sexualité féminine, au-delà des contraintes imposées par des structures patriarcales visibles, est profondément affectée par l'inconscient collectif, un réservoir d'expériences, de traumatismes et de narrations héritées. Cet inconscient collectif féminin est lourdement chargé de drames, de violences, de coercition et de soumission qui façonnent la manière dont les femmes perçoivent et vivent leur sexualité.

Depuis des siècles, ces récits ont été gravés dans la psyché collective des femmes. Ces expériences, transmises de génération en génération, influencent inconsciemment les comportements, les peurs et les attentes des femmes vis-à-vis de leur propre sexualité. Les histoires de violence sexuelle, bien que souvent non dites ou minimisées, laissent des traces indélébiles dans l'inconscient collectif. Elles nourrissent une peur omniprésente et un sentiment de vulnérabilité qui peut inhiber l'expression sexuelle libre et épanouie.

Les travaux de Carl Jung (oui, encore lui ! C'est une histoire d'amour) sur l'inconscient collectif montrent comment les expériences partagées et les archétypes peuvent influencer le comportement et les attitudes individuelles. Pour les femmes, ces archétypes incluent souvent des images de la femme soumise, de la victime ou de la tentatrice, des rôles qui limitent et définissent de manière restrictive leur sexualité. Ces représentations, renforcées par des siècles de mythes et de légendes, ont été intégrées non seulement dans la culture populaire, mais aussi dans les structures familiales et sociales.

Comment la sexualité féminine a été entravée par les normes esthétiques

Un autre facteur est la répression exercée sur le corps des femmes, à travers des critères de beauté souvent inaccessibles et rigides. Cela joue un rôle crucial dans l'entrave à une sexualité pleinement vécue. Les normes esthétiques imposées par la société patriarcale poussent les femmes à nourrir de grands complexes et à se percevoir constamment comme imparfaites. Cette obsession pour une apparence « idéale » crée une déconnexion avec notre propre corps, perçu comme un objet à juger plutôt qu'à habiter et à ressentir. Le culte de la minceur, de la jeunesse et l'hypersexualisation des corps féminins alimentent une autocritique constante qui érode la confiance en soi et détourne l'attention des femmes de leurs sensations corporelles authentiques.

Cette focalisation sur l'apparence physique entrave la capacité des femmes à vivre leur sexualité dans l'instant présent, en les enfermant dans un cycle de préoccupations esthétiques plutôt que dans une exploration sensorielle et énergétique de leur corps. Une sexualité coupée du corps en tant que source énergétique, créatrice et sensorielle, prive les femmes de leurs pouvoirs magiques intrinsèques, ceux qui résident dans la capacité à ressentir profondément, à se connecter à leur intuition et à exprimer librement leur désir. Le potentiel de la sexualité féminine comme source de plaisir, de créativité et de puissance est ainsi étouffé par des standards de beauté irréalistes et oppressifs.

Il est difficile de prendre du plaisir si l'on est en permanence en dehors de son corps. Pendant des années, j'ai fait l'amour de l'extérieur. Je me matais et j'étais à l'affût du moindre détail qui tue. « Voit-il ma cellulite ? Suis-je assez cambrée ? Oh, putain, j'ai plein de boutons sur les fesses ! Je vais lui faire les yeux de Cat Woman. Est-ce que je sens bon ? » Que de complexes, que de mental, que de jugements et d'anxiété.

Comme il est difficile d'avoir une sexualité épanouie quand on ne sait pas que la sexualité féminine est loin d'être homogène. Chaque femme a une expérience unique, influencée par des facteurs personnels, culturels et sociaux.

L'orgasme féminin est souvent plus complexe que ce que les normes culturelles laissent entendre. De nombreuses femmes ont partagé qu'elles n'atteignent pas systématiquement l'orgasme pendant les

rapports sexuels avec pénétration et que la stimulation clitoridienne est souvent nécessaire. Ce constat remet en question l'idée que l'orgasme vaginal est la norme ou le but ultime des rapports sexuels.
Je me rappelle toutes les fois où j'ai attendu que mon partenaire s'endorme après son éjaculation, pour me caresser très discrètement jusqu'à atteindre l'orgasme.
Pendant longtemps, je me suis raconté l'histoire que la majorité des hommes étaient vraiment nuls au lit. Et je courais après le modèle exceptionnel qui « saurait » me combler et me faire grimper au rideau. J'ai mis du temps à comprendre qu'en entretenant cette croyance je perpétuais le modèle patriarcal. Si je pense que c'est à l'homme de « me faire l'amour », de « me donner un orgasme », je lui abandonne tout mon pouvoir. Je me mets en position d'attente et d'impuissance.

Écoute tata Betty : la masturbation, un chemin vers une meilleure compréhension de soi

À la lecture du livre *Sex for One: The Joy of Selfloving*[66], j'ai été bluffée par la manière dont Dodson parlait de l'auto-érotisme avec autant de liberté, autant d'audace. Je précise que ce livre date de 1974 et je ne comprends pas que notre éducation sexuelle soit si pauvre alors qu'il existe depuis longtemps des ouvrages très bien documentés.
Elle m'a ouvert les yeux sur l'importance de découvrir et d'embrasser mon propre plaisir sans honte ni tabou. Elle insistait sur le fait que la masturbation était non seulement une pratique saine et naturelle, mais aussi un chemin vers une meilleure compréhension de soi. En lisant ses mots, j'ai compris que j'avais le droit de prendre en main mon plaisir, de m'affranchir des attentes patriarcales qui me faisaient croire que mon corps était un objet de satisfaction pour l'autre. De ce manque d'éducation, filles et garçons confondus, qui nous pousse à croire que le clitoris sert à chauffer la salle pendant les préliminaires. D'ailleurs, rien que l'emploi de terme « préliminaires » montre bien que le plaisir féminin est un préambule au « vrai acte » ; celui de la pénétration conduisant à l'éjaculation masculine.
Très inspirée par Betty, j'ai donc suivi ses conseils. J'ai commencé par me regarder dans le miroir, non pas avec les yeux critiques de la société, mais avec des yeux d'amour et de curiosité. J'ai exploré chaque courbe, chaque recoin, apprenant à apprécier mon corps pour

66. Betty Dodson, Three Rivers Press, 1974 (non traduit en français).

ce qu'il est : un magnifique instrument de plaisir. C'était une expérience nouvelle, presque intimidante, mais profondément libératrice. La masturbation est devenue pour moi une voie de guérison. Dans la solitude de ma chambre d'hôtel, je me suis autorisée à explorer ce qui me faisait vibrer, sans l'intermédiaire d'un partenaire. Je suis allée au *sex shop* et j'ai investi dans tout un tas de gadgets vibrants et lubrifiants. J'ai appris à aimer chaque sensation, chaque frisson, chaque soupir de plaisir. Et, en réclamant cette autonomie, j'ai découvert une liberté inédite. Mon plaisir n'était plus une performance à livrer, mais une expérience à savourer. Comme moi, beaucoup de femmes se sont longtemps privées de leur pouvoir sexuel, croyant que leur plaisir dépendait de l'autre. Mais, en réalité, la vraie transformation commence quand nous nous réapproprions notre corps, que nous comprenons que notre plaisir est avant tout un chemin vers notre propre puissance. Les orgasmes que je me donnais étaient des cadeaux, des moments de pure connexion avec mon essence. J'ai appris que mon corps répondait à ma propre attention, à ma propre adoration. Et j'ai découvert un réservoir énergétique assez impressionnant, au sens propre du terme. À tel point que j'ai mis cette découverte un peu en stand-by à cette époque. J'ai aussi rangé un ou deux sextoys au vrombissement trop fort (#teammisophone, *remember* ?).

La masturbation n'est pas seulement une source de plaisir, elle est aussi une voie vers la connaissance de soi. Chaque femme mérite de se connaître, d'explorer son propre corps sans culpabilité. En reprenant la main sur notre plaisir, nous reprenons le pouvoir sur notre sexualité, loin des normes et des attentes extérieures.

L'un des aspects les plus révolutionnaires des enseignements de Dodson était la réhabilitation du clitoris dans l'acte sexuel. Trop longtemps ignoré ou relégué au second plan, il est en réalité le centre du plaisir féminin. J'ai appris à l'accueillir comme un participant à part entière dans mes expériences sexuelles. C'était comme si je disais à mes partenaires : « Bonjour, mon clitoris et moi-même sommes très heureux de partager une expérience sensorielle et hautement énergétique avec toi. »

En pratiquant régulièrement l'auto-érotisme, j'ai donc appris à mieux communiquer mes désirs à mes partenaires. En sachant exactement ce qui me plaît, j'étais en mesure de guider l'autre, de transformer l'acte sexuel en une danse de plaisir partagé, plutôt qu'en une quête unilatérale de satisfaction. Je me rappelle encore, avec beaucoup

d'émotion, la fois où j'ai osé dire à un partenaire : « Attends, je vais me caresser en même temps que tu me pénètres. » J'ai tourné la phrase cinquante fois dans ma bouche avant qu'un son puisse franchir la barrière de mes lèvres. J'avais peur que le mec se vexe, qu'il pense qu'il n'était pas à la hauteur. Mais à chaque fois, c'était une victoire. À chaque fois, je prenais confiance en moi.
Embrasser sa sexualité avec audace et authenticité, c'est comprendre que le plaisir est une aventure personnelle, un voyage que l'on entreprend avant tout pour soi-même.
Cette découverte a été le début d'un long chemin de guérison et d'exploration vers une sexualité sacrée où le plaisir est défini non seulement par l'orgasme, mais aussi par l'intimité, l'affection et l'exploration commune.

Je mérite de connaître mon propre plaisir.
Mon corps est une source de puissance
et je suis la seule à en détenir la clé.

Cette exploration commence par une réflexion que je vous invite à avoir. Prenez dix minutes pour écrire ce que vous aimez réellement dans l'intimité et la sexualité.
Qu'est-ce qui vous fait plaisir ?
Qu'est-ce qui, au contraire, ne vous convient plus ?
Soyez honnête avec vous-même et utilisez cette liste pour avoir une discussion ouverte avec votre partenaire.

2016 : ma vie à Tel Aviv

Les années qui ont suivi, j'ai continué à m'informer et j'ai vu arriver des autrices féministes américaines dont les points de vue sur la sexualité féminine m'ont fait énormément avancer. En 2016, je suis partie vivre à Tel Aviv. Tel Aviv a toujours été pour moi le symbole d'une grande liberté d'être. La ville est connue pour être une métropole libérée, vibrante et avant-gardiste, où les pratiques de développement personnel, de yoga et de chamanisme sont non seulement acceptées, mais encouragées. Partout dans la ville, des studios de yoga proposent des cours variés, allant des pratiques traditionnelles aux approches plus modernes et spirituelles. Les retraites de kundalini y sont courantes, offrant des espaces sacrés où l'on peut éveiller cette

énergie spirituelle et transformer sa vie. Les festivals de bien-être, les cercles de guérison et les ateliers de chamanisme y fleurissent, rassemblant des communautés de personnes en quête de connexion profonde et de transformation personnelle.
Tous les matins, après avoir déposé mon fils à l'école, j'allais prendre mon petit déjeuner chez Urban Shaman. Un lieu hybride de restauration *healthy*, de traitements holistiques, de pratiques chamaniques, à la décoration qui rappelaient les paysages de Tulum et d'Arizona. Outre les *açai bowls* divins, j'aimais venir surtout pour l'énergie de l'hôte des lieux, Udi. Inutile de vous dire à quel point je le trouvais beau. Ma « partie séductrice » en aurait bien fait son quatre-heures. Or, j'ai vite compris que c'était peine perdue. Le mec était gay, gay, gay. Même pas un peu bi (je le sais, car je le lui ai demandé...). En revanche, son énergie m'attirait, m'intriguait. Je sentais qu'il avait quelque chose à m'apprendre. Sur sa carte, il était indiqué qu'il était naturopathe, *urban shaman*.

Renaissance dans le désert

J'ai commencé à travailler avec lui. À l'époque, j'avais un régime alimentaire vegan, à la suite d'une maladie du foie dont j'essayais de me remettre une bonne fois pour toute. Il m'a beaucoup aidée à tenir ce régime que je trouvais très contraignant, moi la bonne vivante. Son accompagnement était multidimensionnel et surtout très spirituel.
Un matin, il m'a dit : « Tu es prête. J'organise un stage dans le désert dans une semaine. J'espère que tu viendras. » Le stage se déroulait dans un glamping en plein désert du Néguev. L'endroit était magnifique, brut et luxueux dans sa simplicité. Lors de ce stage dans le désert, dans l'immensité brute et silencieuse du Néguev, j'ai vécu ce que je peux seulement décrire comme une véritable renaissance.
Chaque matin, nous commencions par des séances de respiration holotropique[67], des pratiques si intenses qu'elles semblaient déverrouiller des portes enfouies au plus profond de mon être. Ce jour-là, alors que le rythme des tambours résonnait dans l'air chaud et sec, ma respiration m'a emportée dans une spirale vertigineuse. Mon corps s'est mis à trembler légèrement, puis plus intensément, comme si chaque cellule se libérait d'un poids invisible. J'ai senti une force me

67. Combinaison de respiration et de mouvements afin de modifier l'état de conscience et de favoriser un processus thérapeutique d'autoguérison physique et psychique.

traverser, quelque chose de brut et d'indompté, une énergie qui ne demandait qu'à émerger.
À un moment, mon bras droit s'est retrouvé autour de ma tête, plié dans une position improbable, formant une sorte de couronne. C'était étrange, inconfortable, mais terriblement significatif. Comme si mon corps rejouait une scène primordiale, une mémoire inscrite dans ma chair. Je me suis vue comme un bébé, sur le point de naître, prêt à franchir cet orifice vers la lumière. Et là, j'ai eu cette pensée absurde : « Wow, flemme ! il faut encore faire passer l'épaule. » Une partie de moi voulait renoncer, épuisée par l'effort. Mais une autre, plus profonde, a murmuré : « Tu es ici pour vivre. La vie t'attend. » Et alors, je l'ai fait. Fatiguée, le souffle court, j'ai laissé cette épaule passer, avec l'impression de briser une barrière invisible.
Quand cette étape s'est achevée, quelque chose en moi avait changé. J'entendais toujours le tambour et les chants qui rythmaient l'espace, des pulsations qui semblaient provenir directement du cœur de la Terre. Et soudain, une force irrépressible m'a poussée à me redresser. Je me suis levée, encore vacillante, puis mon corps a commencé à bouger, d'abord doucement, puis dans une danse frénétique. C'était comme si la vie elle-même m'habitait, chaque mouvement porté par une puissance que je n'avais jamais ressentie auparavant. Ce n'était pas une danse, c'était une transe, un hommage à cette force qui m'avait permis de choisir, encore une fois, la vie.
Quand je me suis finalement arrêtée, essoufflée mais étrangement apaisée, je me suis allongée sur mon tapis. Mes muscles étaient fatigués, mais une énergie douce et lumineuse irradiait de mon être. Je venais de traverser quelque chose de si profond qu'il me semblait que j'avais laissé derrière moi une ancienne version de moi-même. Ce jour-là, dans l'immensité du désert, j'ai choisi de renaître. De vivre.

À la rencontre de ma femme sauvage intérieure

Les après-midis étaient dédiés à des ateliers sur la sexualité sacrée, où nous apprenions à honorer nos corps comme des temples, à célébrer notre sensualité sans réserve. Une des pratiques consistait à danser librement, laissant notre corps exprimer ses désirs et ses émotions sans retenue. C'est au cours de ces danses que j'ai rencontré ma femme sauvage intérieure. Elle était là, tapie sous des années de conditionnement et de répression, prête à émerger avec une force indomptable.

Cette femme sauvage en moi se mouvait avec grâce et puissance, exprimant une liberté que je n'avais jamais connue. La femme sauvage, c'est cette part de moi que j'avais trop longtemps étouffée sous les attentes de la société. Elle n'est pas une rebelle enragée, mais une guide intérieure, intuitive et puissante, qui sait ce dont j'ai besoin. C'est elle qui m'a appris à écouter mes instincts, à être à l'écoute de mes désirs et à ne plus m'excuser d'être entière. Elle n'accepte plus de compromis sur qui elle est ou ce qu'elle veut.

Chaque mouvement était un acte de rébellion contre les normes patriarcales, une célébration de ma véritable essence. J'ai appris à l'écouter, à lui faire confiance, à la laisser guider mes pas dans le monde. Libérer ma femme sauvage, c'était comme sentir mes pieds nus fouler la terre après des années de chaussures serrées. C'était sentir le vent caresser ma peau, sans honte, sans barrière. Chaque mouvement devenait une danse, chaque souffle, un rappel que je suis vivante, libre et puissante. Cette énergie brute en moi ne cherche plus l'approbation de personne, elle est une force indomptable qui me fait avancer, sans crainte. Elle m'a montré que ma sexualité n'était pas un fardeau à porter avec honte, mais une flamme à nourrir et à chérir. Quand j'ai laissé ma femme sauvage prendre le dessus, j'ai appris à dire non sans culpabilité. Non aux relations qui ne m'apportaient plus rien, non aux attentes de la société qui me voulaient docile et silencieuse. C'est elle qui m'a donné la force de quitter un mariage qui ne me nourrissait plus, qui m'a encouragée à explorer ma sexualité sans honte ni tabou. Grâce à elle, je me suis réapproprié mon corps, ma voix, et ma puissance créatrice.

Chaque femme a en elle cette femme sauvage, cette part indomptée qui sait ce qu'elle veut et ce qu'elle ne veut plus. Réveillez-la en prenant le temps de vous reconnecter à votre corps, à vos désirs. Dansez seule, comme si personne ne regardait, laissez vos hanches bouger librement. Écoutez cette petite voix intérieure qui vous guide vers ce qui vous nourrit réellement. Honorez-la en prenant des décisions qui respectent vos besoins profonds, même si cela signifie sortir des sentiers battus.

La puissance de la sororité

Les soirées étaient consacrées à des cercles de parole, où nous nous réunissions pour discuter de nos expériences, de nos découvertes et de nos transformations. Ces moments étaient empreints d'une vulnérabilité et d'une honnêteté rares. Nous riions, pleurions, et nous

soutenions les unes les autres dans notre quête de guérison et de reconnexion. C'est dans ces cercles que j'ai trouvé une sororité puissante, un réseau de femmes déterminées à se réapproprier leur pouvoir sexuel et à vivre pleinement leur sexualité.
C'est là que j'ai découvert la puissance de la sororité. Au-delà des relations individuelles, il y a une forme de bonheur pur à trouver sa tribu de sœurs. La sororité, ce n'est pas seulement un soutien ponctuel ou une complicité de surface. C'est un engagement collectif et profond, une alliance entre femmes qui s'élèvent les unes les autres. Au sein de cette tribu, j'ai trouvé un espace où je pouvais être pleinement moi-même, sans masque ni filtre, entourée de femmes qui comprenaient mes luttes, mes joies et mes vulnérabilités. Ensemble, nous avons créé un lieu de réconfort, de soutien et de libération. Il y a une joie profonde à savoir que, peu importe les défis, nous pouvons toujours compter sur cette force collective pour avancer. La sororité, c'est cet espace de guérison où chaque femme aide une autre à tenir sa couronne, à se relever plus forte, plus aimante, et plus libre. Je profite de ce passage pour exprimer toute ma gratitude pour toutes les sœurs de traversée que j'ai eu la chance de rencontrer depuis toutes ces années. Merci à vous mes sœurs.

L'importance de se reconnecter à son féminin sacré

Au fil des jours, j'ai senti une transformation profonde s'opérer en moi. Mon énergie sexuelle, autrefois réprimée et mal comprise, s'épanouissait enfin. J'étais plus connectée à mon corps, plus en phase avec mes désirs et mes besoins. J'avais redécouvert ma capacité à éprouver du plaisir, non seulement de manière physique, mais aussi émotionnelle et spirituelle.
La redécouverte de ma sexualité sacrée et de ma femme sauvage a été un voyage d'autonomisation et de guérison. En apprenant à honorer mon corps et à célébrer ma sensualité, j'ai trouvé une nouvelle liberté, une nouvelle joie. Ma sexualité est devenue un terrain d'exploration et d'émerveillement, un voyage perpétuel vers moi-même.
Certaines femmes, même sans avoir vécu de traumatisme, éprouvent des difficultés à se connecter à leur corps et à leur sexualité. Que ce soit à travers des douleurs comme le vaginisme, des blocages émotionnels ou simplement la pression de « faire comme dans les films », il est essentiel de se rappeler que chaque parcours est unique. Apprendre à écouter son corps, sans pression ni jugement, est un chemin vers une sexualité épanouie.

J'ai accompagné des centaines de femmes à se reconnecter à leur féminin sacré et à une sexualité épanouie. Je leur ai montré qu'il y a autant de façons de jouir que de femmes. Je sais que retirer la pression de la pénétration comme l'aboutissement d'un « bon » rapport sexuel a été libérateur pour beaucoup. Il y a tant de voies d'exploration de sa sensualité.

Après cette expérience intense dans le désert, je ne pouvais plus aborder ma sexualité de la même manière. Mon corps, désormais éveillé à une énergie nouvelle, réclamait plus qu'une simple intimité physique ; il aspirait à une connexion profonde, authentique, avec moi-même et avec mon partenaire.

J'ai commencé à ressentir beaucoup de frustration dans ma sexualité conjugale. J'étais frustrée de ne pouvoir partager ce trésor qu'est la sexualité sacrée avec mon compagnon. Notre vie intime était le reflet de la qualité de notre relation : le calme plat. Nous n'avions quasiment pas de rapports sexuels et nous étions très déconnectés l'un de l'autre. Cela faisait plusieurs années que je n'avais plus envie d'être en couple avec lui. Je restais par culpabilité par rapport aux enfants. Nous étions très loin de l'extase, que je pratiquais en solo dans mon coin.

2019 : la rupture et la rencontre avec Arnaud

En 2019, un événement très grave (et je ne parle pas d'une tromperie que j'aurais pu largement dépasser) a balayé en deux secondes ma culpabilité et m'a conduite à choisir de rompre le lien. Je me retrouvais à nouveau célibataire. Et tellement heureuse de l'être !

Je sortais de plusieurs semaines de rééducation, à la suite d'une rupture des ligaments croisés du genou gauche. Au risque d'agacer les plus rationnelles d'entre vous, j'ai trouvé que la symbolique de la rupture des liens du « genou » (Je/Nous) était un joli signal. Il était temps que je vive pour moi et que je récolte les fruits de tout le travail de guérison que j'avais entamé ces dernières années.

J'avais envie d'aller encore plus loin dans l'exploration de mon énergie sexuelle. Quand j'ai rencontré Arnaud, il ne m'était plus possible de revenir en arrière. J'étais allée trop loin dans l'exploration de ma puissance sexuelle sacrée, dans mon émancipation. Il m'a fallu prendre mon courage à deux mains pour lui expliquer tout de suite quelle était ma vision de la sexualité. Plus que ma vision : mes standards. Ce que j'aimais, ce que je n'aimais pas. Ce que je souhaitais explorer avec lui s'il était d'accord. Je lui ai carrément fait un cours d'éducation à ma sexualité. Je lui ai montré comment m'accompagner dans la jouissance et l'orgasme. J'ai exprimé mon souhait d'explorer ensemble de nouvelles expériences. J'étais terrifiée à l'idée qu'il ne comprenne pas, qu'il prenne mes mots comme un rejet. Mais, au fond de moi, je savais que je ne pouvais plus revenir en arrière. En posant mes standards, j'affirmais non seulement ma puissance sexuelle, mais aussi ma valeur en tant que femme qui sait ce qu'elle veut.

PARTIE 5

Reprendre son pouvoir

CHAPITRE 18
À chacune sa montagne à gravir ou son désert à traverser

En avril 2019, je me pète les ligaments croisés. Sur une piste de ski, à l'arrêt. Je me souviens encore de cette sensation d'être fauchée en plein vol, immobilisée alors que tout semblait filer à toute allure autour de moi. Quelle leçon l'univers essayait-il de m'enseigner ? Symboliquement, les ligaments, c'est ce qui nous relie au mouvement, ce qui nous permet d'avancer, de nous stabiliser. Et là, tout était rompu. Et, quelques semaines après l'opération, le coup de grâce. Deux trahisons monumentales dans la même semaine. Un divorce personnel et un divorce professionnel. Tout s'effondrait. Carrière, relation, genou. J'étais au fond du trou. Perdre autant de repères d'un coup, c'est suffocant. Je ne savais plus où regarder ni par où commencer pour me relever. Mais c'est précisément à ce moment-là, quand je pensais avoir touché le fond, qu'Émilie, ma jumelle d'une autre mère, me lance un défi totalement fou : « Et si on grimpait le Kilimandjaro ? » Non, mais sérieusement. Moi, avec mon genou tout juste opéré, je vais grimper à près de 6 000 mètres d'altitude ? Elle était folle, c'était évident. Mais, au fond, cette idée a commencé à germer en moi. J'étais tellement à la dérive que je m'y suis accrochée comme à une bouée. Ça me donnait un but. Sortir de ce trou noir. La montagne, c'était devenu une métaphore évidente : gravir quelque chose de colossal, me prouver que je pouvais encore avancer, même si tout autour de moi semblait s'écrouler.

Mon ascension du Kilimandjaro : l'affirmation de mon mode guerrière

Conversation du matin avec Martine, cette petite voix sarcastique dans ma tête : « T'es sûre que tu veux vraiment grimper le Kili ? Tu préférerais pas plutôt une plage paradisiaque, des mojitos et une chaise longue bien confortable ? – Oui, c'est vrai que ça sonne bien, ça... – Non, mais attends. J'ai rien dit pour ton délire de l'été dernier, genre vivre dans un van sans se laver et bouffer des sardines en boîte, mais là, c'est autre chose ! Marcher des heures sous la pluie, sous la neige, dans le froid glacial, dormir dans une tente à des températures négatives, sans parler du manque d'oxygène... T'as un peu d'expérience pour ça ? Genre, t'as fait le GR20 ou un truc dans le style ? – Disons qu'à part aller au G20 pour faire les courses, non. Mais t'inquiète Martine, on va kiffer ! »

Et voilà comment je me suis retrouvée à planifier l'ascension du Kilimandjaro. Entre les séances de rééducation pour mon genou – où je dois dire que la motivation venait aussi de la présence d'un kiné carrément canon – et les moments de doute, cette idée folle m'a portée. C'était ça ou sombrer encore plus profondément. C'est devenu mon obsession, mon défi, le moteur qui me faisait tenir pendant ces mois où tout autour de moi semblait avoir perdu son sens.

Le 3 octobre 2019, je me retrouve au pied de cette montagne, prête à affronter ce géant. À mes côtés, Émilie, fidèle comme toujours, et nos guides, Yesse et Brison. Je ne vous cache pas que j'étais terrorisée. Je ne savais pas si mon genou allait tenir. Et, pour être honnête, je ne savais pas si j'allais tenir tout court. Les statistiques étaient claires : seulement 40 % des gens atteignent le sommet. Mais, plus encore que d'arriver au sommet, je sentais que cette ascension allait me transformer, peu importe l'issue.

À 4 000 mètres, nous faisons face au Barranco Wall, ce fameux passage où l'on doit longer une paroi rocheuse avec un ravin vertigineux dans le dos. La peur était bien là, mais nos guides répétaient sans cesse : « *Polé polé*[68]. » Un mantra simple, mais puissant. Un pied après l'autre. C'est ainsi que l'on avance, que ce soit dans la montagne ou dans la vie. Et c'est là que ça m'a frappée : chacune a son propre Kilimandjaro à gravir. Pour certaines, c'est une rupture amoureuse. Pour d'autres, un deuil, une perte ou même l'éducation de leurs enfants. Nos montagnes sont différentes, mais le principe reste le même : avancer malgré la peur, malgré la douleur. Un pied après l'autre, *polé polé*.

L'ascension finale fut encore plus rude que ce que j'avais imaginé. Sept heures de marche dans la nuit, à – 30 °C, avec seulement 30 % d'oxygène dans l'air. Chaque pas était un combat. Et pourtant nous sommes arrivées au sommet, à 5 895 mètres. Épuisées, mais euphoriques. Nous l'avions fait.

Savoir redescendre et affronter les prochains défis

Mais ce que je n'avais pas anticipé, c'était la descente. Parce que c'est là que mon genou a décidé de se rappeler à moi. Chaque pas

68. « Doucement doucement », en swahili. « Un pied après l'autre. »

devenait douloureux et la réalité m'a frappée de plein fouet : la victoire ne se résume pas à atteindre le sommet. Non, la vraie victoire, c'est de tenir bon même après. Le Kilimandjaro n'était pas qu'une montagne à gravir, c'était un processus de guérison, un voyage intérieur où chaque pas me rapprochait un peu plus de moi-même.
Ce que je retiens de cette aventure, c'est que l'ascension ne s'arrête jamais vraiment. Dans la vie, on traverse des montagnes personnelles bien plus ardues. Et, souvent, la descente – ce moment où l'adrénaline retombe, où l'on doit encore affronter les épreuves après avoir atteint un sommet – est la partie la plus difficile. Ce trek m'a appris que, peu importe les sommets que l'on atteint, il faut savoir mobiliser ses forces pour redescendre et affronter les prochains défis.

Mon aspiration à une quête plus introspective : un trek dans le désert...

Aujourd'hui, avec le recul, je comprends que cette ascension, c'était l'ultime expression de mon mode guerrière. À l'époque, je pensais que pour être puissante, pour mériter de l'amour, je devais gravir des montagnes, me dépasser jusqu'à l'épuisement. Quitte à risquer ma vie. Maintenant, ma vision est différente. J'ai compris que l'amour de soi, ce n'est pas se battre contre tout et tout le monde. Ce n'est pas non plus se mesurer à des exploits risqués. Non. L'amour de soi, c'est savoir écouter, s'ajuster, et accepter. Je n'ai plus besoin de prouver quoi que ce soit. Cette énergie de « guerrière extrême », je l'ai rangée dans une boîte. Désormais, c'est la paix intérieure qui m'attire. Et la paix, elle ne se trouve pas forcément au sommet d'une montagne. D'ailleurs, Émilie et moi, nous préparons pour une nouvelle aventure. Cette fois, ce ne sera pas une montagne. Ce sera un trek dans le désert. Un autre type de quête. Plus calme, plus introspectif. Parce que ce que m'a appris le Kilimandjaro, c'est que la vraie force est dans la persévérance, l'acceptation de soi et la capacité à continuer, même quand tout semble vous dire d'abandonner.
Alors, peu importe les montagnes ou les déserts que vous traversez dans votre vie, souvenez-vous de ça : vous avez en vous des ressources bien plus grandes que vous ne le pensez. À chacune son Kili, et à chacune sa manière de gravir ces montagnes. Ne lâchez jamais. *Never give up!*

CHAPITRE 19
Fixer des limites saines

Être aimée, oui, mais à quel prix ?

Il y a une vingtaine d'années, je suis sûre que j'aurais pu gagner la finale de *La France a un incroyable talent*. J'imagine Alessandra Sublet me demander de me présenter sur scène et moi de clamer : « Bonsoir ! Je m'appelle Audrey Akoun et je suis contorsionniste relationnelle professionnelle. Et je vais gagner, car j'ai un incroyable talent. Vous allez être bluffés de voir comment je suis capable de me plier en quatre pour faire plaisir aux autres. Le passage où je me transforme en libre-service érotico-émotionnel va vous époustoufler. Je le maîtrise à la perfection. »

Imaginez la scène : une salle comble, les lumières tamisées prêtes à s'illuminer de mon exploit. Avec un sourire confiant, je m'avance vers le centre de la scène. Sous les projecteurs, je commence mon numéro. Pour débuter, je montre ma souplesse émotionnelle. D'un simple sourire, je balaie mes propres besoins pour adopter ceux des autres. Besoin d'écoute ? Je suis là, oreille attentive, prête à absorber les peines et les joies, souvent au détriment des miennes. Besoin de conseils ? Je m'étire, je m'allonge, je me plie pour fournir les meilleures suggestions, même quand cela me coûte cher en énergie et en temps. Puis vient le clou du spectacle : celui où je démontre ma capacité à être tout pour tout le monde. Une compagne aimante qui devine les désirs avant même qu'ils ne soient formulés, une amie dévouée qui fait passer les autres avant elle-même. Mes gestes sont précis, mes mouvements calculés pour plaire, satisfaire, combler. Je m'imagine sous les acclamations, la foule en délire, les juges ébahis devant ma performance. Une performance où je mets en scène mon incroyable capacité à m'oublier pour les autres, à me transformer en une version idéalisée de ce que chacun attend de moi. À cet instant, je ne suis plus Audrey, mais un reflet de leurs besoins et désirs, un miroir parfaitement poli de leur satisfaction.

La réalité de ce talent, cependant, est bien plus sombre que les applaudissements et les feux de la rampe ne pourraient le laisser croire. Derrière chaque sourire offert, chaque compromis accepté, se cache une fatigue profonde, une érosion lente de mon propre moi. À force de me contorsionner, j'ai développé une arthrose émotionnelle.

J'ai une inflammation de l'âme. Ce talent, s'il en est un, est né d'une peur viscérale de déplaire, d'une volonté insatiable d'être aimée à tout prix. Mais à quel prix ? Celui de ma propre existence, de mes propres aspirations étouffées sous le poids des attentes des autres. La lumière s'éteint, le rideau tombe. Il ne reste que moi, épuisée, à bout de souffle, cherchant désespérément à retrouver la forme originelle de mon être, celle que j'ai perdue en me pliant trop souvent pour les autres. Chaque compromis accepté m'a fait perdre un peu plus de moi-même. À force de me contorsionner, je me suis brisée. Être aimée, oui, mais à quel prix ?

Pourquoi a-t-on tant de mal à fixer des limites ?

Cela m'a pris des années et je suis très fière aujourd'hui que mon incroyable talent soit de me tenir droite et forte, affirmant mes propres besoins, mes propres désirs. Mon véritable talent réside dans ma force à rester moi-même, à fixer des limites saines et à exiger le respect et l'amour que je mérite.
Aujourd'hui, pour faire rire mes clientes et leur faire comprendre que je suis la bonne personne pour les accompagner sur le chemin de l'amour de soi et de l'autonomie émotionnelle et relationnelle, je leur dis que je suis douzième dan en fixation de limites. Et c'est vrai. Cependant, cela reste le travail de toute une vie. Car, à chaque fois qu'on relève son plancher d'exigences et de standards de relation, à chaque fois qu'on aspire à plus dans sa vie, on est amenée à fixer de nouvelles limites. Les limites… C'est un travail de toute une vie. D'autant plus quand on est hypersensible comme moi.
Tous les manuels et les programmes de développement personnel nous bassinent avec l'injonction : « Il faut fixer des limites ! ». Mais, souvent, les gens interprètent mal ce conseil et pensent que fixer des limites consiste à oser dire NON et à devenir une espèce de Jean-Pierre Bacri[69] qui s'oppose par principe à tout systématiquement.
D'autres personnes pensent que fixer des limites consiste à ériger des murs pour mieux se protéger. Mais le problème avec les murs, c'est qu'ils peuvent enfermer. Je dis souvent qu'à défaut de savoir fixer des limites saines, on érige des forteresses. Et ce n'est pas mieux que de ne pas en fixer du tout.

69. Jean-Pierre Bacri (1951-2021) est un acteur, scénariste et dramaturge, connu pour avoir souvent joué des rôles de bourrus, de râleurs.

Le manque de limites saines peut également nous amener à tomber dans des schémas de codépendance. Avant, j'étais persuadée que si je ne répondais pas systématiquement aux attentes de mon partenaire, alors je devenais défaillante, rejetante, et qu'il finirait par se désintéresser de moi. C'est pourquoi j'étais devenue une sorte de « scout toujours prête », convaincue que j'avais un grand appétit sexuel. Je m'étais même persuadée que ma libido devait être constante et alignée sur les besoins de l'autre pour maintenir l'équilibre de la relation. Mais, au fur et à mesure que je cheminais vers une réappropriation de ma féminité et que j'apprenais à me respecter, j'ai accueilli les fluctuations de ma libido. Comme toutes les femmes, je suis cyclique, lunaire, changeante. Mon corps passe par des phases guidées par mes hormones, des moments d'élan sexuel intense qui alternent avec des périodes de repli, où je préfère me retrouver dans ma « grotte de sorcière ». Il y a même des moments où mon énergie créatrice prend le dessus et où ma libido s'exprime autrement que par le sexe. Dans ces phases, je crée, je produis, je suis en effervescence, et je n'ai pas forcément envie de partager cette énergie avec quelqu'un d'autre.

Poser des limites claires : apprendre à se respecter et à respecter les rythmes de son corps

Un jour, j'ai pris la décision de respecter ces fluctuations et de poser des limites claires. J'ai appris à dire sans crainte : « Je n'ai pas envie, en ce moment, je suis dans ma phase sorcière et j'ai besoin d'être dans ma grotte. » Fixer cette limite ne me rendait pas moins aimante, ni moins désirable. Au contraire, cela signifiait que j'apprenais à me respecter et à respecter les rythmes de mon corps, sans peur du jugement ou du rejet.

Lorsque nous nous concentrons uniquement sur les besoins des autres et que nous effaçons nos propres désirs, nous devenons dépendantes de leur approbation et de leur validation. Ce comportement, souvent inconscient, nous pousse à surfonctionner dans nos relations : nous faisons tout pour maintenir l'harmonie, pour plaire et éviter les conflits. Cela se traduit par des actions excessives, comme anticiper tous les besoins des autres, prendre en charge chaque aspect de la relation, au point de s'épuiser physiquement et émotionnellement.

Beaucoup de nos difficultés à poser des limites remontent à l'enfance, lorsque nous avons été conditionnées à croire que dire « non » ou refuser de partager était un acte égoïste. Très tôt, nous avons entendu

des messages tels que : « Tu es égoïste de ne pas prêter » ou « Il faut être généreuse dans la vie », alors que nous n'avions tout simplement pas envie à ce moment-là. Ce conditionnement a ancré l'idée que nos besoins devaient toujours passer après ceux des autres. Cela a préparé le terrain pour accepter, plus tard dans la vie, que nos limites soient continuellement franchies.
En grandissant, nous avons intégré l'idée que dire « non » ou refuser de répondre aux attentes des autres faisait de nous des personnes ingrates ou indignes d'amour. En réalité, ces messages nous ont éloignées de notre pouvoir le plus fondamental : celui de choisir quand et comment nous ouvrons la porte de notre énergie et de notre disponibilité.
Fixer des limites est un droit, un besoin légitime, mais souvent, nous nous sentons coupables de le faire. Parfois, même quand nous parvenons à poser des limites, nous ressentons le besoin de nous justifier, comme si nos désirs n'étaient pas valides en soi. Il est crucial de sortir de cette dynamique, d'apprendre à dire « non » sans avoir à fournir d'explications et de se libérer de la honte d'être fidèle à nos propres besoins.

Apprendre à déconstruire ses anciens schémas pour fixer des limites saines

Oui, mais alors, que sont de bonnes limites ? Des limites saines. Fixer des limites saines est intimement lié à l'estime de soi. Une estime de soi solide nous permet d'affirmer nos besoins, d'exprimer nos désirs et de refuser ce qui ne nous convient pas. En revanche, lorsque l'estime de soi est faible, il devient difficile de fixer des limites. Nous avons tendance à nous plier en quatre pour les autres, à chercher à plaire à tout prix, souvent au détriment de notre bien-être.
Sérieusement, soyez honnête. Quand avez-vous abandonné un besoin fondamental dans une relation, juste pour éviter un conflit ? Était-ce quand vous avez accepté de sortir, alors que vous aviez besoin de repos ? Ou peut-être avez-vous accepté des excuses foireuses pour éviter de faire face à la vérité ? Ce que je veux que vous fassiez maintenant, c'est identifier un besoin que vous avez mis de côté et vous engager à le réaffirmer cette semaine.
Il est essentiel de déconstruire ces anciens schémas pour apprendre à fixer des limites saines. Ce n'est pas parce que l'on a appris à éviter les conflits pour préserver l'harmonie familiale que l'on doit continuer

à le faire dans toutes nos relations. Apprendre à fixer des limites, c'est briser ce cycle et réapprendre à se prioriser sans culpabilité.
Lorsque nous avons une mauvaise estime de nous-mêmes, nous nous convainquons que nous ne méritons pas mieux que ce que nous avons, que ce soit en amour, en amitié, ou même au travail. Nous acceptons souvent des comportements irrespectueux parce que nous pensons, consciemment ou non, que c'est tout ce que nous méritons. Cela nous conduit à tolérer l'inacceptable, à excuser les comportements toxiques, et à éviter de fixer des limites par peur de perdre une relation.
Si vous avez déjà vu une amie brillante et aimante rester dans une relation où elle n'est pas respectée, vous savez à quel point cela peut être déroutant. Ce phénomène est souvent lié à une faible estime de soi, où l'on accepte des situations qui ne nous conviennent pas, simplement parce que l'on pense ne pas mériter mieux.
Vous avez peut-être remarqué que dans certaines relations, vous vous transformez en caméléon, adoptant les désirs et les humeurs des autres pour éviter les conflits ou pour garder la paix. Ce mimétisme est un signe de codépendance affective, où nous cherchons à contrôler la relation en nous effaçant nous-mêmes.

Fixer des limites : le mode d'emploi relationnel à donner aux autres

Fixer des limites, c'est enseigner aux autres comment ils doivent vous traiter. C'est le mode d'emploi relationnel que vous leur donnez. Imaginez un carnet sur lequel vous écrivez :

> *Voici le mode d'emploi pour être en relation avec moi. Voici comment j'ai envie d'être traitée dans une relation. Voici les caractéristiques d'une relation satisfaisante et respectueuse selon moi. Voici la liste des besoins que je veux satisfaire dans une relation. Voici comment j'ai envie d'utiliser mon temps et mon énergie.*

Notez que votre temps et votre énergie sont vos biens les plus précieux. Réfléchissez à toutes ces fois où vous vous laissez piétiner votre temps et vous vous laissez sucer et aspirer votre énergie par les autres.
Fixer des limites saines est fondamental pour préserver notre bien-être. Dire « non » n'est pas un acte égoïste, mais un acte d'amour

envers soi-même. Cela signifie respecter ses besoins et se protéger des demandes qui ne correspondent pas à nos valeurs. Chaque fois que nous disons « non » à ce qui nous épuise, nous disons « oui » à ce qui nous nourrit. Fixer des limites permet de créer un espace pour ce qui est vraiment important dans nos vies, pour ce qui nous fait avancer. Cela signifie reconnaître que notre énergie, notre temps et notre espace sont précieux, et qu'ils méritent d'être protégés. Trop souvent, nous laissons les attentes des autres, la culpabilité ou la peur de déplaire guider nos décisions, ce qui nous conduit à nous plier à des exigences qui ne nous conviennent pas. Pourtant, apprendre à poser des limites claires est fondamental pour cultiver des relations équilibrées et saines.

Fixer des limites, non ériger des murs

Nous avons tendance à confondre fixer des limites avec élever des murs. Mais les limites ne sont pas une fermeture au monde. Elles ne signifient pas dire « non » à tout, mais plutôt dire « oui » à soi-même. Chaque « non » que nous posons est en réalité un espace que nous ouvrons pour ce qui compte vraiment. En fixant des limites, nous prenons la décision consciente de prioriser nos besoins, nos valeurs, et nos désirs, sans compromis.

Fixer des limites, c'est aussi se libérer de la honte. Respecter ses propres besoins ne devrait jamais être perçu comme un acte d'égoïsme, mais bien comme un acte de soin de soi. Cela signifie apprendre à écouter son corps, ses émotions, et à respecter ses instincts. C'est également apprendre à dire « non » sans avoir à se justifier, en comprenant que, chaque fois que nous ignorons nos limites, nous renonçons à notre bien-être et nous nous abandonnons à nous-mêmes.

Souvent, nous adoptons une posture sacrificielle en croyant qu'en nous pliant aux besoins des autres nous devenons plus altruistes, plus vertueuses. Pourtant, cette posture de « sauveuse » ne fait pas de nous une meilleure personne. Elle n'est pas un signe d'amour véritable, mais plutôt une quête de l'ego en mal de reconnaissance. Derrière ce sacrifice se cache souvent la blessure du rejet, un désir inconscient d'être aimée, validée, ou reconnue pour ce que nous donnons. En cherchant à sauver les autres, nous espérons apaiser cette peur de ne pas être assez, de ne pas être vue. Mais cette posture ne sert ni les autres, ni nous-mêmes. Elle nous épuise, nous éloigne de notre centre et finit par nourrir un ressentiment profond.

Il est donc essentiel de reconnaître que dire « oui » à soi-même ne signifie pas abandonner l'altruisme, mais plutôt éviter de tomber dans le piège de l'amour conditionnel, celui où notre valeur dépend de ce que nous faisons pour les autres. Respecter nos limites est un acte d'amour propre qui permet d'offrir aux autres une version de nous plus équilibrée et sincère.

Inviter l'autre à mieux nous comprendre

Nos limites sont aussi des invitations à l'autre pour mieux nous comprendre. Elles montrent comment nous désirons être traitées. En posant des limites claires, nous définissons ce que nous tolérons et ce que nous ne tolérons pas dans nos interactions. Cela peut concerner des aspects aussi bien émotionnels, physiques, que spirituels. Par exemple, cela peut être le respect de notre temps, de notre énergie, ou même de notre espace personnel.

Cependant, poser des limites ne se fait pas sans inconfort. Il peut être difficile de dire « non », surtout lorsqu'on est habituée à tout accepter pour éviter les conflits ou pour plaire aux autres. Mais cet inconfort est un passage obligé vers une vie plus alignée avec soi-même. À chaque limite posée, nous renforçons notre intégrité et notre estime de nous-mêmes. Ce processus demande du courage, mais il est essentiel pour retrouver son équilibre intérieur.

Poser ses limites au risque que l'entourage refuse de s'adapter

Poser des limites, c'est aussi apprendre à reconnaître les moments où nous avons laissé les autres empiéter sur notre espace. Nous devons être attentives à ces signes : le ressentiment, la frustration ou la fatigue émotionnelle sont souvent des indicateurs qu'une limite a été franchie. Ces émotions doivent être écoutées, car elles sont des signaux que notre énergie est en train d'être dilapidée.

C'est un travail en constante évolution. Chaque nouvelle étape de la vie, chaque nouvelle relation, demande de revisiter et d'ajuster ces limites. Ce n'est pas un processus rigide, mais plutôt un ajustement continuel, au gré de nos besoins, de nos aspirations, et de notre croissance personnelle.

Lorsque vous commencez à poser des limites et à réaffirmer vos besoins, ne soyez pas surprise si certaines personnes de votre entourage ne réagissent pas bien. Que ce soit votre partenaire, vos enfants, vos parents, vos amis ou même vos collègues, certains d'entre eux pourraient se sentir menacés par ce changement. Pourquoi ? Parce qu'ils sont habitués à une version de vous qui se plie à leurs attentes et besoins. Pour eux, votre capacité à vous effacer, à toujours dire « oui », à éviter les conflits, leur apportait un certain confort. En posant des limites, vous remettez en cause cet équilibre et cela peut susciter de la résistance, voire une incompréhension profonde.

Il est important de comprendre que lorsque vous changez au sein d'un système, comme une relation ou une famille, cela a un effet de ricochet sur tout le monde. En psychologie, cela s'appelle le « ricochet systémique ». Chaque membre joue un rôle, et ces rôles sont interdépendants. Quand l'un des membres change de comportement, cela perturbe la dynamique en place, forçant les autres à s'adapter. Certains ne voudront pas s'adapter, car cela remet en cause leurs propres habitudes et leur confort. Ils ont besoin que vous restiez celle ou celui qui dit toujours « oui », celle ou celui qui ne dérange pas l'ordre établi.

Dans ce processus, il est possible que certains essaient de jouer sur votre culpabilité. Ils pourraient dire des choses comme « tu as changé », « tu ne penses plus aux autres », ou encore « tu es devenue égoïste ». Ils chercheront à vous faire revenir à l'ancienne version de vous-même, celle qui faisait passer leurs besoins avant les vôtres. Ils tenteront d'exploiter votre besoin d'être aimée et reconnue, espérant que vous continuerez à fonctionner comme avant. Cela peut être particulièrement vrai dans les relations amoureuses ou familiales, où les attentes sont profondément enracinées. C'est dans ces moments que vous devez vous rappeler que dire « non » ne fait pas de vous une mauvaise personne, mais une personne qui se respecte.

Fixer des limites signifie également que vous changez la manière dont vous vous positionnez dans vos relations. Vous devenez une personne qui se respecte et qui s'affirme. Et même si cela bouscule les autres, c'est une preuve de votre évolution. Ce processus peut rendre les relations plus authentiques, plus équilibrées, même si cela prend du temps. Et même si certains résistent, ceux qui tiennent réellement à vous s'adapteront et apprendront à respecter ces nouvelles frontières.

Mais, attention, certaines personnes ne respecteront pas vos nouvelles limites. Vous verrez peut-être des comportements où, malgré vos « non », elles essaieront de forcer leur entrée, que ce soit « par la fenêtre » ou en utilisant un « bélier » pour ouvrir la porte que vous avez fermée. Ces personnes ne vous voient pas comme un individu, mais comme un objet destiné à satisfaire leurs besoins et désirs. Dans ces dynamiques, il n'y a pas de place pour une relation saine. Vous n'êtes pas un objet, vous êtes un être humain, avec des besoins et des limites qui méritent d'être respectés.

Poser ses limites pour affirmer son droit d'exister

Poser des limites, c'est affirmer votre droit d'exister pleinement, sans avoir à vous justifier. Vos besoins, vos désirs, et votre intégrité comptent. Et si vous ne le faites pas pour vous, personne ne le fera à votre place.

Je mérite d'être respectée, écoutée et honorée dans mes choix.

Comprendre ce qu'est une relation saine est un parcours progressif. Il est normal de rassembler les pièces petit à petit. Votre passé ne dicte pas votre avenir. Reconnaître ce que vous ne voulez pas est une étape importante vers la création d'un avenir plus sain. Chaque petit pas est un progrès vers la construction des relations que vous méritez. Prenez le temps nécessaire pour avancer à votre propre rythme.

CHAPITRE 20
Définir ses standards de relation

Identifiez vos valeurs et défendez-les

Ma lettre à l'Univers

En 2010, je me souviens avoir fait une lettre à l'Univers pour décrire le portrait-robot de mon partenaire idéal. J'aurais pu écrire mille choses et faire une liste au père Noël longue comme le bras d'Elastigirl[70]. Il y a quelque temps, lors d'un énième déménagement, j'ai retrouvé ma lettre.
Il était écrit :

> *Je désire trouver un homme de mon âge, sensible, gentil, sexy et surtout qui m'accepte comme je suis. Un homme qui m'accepte avec mon statut de divorcée avec trois enfants. Un homme qui accepte mes enfants et soit gentil avec eux. Orphelin, si possible.*

À l'époque, je sortais de ma relation avec Monsieur Je-te-laisse-gratter-à-ma-porte-toute-la-nuit et j'avais l'impression que *personne* ne voudrait de moi. Cette relation et le rejet que j'avais subi m'avaient convaincue qu'aucun homme cool ne voudrait d'une divorcée avec trois enfants.
Cela dit, je jouais aussi de ce statut pour me débarrasser des relous qui me draguaient sur les applis de rencontre : « Divorcée, trois enfants, cherche relation sérieuse. Toujours intéressé ? » C'était assez efficace comme repoussoir. Et ça venait confirmer ma croyance que c'était foutu.

J'ai trouvé quelq'un qui m'accepterait...

Tadam ! Un an après avoir écrit cette lettre, j'ai rencontré le futur père de mon quatrième enfant. Il correspondait en tous points à ce que j'avais demandé. Il n'était pas vraiment orphelin, mais avait été abandonné par son père et entretenait une relation distante avec sa mère. Parfait ! C'était ma vision du concept d'orphelin. Je voulais un

---

70. Super-héroïne souple et extensible du film de Brad Bird *Les Indestructibles*, Walt Disney Pictures, Pixar Studios, 2004.

homme émancipé de ses parents, contrairement à Monsieur Je-te-laisse-gratter-à-ma-porte-toute-la-nuit, qui était sous l'influence de sa famille, laquelle ne voulait pas entendre parler de moi. Bien sûr, c'était une vision très simpliste, car être « orphelin » ne suffit pas pour être véritablement libéré de l'avis parental.

Dès la première nuit passée avec lui, j'ai coché toutes les cases de ma liste. Il était sensible, gentil, sexy, et surtout, alors que je m'apprêtais à rentrer chez moi au petit matin, il m'a demandé de rester. Trois jours plus tard, il me proposait de l'accompagner au mariage de son frère, prévu trois mois après. Cela voulait dire qu'il se projetait avec moi. Autant vous dire que ma partie « Cosette », blessée par le rejet, était aux anges et se préparait déjà pour être la plus belle pour aller danser.

Un mois après, il m'a demandé si je voulais bien lui faire l'honneur d'avoir un enfant avec lui. Il avait même trouvé un grand appartement pour que nous puissions y vivre tous ensemble avec mes trois enfants et notre futur bébé. « Cosette » était en pleine forme et m'a soufflé d'aller chez le gynéco pour retirer mon stérilet. Quinze jours plus tard, je découvrais la petite barre bleue sur le test de grossesse acheté en route pour le travail. Dingue ! Bravo « Cosette ». Un coup de maître.

J'avais trouvé le moyen de verrouiller cette relation avec cet homme merveilleux qui, enfin, acceptait tout de moi.

... mais qu'en était-il de mes vraies valeurs ?

Ce moment semblait une victoire, mais en réalité, j'avais négligé quelque chose d'essentiel : mes vraies valeurs. Je pensais avoir coché toutes les cases, mais ce n'étaient pas celles qui comptaient vraiment. J'avais demandé à l'univers quelqu'un qui m'accepterait, mais je n'avais pas réfléchi à ce que moi, j'accepterais ou non dans une relation.

La suite est plutôt banale et prévisible. Nous sommes restés huit ans ensemble, dont cinq où je suis restée plus par culpabilité que par épanouissement conjugal. Une fois installée dans un appartement bourgeois à Paris, « Cosette » a pris sa retraite. Le fait qu'il m'accepte inconditionnellement, avec mes divorces et mes trois enfants, a démoli la croyance tenace que je n'étais pas assez bien, que c'était normal que je sois rejetée. Cela a guéri cette partie blessée de moi qui pensait qu'elle n'était pas digne d'être aimée parce qu'elle était défaillante, nulle, moche, grosse, bizarre, et un peu folle.

Malgré la fin plutôt négative de notre relation, j'éprouve beaucoup de gratitude pour cet homme qui est apparu dans ma vie pour m'aider à restaurer mon estime de moi. Grâce à cette relation, j'ai regagné confiance en moi sur certains aspects. La sécurité affective et l'acceptation qu'il m'a offertes m'ont donné des ailes au niveau professionnel. C'est dans ce climat favorable que j'ai développé mon activité et écrit mon premier best-seller.

Les valeurs fondamentales, ou la boussole de notre fonctionnement

Cependant, je me rends compte maintenant que, dans ma lettre à l'univers, j'avais omis de mentionner des critères essentiels pour moi. Des critères qui, par la suite, sont devenus des standards non négociables. Définir ses standards permet de se connecter à ce qui est vraiment important et aide à rester centrée, que ce soit lors des débuts d'une relation ou tout au long de son évolution.

Les valeurs fondamentales sont la boussole de notre fonctionnement dans la vie. Elles représentent ce que nous voulons être dans notre plus haute expression et la façon dont nous voulons être traitées dans nos relations. Elles sont liées à l'établissement de limites, à la communication de notre vérité et à l'intégration de notre enfant intérieur. Que nous en soyons conscientes ou non, nous sommes toujours guidées par quelque chose. Quand nous n'avons pas conscience de nos valeurs sous-jacentes, nous sommes tiraillées dans toutes les directions et subissons souvent les effets de nos choix après coup.

Dans cette relation, j'étais tellement focalisée sur le fait de trouver quelqu'un qui veuille bien de moi que j'en ai perdu de vue mes valeurs fondamentales. Je me suis concentrée sur lui et son approbation. Dans d'autres relations, j'ai essayé d'être celle que je pensais que l'autre désirait. J'ai souvent porté des masques en espérant qu'ils m'apporteraient l'amour ou l'affection. Et dans ce processus, j'ai abandonné mes valeurs. En faisant cela, j'ai perdu la capacité d'attirer un partenaire avec lequel je pourrais vraiment construire une relation saine, équilibrée, réjouissante, et en accord avec mes valeurs et mes désirs.

Ajuster son cap pour faire des choix alignés avec ses valeurs

On peut avoir l'impression de prendre un énorme risque en défendant ses valeurs et en fixant des limites. Mais en le faisant, on choisit les types d'expériences et les personnes que l'on souhaite autour de soi. On détermine l'environnement dans lequel on est prête à évoluer,

les situations dans lesquelles on est prête à se placer, et la manière dont on veut gérer les conflits.
Tout se résume à rester fidèle à ce qui compte vraiment pour nous. Lorsque nous n'avons pas conscience de ce qui est important pour nous, il est difficile de faire des choix qui nous mènent dans cette direction. C'est comme une trajectoire de vol. Un pilote ajuste constamment son cap pour rester sur la bonne route vers sa destination. Nous devrions faire de même avec nos valeurs.
En clarifiant ce qui est important pour nous en tant que personne, en tant que partenaire, et dans une relation, nous ne nous contentons pas d'avoir une image claire de notre destination ; nous avons un GPS pour nous aider à corriger notre cap en cours de route. Cela nous permet de faire des choix alignés avec nos valeurs, au lieu de naviguer à l'aveugle.
Le véritable alignement ne se manifeste pas seulement dans les moments faciles, mais surtout dans les moments de conflit, de désaccord, et de vulnérabilité. C'est dans ces moments que nos valeurs deviennent notre guide. Le défi, c'est d'avoir le courage de suivre ce guide, même si cela signifie mettre fin à une relation qui ne respecte pas nos valeurs.

Choisir un partenaire simplement parce qu'il veut bien de nous est un très mauvais calcul. Nous devons avoir d'autres valeurs que l'acceptation et l'appartenance. Sinon, nous risquons d'entretenir des relations où ces valeurs sont respectées, mais où toutes les autres, tout aussi importantes, sont ignorées.
Prenez quelques minutes pour réfléchir à vos propres valeurs fondamentales. Demandez-vous ce qui est non négociable pour vous dans une relation. Voici quelques questions pour vous guider :

- Qu'est-ce qui est essentiel pour que vous vous sentiez respectée et valorisée dans une relation ?
- Quelles actions ou comportements ne pouvez-vous pas tolérer, quels que soient les compromis ?
- Comment définissez-vous la loyauté et la confiance, et comment se manifestent-elles dans une relation ?

Réclamez ce que vous désirez vraiment et n'oubliez rien

Écrire et affirmer ce que vous voulez vraiment dans une relation peut être intimidant. Vous pourriez vous demander : « Suis-je suffisamment

belle, intelligente, drôle, pour mériter cette relation ? » ou « Suis-je capable d'attirer ce type de relation et de la faire durer ? »
Au cours de ce processus, il est possible que certaines peurs apparaissent. Laissez-vous le droit de rêver en grand. Si nous n'exprimons pas clairement nos besoins et nos désirs, ils ne se manifesteront pas, car nous ne nous autorisons même pas à les reconnaître. Il s'agit de faire confiance à ce que nous voulons et de comprendre que nos désirs sont légitimes. Nous n'avons pas à nous en éloigner.
Cela implique aussi de savoir dire « non » à ceux qui ne sont pas en phase avec nous, afin de pouvoir dire « oui » à ce qui compte vraiment. Nous sommes celles qui choisissent, ce n'est pas seulement aux autres de décider s'ils nous approuvent ou non. Nous avons notre mot à dire dans la relation, en fonction de ce qui nous convient. Il ne s'agit plus de savoir s'ils nous aiment ou nous acceptent, mais plutôt de savoir : « Est-ce que je choisis cela ? Est-ce que cela me convient ? Suis-je en phase avec moi-même ? »
Parfois, nous pensons que ce que nous demandons est trop, que ce n'est pas « bien » d'en faire la demande. Quand cette pensée apparaît, elle reflète souvent nos propres limitations. Nous pouvons nous sentir comme un poids ou croire que nous avons trop de bagages. Mais cette idée que nos désirs sont « trop » n'est bien souvent que le fruit de notre propre jugement, et non de la réalité.

La compassion, c'est bien... jusqu'à un certain point

Nous accordons souvent beaucoup d'importance à la compassion et à la capacité de voir le meilleur chez les autres. Mais lorsque l'acceptation, l'appartenance et la compassion deviennent nos seules priorités dans une relation, nous risquons d'accepter des choses qui ne correspondent pas à nos autres besoins ou valeurs.
Il est possible d'avoir de la compassion tout en respectant des besoins essentiels comme la confiance, le respect, la liberté et l'autonomie. Il est nécessaire d'élargir notre vision pour inclure ce qui nous semble vraiment juste et aligné.
La compassion est précieuse, mais il est tout aussi important de savoir dire : « Non, ceci n'est pas pour moi. » Vous n'êtes pas obligée de devenir celle qui ramasse les morceaux ou qui répare tout le monde.
C'est là que le travail intérieur prend tout son sens. Nous pouvons reconnaître l'innocence de quelqu'un et voir que ses actions

découlent de sa souffrance ou de ses traumatismes. Cela ne signifie pas que nous devons en être affectées ou endosser la responsabilité de les réparer.

Nous pouvons éprouver de la compassion, tout en posant des limites claires, afin de protéger notre estime de nous-mêmes. Même face à des personnes qui n'ont pas encore fait leur propre cheminement intérieur, nous pouvons toujours dire « non ».

La lettre à l'Univers : le retour

En 2019, j'ai quitté le père de numéro quatre justement parce que je n'ai plus toléré que certaines de mes valeurs fondamentales soient piétinées. Je me retrouvais à nouveau célibataire et, cette fois-ci, pour mon plus grand bonheur. Je pense que c'est vraiment la première fois de ma vie que je n'éprouvais pas cette frénésie à devoir retrouver quelqu'un dans les plus brefs délais. Je mesurais le chemin de guérison parcouru. Je ne disais pas non à un nouvel amour, mais plus à n'importe quel prix.

J'ai donc refait l'exercice de la lettre à l'Univers et, cette fois-ci, j'ai écrit ceci :

> *Cher Univers,*
>
> *Je veux un homme qui travaille sur lui et qui est en chemin. Je veux un homme ouvert à la thérapie, à la philosophie et au développement spirituel. En tout cas, qui soit d'accord pour se laisser initier. Je veux un homme fiable, honnête, intègre. Je veux qu'il soit curieux, cultivé sans être intello prise de tête. Je veux qu'il soit aventurier. Qu'il aime les voyages. Je veux qu'il me fasse rire. Qu'il soit attentionné, romantique. Je veux qu'il soit sensible. Je veux qu'il ait assez d'argent pour qu'on soit dans le même trip et alignés sur la réalisation de nos projets. Je veux qu'il soit esthète. Je veux qu'il s'intéresse à mes enfants. Je veux qu'il ait des enfants assez grands. Je veux qu'il aime cuisiner et découvrir la gastronomie. Je veux qu'il aime les films et la musique. Je veux qu'il soit viril et élégant. Je veux qu'il soit capable d'être en conflit sans péter des câbles. Je veux qu'il soit non violent. Je veux qu'il ne veuille plus d'enfant. Je veux qu'il soit prêt à se remettre en question. Je veux quelqu'un que j'admire et qui m'admire. Je veux quelqu'un de responsable de ses choix et d'engagé dans notre projet de vie commune. Merci.*

Après avoir écrit cette lettre, je suis partie pour le fameux *road trip* au Portugal. À mon retour, je me suis remise à flirter sur une appli de rencontre. Je n'étais pas en quête d'une relation sérieuse, pour une fois. Je goûtais vraiment pour la première fois au bonheur d'avoir le sentiment d'être complète, seule. Je me préparais pour l'ascension du Kili. Et, j'avais tellement de choses à reconstruire au niveau professionnel qu'il ne restait pas de place pour qui que ce soit.

J'ai trouvé celui qui sait respecter mes valeurs fondamentales

Et c'est à ce moment-là qu'« il » est apparu. Ou plutôt réapparu. Arnaud, le directeur de l'usine qui avait fait appel à moi trois ans avant pour animer son séminaire de CoDir (comité de direction).
Lors de notre premier rendez-vous, j'ai décidé de jouer carte sur table. J'ai tout balancé, sans filtre, sans masque. Et, franchement, c'était flippant. J'avais peur qu'il prenne la fuite, qu'il me prenne pour une folle ou qu'il se sente étouffé. Mais je savais qu'il n'était plus question de me cacher derrière des faux-semblants pour séduire. Je voulais qu'il me voie telle que j'étais vraiment, dès le début. Pas de caméléon, pas de rôle à jouer.
Un mois après, j'ai pris une grande décision. Je lui ai écrit une lettre, où j'ai déversé tout ce que j'avais sur le cœur. J'y ai raconté mon parcours, mes sentiments pour lui, mais aussi mes blessures les plus profondes. J'ai parlé de mes insécurités, de mes peurs d'abandon et de rejet, en précisant bien que c'était à moi de les guérir, que ce n'était pas son rôle de me sauver. Mais j'ai aussi dit qu'il y avait des choses qu'il pouvait faire pour m'aider à me sentir en sécurité pendant que je travaillais sur moi-même.
Je me souviens de ce moment juste après avoir envoyé cette lettre. J'étais à la fois soulagée et terrifiée. C'était audacieux, vraiment. Parce que c'est un pari risqué, d'être aussi vulnérable dès le début. On expose ce qu'on veut vraiment et on laisse à l'autre la possibilité de dire « oui »... ou « non ». Et ce « non », il pourrait arriver. Mais je savais que je ne voulais plus perdre de temps à me mentir.
Quand il a reçu la lettre, il m'a invitée à en parler. Et, à ma grande surprise, il a fait la même chose. Il m'a confié ses propres histoires, ses blessures, et m'a dit qu'il voulait, lui aussi, construire quelque chose de sain avec moi.
Plus tard, quand il a franchi l'une de mes limites, je lui ai rappelé notre « contrat ». Et il a fait le travail nécessaire pour guérir la blessure qui avait déclenché ce comportement inacceptable pour moi. Chaque

jour, nous avançons ensemble. En communiquant clairement sur nos valeurs fondamentales, nous avons créé un espace de confiance. La clarté, c'est rassurant. Ça aide à savoir dans quoi on s'engage, ce à quoi on dit « oui » ou « non ».
Certaines questions peuvent vous aider à y voir plus clair :

- Où est-ce que je vis en alignement avec mes valeurs fondamentales ?
- Où est-ce que je vis hors de cet alignement ?
- Où est-ce que je ressens un désaccord avec mes propres valeurs dans mes relations ?

Soyez douce et bienveillante avec vous-même pendant ce processus. L'objectif ici n'est pas de vous juger, mais d'apporter une conscience intérieure et d'identifier les actions à prendre pour vous réaligner sur ce qui compte vraiment pour vous. C'est un premier pas pour attirer à vous les personnes et situations qui respectent vos valeurs.
Parfois, nous demandons à nos partenaires de respecter certaines valeurs dans la relation. Prenez le temps de vérifier et **soyez honnête avec vous-même :**

- Est-ce que j'incarne réellement ces qualités que je souhaite voir chez l'autre ?
- Est-ce que je parviens à incarner ces qualités lorsque tout va bien dans la relation ?
- Suis-je capable de les incarner même en période de difficulté ?

Réfléchissez à ces situations :

- Puis-je maintenir cet alignement quand je passe une bonne journée ?
- Et quand je vis une journée difficile ?

Soyez indulgente avec vous-même et si vous remarquez que vous ne respectez pas toujours vos valeurs, apprenez à vous pardonner. Dites-vous :
« Je tiens vraiment à ces valeurs et je les veux dans ma relation, mais je ne suis pas toujours parfaite. Et c'est OK. J'accepte mes erreurs et je fais preuve de douceur envers moi-même. »
Et surtout, rappelez-vous : le chemin vers l'alignement est un processus.

CHAPITRE 21
Les attentes irréalistes (ou comment arrêter de chercher le mouton à cinq pattes)

Les croyances irréalistes peuvent nuire à la relation

On rêve toutes d'une relation parfaite. Mais entre les films romantiques, les contes de fées modernes et ces images de *couple goals* sur les réseaux sociaux, il est facile de se laisser piéger. Si vous avez déjà cru qu'un couple heureux ressemblait à une photo d'Instagram, trinquant sur une plage déserte avec un coucher de soleil en arrière-plan, vous n'êtes pas seule.

Mais la réalité est bien différente. Un véritable *couple goals*, c'est aussi les petits matins où l'on se serre l'un contre l'autre malgré l'haleine de chacal et le visage chiffonné. Ce sont les disputes qui construisent plutôt que celles qui détruisent. Ce sont ces moments où l'on choisit de grandir ensemble malgré les imperfections.

Nous allons explorer les différentes façons dont nous pouvons nourrir des attentes malsaines dans nos relations, souvent influencées de manière subtile et inconsciente par notre conditionnement familial. Il est crucial d'être vraiment claire sur ces attentes, car elles ont un impact profond : elles peuvent nous maintenir dans des relations avec des dynamiques toxiques, ou, au contraire, nous pousser à fuir une relation qui pourrait en réalité avoir un grand potentiel.

Un des problèmes les plus courants est le manque de clarté sur ce qui est acceptable dans une relation et sur ce que nous pouvons raisonnablement en attendre. Beaucoup de gens pensent que lorsqu'ils sont dans la « bonne » relation, tout sera facile, parfait, et qu'il n'y aura jamais de conflits. Mais ces croyances irréalistes peuvent nuire à la relation.

Nous pouvons nous retrouver dans cet espace de flou où nous ne faisons confiance ni à nos limites, ni à notre corps. C'est pour ça qu'il faut être claire sur les attentes... Il s'agit de savoir ce qui est OK, ce qui ne l'est pas, quels sont les signaux d'alarme et les obstacles à surmonter, pour affronter la vie réelle. Rien n'est parfait. Ça ne va pas être que paillettes et arc-en-ciel tous les jours. Et ce n'est pas grave.

Comment l'enfance influence nos attentes relationnelles

Nos schémas d'enfance s'impriment profondément dans nos relations adultes. C'est durant cette période que nous développons ce que nous pensons être « normal » ou acceptable dans une relation. Si, comme moi, vous avez grandi dans une famille où les limites n'étaient pas respectées, où les émotions n'étaient pas honorées, où vous receviez des messages contradictoires, alors il est fort probable que votre conditionnement inconscient vous amène à reproduire ces dynamiques dans vos relations amoureuses.

Ça ne veut pas dire que vous cherchez activement ces situations, ni que vous les appréciez ou les désirez. Non, ce n'est pas ça. Mais votre système nerveux, lui, les reconnaît et sait comment naviguer dans cette relation, même si c'est dysfonctionnel. Ainsi, quand ces schémas se reproduisent dans vos relations, votre corps peut les percevoir sans déclencher d'alarme immédiate, parce que cela lui semble familier. Ça paraît « normal », même si ça ne l'est pas.

En fait, notre système nerveux a des attentes inconscientes qui peuvent être en désaccord avec ce que nous disons vouloir. Votre esprit peut bien dire : « Je ne tolère pas qu'on me manque de respect », mais, si votre corps se souvient d'avoir été traité ainsi, il y a une familiarité toxique qui peut vous donner l'illusion que c'est « normal ». C'est là que le travail commence. Pour briser ce cycle, il faut apprendre à clarifier, à reconnaître et à redéfinir ce qui est réaliste, sain et agréable pour votre corps. Vous réalignez ainsi vos attentes conscientes et inconscientes pour créer une base relationnelle plus solide. C'est exactement le travail que j'ai fait avec Léna.

Léna est une femme brillante, pleine de vie, mais elle se retrouvait toujours dans des relations où elle était maltraitée émotionnellement. Un jour, en larmes, elle m'a confié : « Il ne m'écoute jamais, il se moque de mes besoins, mais je reste. Je sais que je mérite mieux, mais quelque chose me bloque. »

En travaillant ensemble, nous avons découvert que son corps avait intégré l'idée que l'amour impliquait de tolérer l'indifférence. Ce que Léna vivait, comme l'ont montré les recherches du psychologue Allan Schore[71], c'est que son cerveau, habitué à la négligence dans

71. A. N. Schore, *Affect Regulation and the Repair of the Self*, W. W. Norton & Company, 2003.

son enfance, avait intégré cette douleur comme une normalité. D'autres études, notamment celles de Stéphane Bouchard[72] sur le trauma, montrent que le corps se souvient de ces expériences passées, souvent bien avant que nous en soyons conscients. Elle ne comprenait pas encore qu'elle méritait mieux. Elle me dit un jour : « C'est comme si je ne savais même pas ce que c'était d'être vraiment aimée. »

Ce fut un tournant. Ensemble, nous avons travaillé à redéfinir ses attentes, à calmer son corps quand il réagissait aux anciens schémas, et à poser des limites. Léna a appris à reconnaître ce qu'elle méritait réellement et, avec le temps, a cessé de tolérer des relations destructrices.

Le jour où elle a décidé de quitter son partenaire, elle est venue me voir en pleurant, mais cette fois, ses larmes étaient celles de la libération. « Je ne vais plus jamais accepter moins que ce que je mérite. »

Mes propres attentes irréalistes, ou le fiasco de mon mariage avec Laurent

Lorsque j'ai rencontré Laurent, mon deuxième mari, je pensais avoir trouvé l'âme sœur. Je croyais que tout serait parfait et que nous n'aurions jamais besoin de discuter de nos besoins, qu'il les devinerait. Je m'imaginais que notre amour surmonterait tout, comme dans les films. Mais ce n'était qu'une illusion.

Voici la liste des attentes que j'avais en tête :

- Je n'aurais pas besoin de lui dire ce dont j'ai besoin, il le saurait tout simplement.
- Nous aimerions et voudrions les mêmes choses.
- Il me rendrait toujours heureuse. Nous saurions tous les deux immédiatement que nous sommes *THE PERSON* de l'autre, comme dans *Grey's Anatomy* quand Meredith dit à Derek : « *You're my person.* »
- Nous ne devrions jamais nous disputer si nous sommes faits l'un pour l'autre.
- Mes blessures ou mes insécurités disparaîtraient sous l'effet de la puissance de son amour.

72. S. Bouchard, *Les troubles liés aux événements traumatiques. Guide des meilleures pratiques pour une clientèle complexe*, Les Presses de l'Université Laval, 2019.

- Nous n'aurions besoin de personne d'autre, car nous serions ensemble.
- Nous ne ressentirions jamais d'attirance pour quelqu'un d'autre.
- Je ne me sentirais plus jamais seule.
- Laurent ne changerait jamais. Je ne changerais jamais.
- Je me sentirais en sécurité, heureuse, entière et complète.
- Mes amis et ma famille s'entendraient hyper bien avec lui.
- Il trouverait des solutions pour régler tous mes problèmes.

... *BULLSHIT* ! Ces attentes complètement irréalistes ont conduit au fiasco de notre mariage.

Les attentes réalistes : la clé d'un amour durable

Les travaux de John Gottman[73], dont j'ai déjà parlé, montrent que ce sont précisément ces attentes irréalistes qui minent les couples. Croire que l'autre devinera nos besoins ou que l'amour peut tout résoudre est un aller simple pour le monde infernal de la frustration. À l'inverse, des attentes réalistes reposent sur des piliers comme le respect mutuel, l'admiration réciproque et la gestion saine des conflits.

Voici ce que Gottman considère comme des attentes réalistes :

- **Respect mutuel** : chacun respecte les pensées, les émotions et les besoins de l'autre, même lors de désaccords.
- **Admiration réciproque** : vous vous concentrez sur les qualités de l'autre plutôt que sur ses défauts.
- **Soutien émotionnel** : offrir du soutien sans attendre que l'autre comble tous nos besoins.
- **Gestion des conflits** : accepter que des désaccords surviennent et travailler à les résoudre avec respect et patience, plutôt que de les éviter ou de laisser la colère grandir.

Le conflit dans le couple : un tremplin pour grandir ensemble

Pendant des années, j'ai redouté les disputes. Certainement parce que le modèle que j'avais connu enfant était terriblement destructeur.

---

73. John Gottman, Nan Silver, *Les couples heureux ont leurs secrets. Les sept lois de la réussite*, Pocket, 2006.

Quand mes parents se disputaient, c'était la guerre. Ils hurlaient, se jetaient des assiettes, et nous, les enfants, nous devions les esquiver. Les portes claquaient, puis comme par magie, ils se réconciliaient comme si de rien n'était. Après quarante-sept ans à observer leur couple, je peux affirmer que leur manière de se disputer n'a jamais réglé les vraies causes de leurs conflits. Ils ont survécu grâce au déni. Après chaque tsunami émotionnel, ils faisaient table rase, reprenant leur relation là où elle s'était arrêtée. Guerre et lune de miel, un cycle éternel. Tout cela me terrifiait. La violence me terrifie. Celle des autres... et la mienne.
J'avais cette attente irréaliste que le jour où je rencontrerais l'homme de ma vie, mon âme sœur, il n'y aurait plus jamais de conflit. Je croyais sincèrement que nous vivrions une lune de miel éternelle. Si « nous étions faits l'un pour l'autre », il n'y aurait jamais de disputes, parce que nous serions en parfaite harmonie, des âmes sœurs en phase parfaite.

Le conflit : une opportunité d'explorer nos esprits

Beaucoup d'entre nous rêvent d'une relation sans conflits, parce qu'ils ne savent pas comment les affronter. Pourtant, il est tellement plus sain de s'attendre à ce qu'il y en ait, et même régulièrement. Ce qui compte, c'est d'apprendre à les gérer de manière constructive avec son partenaire. Le conflit devient alors une opportunité d'explorer nos esprits, de guérir nos schémas profonds et de se montrer plus vulnérables l'un envers l'autre. Le couple, c'est un espace de guérison immense quand les partenaires sont conscients de cela.
Chaque dispute est une occasion d'apprendre, sur soi, sur l'autre, et de grandir ensemble. Si nous abordons les désaccords comme des moments d'enseignement, nous découvrons nos ombres, nos blessures et nous pouvons les transformer en outils de croissance personnelle et relationnelle. Ce qui nous énerve chez l'autre, c'est souvent le reflet d'une part de nous-mêmes que nous n'avons pas encore guérie.
Cela demande de prendre la responsabilité de son cœur et de ses émotions. On attire souvent des partenaires qui sont à un niveau similaire de travail sur eux-mêmes, et c'est là qu'il y a tant à apprendre. Quand on devient conscient, on peut se dire : « OK, quand mon partenaire réagit de cette manière, qu'est-ce que ça déclenche en moi ? Quelle blessure est touchée, et sur quoi puis-je encore travailler ? »

Depuis cinq ans, je vis une relation épanouissante avec Arnaud. Nous sommes heureux, complices, et pourtant, il y a toujours des ajustements à faire. Arnaud est breton. Et, comme beaucoup de Bretons, il est hyper têtu (il le reconnaît lui-même). Quand il se braque, c'est la porte fermée à double tour et il peut bouder pendant des heures. Cela me rend dingue. Mais je sais d'où ça vient. Arnaud a grandi dans une famille bretonne aimante, mais marquée par des schémas éducatifs assez stricts. À cette époque, dans les familles avec des parents nés dans les années 1940, l'éducation était souvent à la dure. Pas trop de place pour les débats d'idées ou les états d'âmes. La pudeur primait, l'autorité était centrale et il fallait « filer droit » pour avancer dans la vie et grimper l'échelle sociale. C'était perçu comme la chose juste à faire, parce qu'eux-mêmes avaient été élevés ainsi. Alors j'imagine qu'en grandissant, Arnaud a appris à garder ses émotions pour lui, à les verrouiller, surtout quand elles risquaient de troubler l'équilibre familial ou de créer des tensions.

Un jour, Arnaud et moi avons eu une dispute. Comme souvent dans ces moments-là, il s'est braqué et s'est enfermé dans son mutisme. La colère montait en moi, parce que cette manière de se refermer vient activer la part « Helen Keller avant sa rencontre avec Anne Sullivan[74] » : celle de me retrouver seule face à un mur, sans pouvoir communiquer. J'avais juste envie de lui hurler : « Mais parle-moi ! » Quand il se ferme ainsi, cela me renvoie à une peur ancienne. Enfant, quand mes parents étaient en colère, ils entraient dans un silence glacial, digne d'un thriller. Ce genre de silence qui vous donne la chair de poule parce que vous ne savez pas quand, ni comment, ça va exploser. Ce silence me terrifiait et je ressentais à nouveau cette peur face à Arnaud.

Dans le passé, j'aurais laissé cette peur et ma frustration exploser, mais, cette fois, je me suis rappelé les enseignements de Gottman. Il explique que les conflits sont souvent des déclencheurs émotionnels liés à nos histoires personnelles. En prenant une respiration profonde, je me suis dit : « OK, qu'est-ce qui se passe ici pour lui ? » J'ai pris un moment pour réfléchir à sa famille et à cette manière qu'il a apprise, tout petit, de se protéger en se taisant, lui aussi certainement par peur des représailles. Alors, au lieu de me laisser emporter par la colère ou la peur, je lui ai dit calmement : « Quand tu te fermes comme ça, ça me renvoie à un sentiment d'impuissance, comme si je ne pouvais pas t'atteindre. Ça me

74. Helen Keller (1880-1968), sourde, muette et aveugle, a surmonté ses handicaps grâce à Anne Sullivan, sa professeure, qui lui a appris à communiquer et l'a accompagnée toute sa vie. Elle a écrit *Sourde, muette, aveugle*, Payot, 2001.

rappelle les silences glacials de mon enfance, où je me sentais terrifiée. Je comprends que c'est ta façon de te protéger, mais pour moi, c'est comme être en guerre. Et je n'ai pas envie d'être en guerre avec toi. »
Ce simple changement a totalement modifié la dynamique de notre conversation. Arnaud s'est doucement ouvert et il a admis qu'il avait du mal à exprimer ses émotions parce qu'il avait appris à les étouffer. Grâce à cette prise de conscience, nous avons pu discuter de ce que ces moments signifiaient vraiment pour nous. C'était un moment puissant d'intimité et de guérison, un exemple concret de comment un conflit, bien géré, peut renforcer le lien au lieu de le briser.

Quand votre partenaire devient votre meilleur guide émotionnel et spirituel

C'est ça qui est extraordinaire : trouver un partenaire qui devient votre meilleur guide émotionnel et spirituel. Dans l'intimité d'une relation amoureuse, lorsque l'on se sent en sécurité, c'est là que l'on peut réellement progresser.
L'autre me fait avancer parce que je suis consciente. Quand il dit quelque chose qui déclenche une réaction en moi, ce n'est pas par méchanceté. Non, il y a toujours une couche plus profonde à explorer. Quelle leçon dois-je tirer ? Quelles ressources puis-je mobiliser ou quelles limites dois-je poser pour ne plus ressentir cela ? Quelle est la part de moi qui est déclenchée par mon partenaire ? Qu'a t-elle à exprimer ?
Si j'ai appris quelque chose au cours de mon parcours, c'est que les comportements qui nous agacent chez les autres révèlent des parties de nous-mêmes qui n'ont pas pu s'exprimer à un moment donné, ou des parties que nous avons honte de reconnaître. C'est une invitation à aller regarder en soi. À voir cette part qui n'a pas eu le courage de s'affirmer, celle qui a fait des compromis, celle qui a été violente, ou celle qui s'est sentie trahie.
Ces parties de nous-mêmes ont besoin de sortir de l'ombre pour être écoutées. C'est ainsi que nous pourrons nous libérer de leur emprise et aller encore plus vers la lumière.

Notre mariage et la Ketouba : une déclaration d'intention réaliste

Comme l'explique Gottman, une attente plus saine consiste à communiquer clairement nos besoins tout en comprenant que l'autre ne peut pas toujours y répondre parfaitement.

Avec Arnaud, nous partageons beaucoup de complicité, et, pourtant, il y a des moments où il ne peut pas répondre à mes besoins émotionnels. Plutôt que de lui en vouloir, j'ai appris à me soutenir moi-même dans ces moments-là. Nous avons travaillé à comprendre nos différences et à les respecter, sans exiger de l'autre qu'il soit toujours capable de combler toutes nos attentes.
Pour illustrer ce que sont des attentes réalistes, je veux partager un moment fort de notre vie de couple, le jour de notre mariage judéo-celte en Corse. Nous étions entourés de notre tribu d'amour, et, comme dans tout bon mariage juif qui se respecte, nous avons lu à haute voix devant tous nos invités les termes de notre Ketouba, qui est l'équivalent du contrat de mariage chez les juifs.
Voici un extrait de ce que nous avons écrit ensemble ce jour-là :

En ce jour du 12 juillet 2021, à Cauria, entourés de notre tribu et sous la haute autorité de Panoramix et du grand rabbin beau gosse, en la personne de Fred A., nous déclarons :
Nous nous engageons à continuer notre travail émotionnel, relationnel et spirituel, et à prendre la responsabilité de notre bien-être, de nos besoins et de nos limites respectives.

Nous aurons des conflits et nous choisissons en conscience de les traverser avec bienveillance, en grandissant ensemble. Nous honorerons nos valeurs de respect, de compassion et de pardon. Nous communiquerons honnêtement et écouterons avec un cœur ouvert, même lorsque l'agacement prendra le dessus.
Nous nous engageons à soutenir les rêves de l'autre, à nourrir nos rêves communs, et à ne jamais laisser la routine éroder notre curiosité l'un pour l'autre.

Nos doutes, nos craintes, nos contrariétés devront être évoquées et partagées pour les lever, pour les rassurer, pour les enlever afin de continuer à s'aimer en toute confiance. L'amour est constitué de choses simples que nous nous engageons à perpétuer selon des rites, des surprises, du panache et de la joie.

L'adversité nous rendra encore plus soudés, plus forts et courageux pour rebâtir, repartir, revivre. Aujourd'hui, nous démarrons une bucket-list composée de kif, de liberté, de bonheurs et de plaisirs, que nous alimenterons tous les deux selon les saisons, les calendriers et nos moyens.

Nous déclarons que rien ne pourra nous empêcher d'investir du temps et de l'énergie dans les attentions du quotidien et l'expression de notre gratitude pour toutes ces petites choses banales qui rendent la vie sacrée.

Nous avons décidé que rien ne serait normal et que tout serait une source d'émerveillement et de gratitude. S'endormir peau contre peau, regarder les fleurs pousser dans notre jardin, débarrasser le lave-vaisselle et plier les culottes. Nous connaissons déjà le piège de la routine et déploierons des trésors d'imagination pour kiffer et se désirer encore longtemps.

*Le grand amour existe, mais p*tain ! C'est du travail.*

Ces engagements que nous avons pris ensemble sont pour moi la définition parfaite d'attentes réalistes dans un mariage. Nous avons accepté que nous aurions des hauts et des bas, que nos différences pourraient parfois causer des tensions, mais nous avons choisi de rester dans la communication et le respect mutuel. En comprenant que le travail émotionnel et relationnel est un processus continu, nous avons posé les bases d'une union saine et durable.
À l'époque, il savait qu'il n'épousait pas une jeune fille en fleur. Il ne se doutait pas, cependant, que, deux ans après, les bouffées de chaleur et les sautes d'humeur viendraient s'inviter dans l'histoire.
Lui aussi avait ce rêve familier « d'une femme inconnue, et que j'aime, et qui m'aime/Et qui n'est, chaque fois, ni tout à fait la même/Ni tout à fait une autre...[75] » Eh bien, il est servi !

Moi... cette inconnue de ma propre maison

Depuis quelques mois, je me transforme et je fais de la balançoire. Je fluctue, je varie. Je me connais par cœur et ne me reconnais plus tout à fait. Je me surprends à être agacée, sans aucune raison. Moi qui me caractérise par ma bonne humeur, parfois énervante pour certains. Mon humeur swingue au rythme des hormones qui se font la malle. Je brûle, je sue, je m'ankylose, j'ai la bougeotte, je ne contrôle plus grand-chose. Détailler les symptômes serait d'un tel ennui... Un

75. Un de mes poèmes préférés de Paul Verlaine : « Mon rêve familier », *in Poèmes saturniens*, 1866.

mot les résume : périménopause. Et dire que j'ai passé les vingt-cinq dernières années en psychothérapie et en thérapie pour faire la paix avec moi-même et arriver à réguler mon système nerveux...
J'ai l'impression, parfois, d'être l'inconnue familière de ma propre maison. Ce n'est pas le vieillissement qui m'embête. Ça peut paraître ridicule de prendre un indicateur de réseau social, mais, depuis deux ans, je ne mets plus jamais de filtres sur Insta. Je me montre au naturel avec mes rides et mon ovale du visage qui commence à se relâcher. Ça, je m'en fous ! En revanche, je suis déstabilisée par ces forces internes qui s'emparent de la tour de contrôle et pilotent de façon anarchique mes réactions physiques et psychiques. Je ne suis pas pour autant inquiète. Je sais que tout s'harmonisera.
Chaque jour, j'éprouve une immense gratitude pour celui qui m'accompagne dans cette transition avec l'amour, l'élégance, la tendresse, l'humour et la distance nécessaires pour que je ne culpabilise pas d'être une femme au bord de la mue (et de la crise de nerfs). Et pour ça, Merci !

CHAPITRE 22

Complète et souveraine : l'art de l'intégrité dans les relations

Avec ou sans l'autre : je suis complète

Intégrité et complétude : deux concepts essentiels lorsque vous traversez une rupture, un divorce, ou si vous enchaînez des relations insatisfaisantes. Ils sont tout aussi importants si vous êtes dans un couple qui ne vous nourrit plus, voire vous abîme. Sur le papier, vous êtes en couple : des intérêts communs, peut-être des enfants, un patrimoine, des amis, des familles partagées. Et pourtant, vous vous sentez seule. C'est là que travailler sur l'intégrité et la complétude devient vital.

Pourquoi ? Parce qu'il est facile de perdre une part de vous dans une relation. Notre culture nous pousse à croire que notre partenaire doit nous « compléter ». On parle de « moitié », comme si nous étions incomplètes à la base, en attente de l'autre pour nous sentir enfin entières. Mais cette idée est une illusion. Croire que vous n'êtes pas complète sans avoir trouvé « la bonne personne », c'est non seulement faux, mais aussi destructeur.

Si cette personne s'en va, vous vous sentez amputée, incomplète, comme s'il vous manquait une part de vous. Alors vous vous mettez à chercher frénétiquement un autre partenaire pour combler ce vide et apaiser cette insécurité. Un cycle sans fin. Mais vous oubliez une chose essentielle : vous êtes déjà complète.

Mon mantra est simple :

Je n'ai besoin de personne pour me sentir entière et souveraine.

Ce n'est pas non plus une raison pour se murer dans l'illusion de l'hyperindépendance. Nous avons toutes besoin d'être aimées, reconnues et reliées, mais l'erreur serait d'attendre cela uniquement de votre partenaire. Apprenez à vous sentir complète par vous-même, à trouver votre joie dans vos relations amicales, familiales, et surtout avec vous-même.

Vous n'êtes pas bancale, même si votre couple l'est peut-être. Parfois, les désirs se rencontrent, parfois non. Mais ce n'est pas parce que

votre partenaire ne comble pas tous vos besoins que la relation est vouée à l'échec ou que vous êtes incomplète.
Le problème est souvent que nous choisissons inconsciemment des partenaires qui viennent réveiller nos blessures. En devenant consciente de cela, vous réalisez que vous n'avez besoin de personne pour guérir, car vous pouvez déjà vous donner tout l'amour et la lumière dont vous avez besoin. Vous êtes déjà entière, déjà souveraine.
Pour celles qui sont célibataires depuis un certain temps, sachez que ce n'est pas une tare. En 2024, nous valorisons de plus en plus le fait d'être un individu à part entière, sans être en couple. Être célibataire ne diminue en rien votre valeur. Pareil pour la maternité. Que vous soyez mère ou non, cela ne définit pas votre complétude.
Quant à celles qui sont en couple et malheureuses, cessez d'attendre que l'autre change. Reprenez votre souveraineté. Cultivez votre complétude et votre amour de vous-même. C'est à vous de nourrir votre propre feu intérieur, pas à votre partenaire.
En symbolique, on parle souvent des parts masculine et féminine présentes en chacun de nous. Ces deux énergies – ancrées dans l'action et la protection d'un côté, et la sensibilité et l'intuition de l'autre – sont des forces complémentaires. Vous n'avez pas besoin de quelqu'un d'autre pour être complète : il vous suffit d'harmoniser ces deux parts en vous.

Prenez le temps de réfléchir à ce que vous attendez de votre partenaire ou de votre future relation. Vous constaterez que les qualités que vous recherchez chez l'autre sont déjà présentes en vous, prêtes à être réveillées. Par exemple, si votre ex apportait beaucoup de joie, c'est que la joie est déjà là, en vous. Il ne s'agit pas de chercher à l'extérieur, mais de réveiller ces aspects de vous-même.

Savoir tirer des leçons de chacune de nos relations

Ne tombez pas dans le piège d'idéaliser vos ex après une rupture. Si c'est fini, c'est que c'était le moment. Cette fin ne dit rien de votre valeur. Les relations viennent dans notre vie pour nous apprendre des leçons, pour nous faire évoluer. C'est à vous de décider si vous souhaitez utiliser ces expériences comme un levier d'évolution.
Même les relations les plus douloureuses ont un sens. Elles réveillent des blessures profondes, mais elles sont aussi une opportunité de vous réconcilier avec vous-même, de renforcer votre intégrité et de

guérir votre enfant intérieur. C'est ainsi que vous avancez vers une autre relation, d'abord avec vous-même, puis avec un autre, sur des bases solides et réalistes.

Les relations épanouissantes reposent sur des piliers simples : partage, respect mutuel, admiration réciproque et sécurité. Une fois que vous êtes claire sur ces attentes et que vous vous sentez complète, vous ne choisissez plus un partenaire par besoin, mais par envie, et vous pouvez préférer rester seule que mal accompagnée.

Et si vous rencontrez quelqu'un ? C'est la cerise sur le gâteau, mais sachez que votre sécurité intérieure ne dépend que de vous. Vous êtes déjà souveraine.

Conclusion

Vous êtes une reine et vous méritez le meilleur, c'est non négociable !

À travers ces pages, vous avez voyagé avec moi dans mes histoires, mes blessures et mes transformations. Nous avons exploré les épreuves, les trahisons, mais aussi la guérison, la résilience et surtout la puissance personnelle. Ce chemin m'a appris une leçon essentielle, que je veux partager avec vous : votre pouvoir réside en vous et il ne dépend de personne d'autre.

La vie, tout comme l'amour, est une aventure pleine de rebondissements. Il est tentant de croire que le bonheur viendra en atteignant une certaine perfection ou en trouvant l'amour idéal. On espère que l'amour guérira toutes nos blessures, qu'il comblera nos manques. Mais la vérité est que le véritable amour, celui qui guérit vraiment, commence d'abord en vous.

J'ai longtemps cherché cet amour à l'extérieur. J'ai cru qu'en me conformant aux attentes des autres, en me sacrifiant, en me pliant à leurs besoins, je serais aimée. Mais cette quête du sacrifice, cette posture de sauveuse, n'était en réalité qu'une réponse à ma peur du rejet, une tentative désespérée de plaire, espérant être enfin reconnue et aimée. Mais se sacrifier ne vous rend pas plus altruiste. Cela ne fait que nourrir votre ego blessé, celui qui réclame validation et affection.

La véritable guérison, le vrai pouvoir, vient lorsque vous réalisez que l'amour que vous cherchez est en vous. Lorsque vous cessez de chercher à être aimée par l'autre pour vous choisir vous-même, vous libérez une puissance insoupçonnée. Imaginez ce que cela signifie pour vos relations. Une relation amoureuse où vous êtes respectée, où vous n'avez pas à vous effacer pour plaire, où l'autre vous aime pour ce que vous êtes réellement. Cet amour commence par l'amour de soi. En vous respectant, en fixant des limites, en honorant vos besoins, vous créez un espace où vous pouvez attirer des relations authentiques et épanouissantes. C'est en reconnaissant votre propre valeur que vous devenez magnétique pour des relations qui vous élèvent qu'elles soient amoureuses, amicales, familiales ou professionnelles.

La première étape vers cette transformation, c'est de comprendre que vous n'avez pas besoin de l'autre pour vous sentir entière. Vous êtes déjà complète. Lorsque vous vous aimez pleinement, vous n'attirez plus des personnes ou des relations qui vous font douter de vous.

Vous cessez de chercher des solutions à l'extérieur, car vous savez que toutes les réponses se trouvent en vous. Vous n'avez plus besoin de sauver ou de vous contorsionner pour être aimée.

Lorsque vous faites cela, vous changez la dynamique de vos relations. Vous devenez une partenaire à part entière, et non une personne en quête de validation. Cela ne signifie pas que tout sera toujours parfait. Même dans les relations les plus belles, il y aura des défis. Mais quand vous êtes ancrée dans votre souveraineté, vous n'avez plus peur des tempêtes. Vous savez que vous êtes capable de traverser les épreuves sans perdre votre lumière. Vous savez que vous n'avez plus besoin de vous perdre dans l'autre pour exister.

L'amour véritable commence par soi-même. Il ne dépend plus de l'autre, mais de la façon dont vous vous traitez, dont vous vous aimez. À partir de ce moment-là, vous n'attendez plus que quelqu'un vienne vous sauver, car vous êtes votre propre sauveuse. Vous n'attendez plus que l'amour vienne de l'extérieur, car vous avez appris à vous nourrir intérieurement.

Je souhaite que vous compreniez à quel point vous êtes puissante. Que vous avez en vous toutes les clés pour créer des relations qui respectent et honorent la personne extraordinaire que vous êtes. Reprendre votre pouvoir, c'est vous donner la permission de vivre pleinement, d'aimer sans vous perdre, de poser des limites, et de choisir des relations alignées avec votre vérité intérieure.

Vous êtes l'héroïne de votre histoire. Chaque pas que vous faites vers l'amour de vous-même vous rapproche des relations que vous méritez réellement. Celles où vous n'avez pas à vous diminuer pour être aimée, celles où vous n'avez plus besoin de prouver votre valeur. Ces relations, que ce soit en amour, en amitié ou en famille, sont le reflet de la reconnexion à vous-même.

Il est temps de vous choisir. De ne plus laisser personne définir votre valeur. De ne plus attendre que l'extérieur vienne combler vos attentes. Vous êtes déjà complète, et en reconnaissant cela, vous ouvrez la voie à des relations fondées sur le respect, la confiance, et l'amour authentique.

Mon propre parcours a été marqué par des moments de doutes, de peurs, de blessures profondes. Mais ce que j'ai appris, c'est que la guérison ne vient pas de l'extérieur. Elle vient du moment où l'on décide de reprendre sa puissance, de ne plus abandonner son pouvoir à l'autre et de se choisir chaque jour.

Votre puissance personnelle est immense, et elle ne dépend de personne d'autre. C'est en vous aimant d'abord que vous transformez toutes vos relations. Et c'est là que réside la véritable guérison : lorsque vous comprenez que tout commence par vous.
Aujourd'hui, je vous invite à reconnaître votre lumière, à la nourrir, à en faire votre priorité. Vous n'avez plus besoin d'attendre que quelqu'un vienne vous valider ou vous compléter. Vous êtes déjà tout ce que vous recherchez.
Une reine
Une Wonder Queen !
Love,

Audrey

Le Manifeste Souveraine

Remets ta putain de couronne et choisis-toi, chaque jour.

Aujourd'hui, je prends une décision puissante.
Je me choisis, je me respecte, j'affirme ma place et j'existe pleinement.

Je suis une femme d'amour, d'audace et de grandeur.
Je mérite le meilleur dans toutes mes relations.
Je prends toute la place qui m'appartient.

Je suis ma propre source d'amour.
Mon amour pour moi-même est profond, entier, inébranlable.
Chaque jour, je me célèbre pour ce que je suis, et non pour ce que je fais ou ce que l'on attend de moi.

Je suis digne de respect, d'intégrité et de considération.
Je crée des relations équilibrées, nourrissantes et inspirantes.
Mes limites sont claires, mes besoins sont légitimes, ma valeur est non négociable.

Je suis complète, puissante, souveraine.
Je me suffis à moi-même et j'accueille dans ma vie des relations qui enrichissent mon chemin.
Je choisis des connexions qui reflètent ma grandeur et ma lumière.

Je suis libre d'être moi, sans masque ni concession.
Ma valeur ne dépend d'aucun regard extérieur.
Je me définis avec force et assurance, en amour, en amitié, en famille et au travail.

Je bâtis des relations qui m'élèvent et m'inspirent.
L'amour, l'amitié et le travail sont des espaces d'épanouissement, jamais de sacrifice.
Je m'entoure de personnes qui reconnaissent ma lumière et ma puissance.

J'accueille chaque expérience comme une opportunité d'apprentissage.
Chaque parcours, chaque défi, chaque choix me rend plus forte.
Je m'accepte entièrement et avance avec confiance et fierté.

Je suis responsable de mon bonheur.
Ma joie, mon équilibre et mon bien-être sont entre mes mains.
Je suis mon propre centre et je m'honore à chaque instant.

Je respecte mes besoins et honore mes désirs.
Mes rêves, mes ambitions et mes valeurs guident mes choix.
J'incarne pleinement la femme que je suis et j'avance avec audace et certitude.

Je crée ma propre histoire, libérée des schémas du passé.
Mon présent est entre mes mains, et mon futur est une création consciente.
Je choisis la liberté, la croissance et l'amour de moi-même.

Je marche avec assurance, couronne levée et regard fier.
Je suis une femme puissante, lumineuse, souveraine.
Chaque jour, je célèbre ma grandeur et j'incarne mon propre règne.

Mon royaume, c'est moi.
Ma puissance, c'est moi.
Ma liberté, c'est moi.

Je suis SOUVERAINE.

*

Wonder Mercis

Wonder agente

Caroline Frisou, Warrior de la vie, qui a pris ce livre sous son aile et l'a défendu avec une force et une foi inébranlables pour lui trouver la meilleure maison. Merci ! Hâte des prochaines aventures.

Wonder éditrices

Mélanie Jean, qui a cru instantanément en *Souveraine* et qui, malgré son congé maternité, est restée la bonne fée de ce livre. Camille Lenglet, qui a repris le flambeau avec brio et la dose parfaite de confrontation nécessaire, et qui m'a rassurée sur le fait que je n'étais pas une daronne has been ! Oui, ce livre est une pépite pour les Millennials et la Gen Z. Merci à toutes les deux. Merci à toute l'équipe de la maison Hachette.

Wonder préparatrice et relectrice

Hélène Meurice et Emmanuelle Fernandez, les artisanes des mots, préparatrice et correctrice, qui ont sublimé mon texte avec une délicatesse et une justesse infinies. Merci.
Carla Dalvy, directrice artistique, qui remporte la médaille de la patience lors des 52 allers-retours pour la couverture de ce livre qui est un bijou et qui me ressemble.

Wonder lectrice

Merci d'avoir osé ouvrir ce livre, d'y avoir plongé avec curiosité et humilité. Votre présence ici donne un sens à chaque mot, chaque virgule.
Et un grand merci à mes premiers lecteurs test : Olivier, Emilie, Gwe, Caroline et Angélique. Vous n'imaginez pas comme votre regard m'a donné la force d'aller au bout de ce projet.

Wonder ex

Vous êtes les déclencheurs involontaires de tant de guérisons. Merci pour chaque leçon, chaque épreuve, chaque moment qui m'a poussée à me connaître, à m'émanciper et à m'aimer encore plus fort. Laurent, tu restes mon ex-mari préféré et je suis heureuse de la relation que nous avons aujourd'hui.

Wonder tribu

Toutes mes patientes, clientes, élèves, collaboratrices et partenaires professionnelles : je me sens si honorée de votre confiance. Merci femmes incroyables qui, en guérissant et en vous affirmant, libérez toutes les femmes et changer le monde un humain après l'autre - sans oublier les deux hommes de la tribu qui se reconnaîtront facilement.

Wonder assistante

Angélique Di Lelio, mon couteau suisse préféré, mon bras droit et ma jambe gauche. Merci de piloter si bien notre paquebot pour m'offrir le luxe de mes échappées belles, notamment pour écrire ce livre. Et de le faire avec tant de générosité et d'intelligence rusée.

Wonder mentors et thérapeutes

Vous qui avez soigné mon âme, mon esprit et mon corps : chamans, énergéticiens, psy, auriculothérapeutes, masseurs... Merci pour chaque main tendue, chaque soin, chaque parole qui a apaisé mes tempêtes et m'a permis de continuer. Merci de m'avoir offert des clés puissantes de transformation. Votre empreinte résonne dans chaque page. Mention spéciale à Anne Cazaubon, amie précieuse, qui m'a tenu la main pour traverser mes enfers et retrouver ma lumière.

Wonder sisters & bros

Émilie, Sophie, Mia, Johanne, Candice, Virginie, Rehana, Céline, Gwe, Vanessa, Fabienne, Ludivine, Delphine, Estelle, Sarah, Nanyorri, Gayané, Ivelina. Sœurs de toujours, nouvelles sœurs. Vous êtes les confettis dans mon ciel, les battements dans ma playlist et les paillettes de mon âme. Chaque rire partagé, chaque larme confiée, chaque éclat d'authenticité offert me rappelle que, dans ce monde parfois chaotique, l'amour sororal est une médecine sacrée.
Merci pour vos présences vibrantes et vos silences précieux, pour les fois où vous m'avez hissée lorsque je sombrais et les fois où vous m'avez ramenée sur Terre lorsque mes ailes brûlaient trop près du soleil. Vous êtes mes miroirs sans filtre, mes encouragements sans limite et mes gardiennes sans condition.
Ludo, Didier, Olivier, Fab, Mick, le Grand Barbu, Bernado et Koitamet. Merci pour vos punchlines drôlissimes, vos hugs généreux (et qui

déboîtent l'épaule parfois), votre sens du kif partagé, vos paroles sages et votre vulnérabilité.
J'ai le privilège d'avoir partagé des moments d'amitié privilégiés avec un couple exceptionnel, Johanne et Jacques dit Papou. Merci d'incarner la richesse d'une longue vie pleine d'amour et la profondeur des liens authentiques.

Wonder frère

Jacky : mon compagnon d'enfance, celui qui partage avec moi des souvenirs que personne d'autre ne connaît. Merci d'être le gardien pudique de ces instants qui ont forgé qui nous sommes. J'ai beaucoup de respect pour ton courage, ta résilience, ta gentillesse et ton humilité. Je suis heureuse de te savoir aimé par Mamen, ta merveilleuse femme. Tu as brisé le cycle des souffrances à ta manière et je suis émue d'être le témoin de ta relation avec ton fils Eden, mon génial neveu.

Wonder parents

Josy et Jacques : merci pour l'amour et la complexité contrastée et vibrante de notre histoire. Vous m'avez transmis la vie, des valeurs profondes et un sens aigu du kif. Grâce à vos imperfections et vos blessures, j'ai appris à pardonner. J'ai appris que dans le chaos, je pouvais créer ma propre sécurité. Merci pour cet amour, ce fil d'or qui nous lie au-delà des épreuves douloureuses.
Sans oublier mes Wonder beaux-parents d'hier et d'aujourd'hui : Raymonde et Jean, merci de m'accueillir chez vous depuis toujours avec autant de joie et de tendresse. Maryvonne et Joël, merci pour vos attentions toujours si délicates et votre cœur généreux.

Wonder enfants

David, Benjamin, Hannah, Aaron. Vous êtes ma plus grande aventure. Merci pour votre lumière, vos câlins, vos éclats de rire, vos coups de gueule, vos lubies et votre humour. Je vous aime au-delà des mots.
Merci à mes belles-filles, Lola et Agathe, qui enrichissent ma vie d'amour et d'enseignements depuis cinq ans.
Merci car, chacun à votre manière, parfois par la violence de vos silences et vos absences, vous me poussez à me remettre en question et à agir du cœur en lâchant l'ego.

Je suis infiniment honorée d'être votre mère et en même temps de n'être que votre mère. Et je vous suis éternellement reconnaissante de m'avoir choisie pour incarner ce rôle.

Wonder Arnaud Mon Lord écossais. Mon mari. Mon meilleur partenaire de vie et de kif. Merci pour ton infinie patience face à mes mille idées à la minute, mes dérapages et mes bizarreries de TDAH, et mes facettes aussi multiples que celles d'une boule disco. Tu ne te contentes pas de tolérer ces éclats de moi : tu les accueilles avec amour, comme autant de trésors. Avec toi, je peux être tout, sans filtre ni peur.
Notre couple est un sanctuaire. Une *safe place*, où je peux me poser et me déposer, dans ma joie comme dans mes tempêtes. Avec toi, j'ai appris que l'amour, le vrai, est fait de respect, de curiosité, et de cette douce alchimie qui nous pousse à grandir ensemble, toujours. Merci pour les éclats de rire, les bras rassurants, les projets fous, et les silences complices. Merci de me montrer chaque jour qu'un couple peut être une alliance sacrée, une aventure joyeuse et profonde. Je nous souhaite encore des milliers de Noëls et de jours ordinaires extraordinaires. Je t'aime au-delà des années.

De la même auteure

- *Apprendre autrement avec la pédagogie positive* avec Isabelle Pailleau, Eyrolles, 2013
- *Je dis (enfin) stop à la pression !* avec Isabelle Pailleau, Eyrolles, 2014
- Keep calm *et réussis tes exams !* avec Isabelle Pailleau, Eyrolles, 2016
- *La fabrique à kifs* avec Florence Servan-Schreiber et Isabelle Pailleau, Marabout, 2016
- *Vive les zatypiques !* avec Isabelle Pailleau, Leduc, 2017
- *Travailler avec le sketchnoting* avec Philippe Boukobza, Isabelle Pailleau, Eyrolles, 2017
- *Mon Bullet agenda vie pro, vie perso*, Vuibert, 2021

58, rue Jean-Bleuzen – 92178 Vanves Cedex
www.hachette-pratique.com

Direction Hachette Pratique : Catherine Saunier-Talec
Direction éditoriale : Stéphane Rosa
Responsable éditoriale : Mélanie Jean
Suivi éditorial : Camille Lenglet
Responsable artistique : Carla Dalvy
Photo de couverture : Laurie Bisceglia
Préparation de copie : Hélène Meurice
Mise en pages : Nord Compo
Relecture : Emmanuelle Fernandez
Fabrication : Léa Legentil
Responsable partenariats : Dana Lichiardopol (dlichiardopol@hachette-livre.fr)
Contact : webpratique@hachette-livre.fr

86-1653-5
ISBN : 978-2-01-725098-2/01
Dépôt légal : avril 2025
Achevé d'imprimer en mai 2025 par Dupliprint en France.
N° d'impression : 2025042989

PAPIER À BASE DE FIBRES CERTIFIÉES

hachette s'engage pour l'environnement en réduisant l'empreinte carbone de ses livres. Celle de cet exemplaire est de :
1,3 kg éq. CO_2
Rendez-vous sur www.hachette-durable.fr